人人都要有创业者精神

[美] 琳达·罗滕伯格（Linda Rottenberg）/ 著
刘薇 / 译

Crazy Is A Compliment

中信出版集团 | 北京

图书在版编目（CIP）数据

人人都要有创业者精神 /（美）琳达 · 罗滕伯格著；
刘薇译 . -- 北京：中信出版社，2019.1
书名原文：Crazy Is a Compliment:The Power of
Zigging When Everyone Else Zags
ISBN 978–7–5086–9787–1

I. ①人… II. ①琳… ②刘… III. ①创业 – 研究
IV. ① F241.4

中国版本图书馆 CIP 数据核字（2018）第 261333 号

人人都要有创业者精神

著　　者：[美] 琳达 · 罗滕伯格
译　　者：刘　薇
出版发行：中信出版集团股份有限公司
（北京市朝阳区惠新东街甲 4 号富盛大厦 2 座　邮编　100029）
承 印 者：三河市西华印务有限公司

开　　本：880mm × 1230mm　1/32　　印　　张：9.75　　字　　数：200 千字
版　　次：2019 年 1 月第 1 版　　印　　次：2019 年 1 月第 1 次印刷
京权图字：01–2018–8118　　广告经营许可证：京朝工商广字第 8087 号
书　　号：ISBN 978–7–5086–9787–1
定　　价：68.00 元

献给布鲁斯，因为他坚信我所有疯狂的梦想

献给泰碧和伊登，因为她们是我回家的动力

目 录

前言 为什么人人都要有创业者精神 / V

第一部分 **出发**

第一章 **从第一天开始** / 001

让脑子而不是耳朵来做决定 / 006
我应该成为一个什么样的人 / 011
点燃“创新”之火 / 016
停止计划，行动起来 / 021

第二章 **降低风险** / 029

别赌上全部身家来创业 / 033
别通过朋友验证你的产品 / 040
产品要迎合大众的口味 / 044
那些商学院不会教你的创业技巧 / 048

第三章 危机是你的朋友 / 057

给对手来杯香槟 / 061

直面寒冬 / 068

承认你搞砸了 / 073

坚持品牌的价值观 / 077

转机会出现 / 080

第二部分 行动

第四章 你的创业性格 / 085

钻石型 / 089

明星型 / 094

变革型 / 098

火箭型 / 103

你的创业者特质 / 109

第五章 白板 / 111

自断后路 / 116

别让熟人左右你的创业公司 / 120

微创新 / 124

集中注意力 / 130

梦想要大，但要从小处着手 / 134

一口一口吃掉大象　/ 138

第六章　**领导力 3.0**　/ 141

敏捷　/ 146
社交力　/ 151
警觉　/ 157
本真　/ 164

第七章　**导师圈**　/ 169

找到自己的导师　/ 174
松开导师的手　/ 179
亦师亦友　/ 183
导师不设限　/ 187
导师制的涟漪效应　/ 190

第三部分　**再出发**

第八章　**目标导向型职场**　/ 195

精神资产　/ 201
人人都要认同企业文化　/ 208
向年轻人学习　/ 212

寻找工作和家庭的平衡 / 219

第九章 **给未来创业者的信** / 225

立刻行动 / 229

做大事业 / 236

回归家庭 / 241

勇敢梦想 / 247

致谢 疯狂的团队 / 249

注释 / 257

前　言

为什么人人都要有创业者精神

我想跟你聊聊莉拉。

莉拉·维莱兹在里约热内卢的一个贫民窟长大。她的母亲是一个女仆，父亲是一个清洁工。20 世纪 90 年代初，莉拉在麦当劳做小时工，但她有一个梦想。

因为当地几乎没什么可以供卷发的非裔巴西女子使用的护发产品，莉拉很有挫败感。“穷人也有美丽的权利。”她对琪卡说。琪卡自己是个美发师。1993 年，这两个外行把莉拉的地下室变成了一个“疯狂科学家实验室”。她们在自己的丈夫们身上测试了她们的第一款美发产品……他们立刻就开始脱发了。

莉拉和琪卡重回实验室并完善了她们的配方，开了一家美发沙龙。这个美发沙龙平淡无奇，从一个昏暗的走廊走下来，区区 300 平方英尺[①]。“你们怎么可能在这么糟糕的地方成功呢？”她们的朋友

① 1 平方英尺 =0.092 903 平方米。——编者注

问。但是两姐妹坚持了下来。很快里约的女人们情愿花费 4~6 个小时也要在这儿等位，顾客们对她们的护发产品赞赏有加，说护发产品不仅改善了她们的发质，也提升了她们的自信。

当我给朋友们讲这个故事的时候，他们经常说："这一定是那种我们经常听到的关于女人如何在小型初创公司取得成功的鸡汤故事吧。"但莉拉的故事完全跟"小型"无关——短短几年时间，莉拉的贝莱扎自然公司（Beleza Natural），在有限的几家"美发诊所"卖出了大量美发产品。到 2013 年，贝莱扎自然公司每个月为 10 万顾客服务，拥有 2 300 名员工，一年营业额达到 8 000 万美元。

莉拉是如何成功的？她如何从一个麦当劳的小时工成长为百万产值的连锁店老板？更重要的是：我们从她的故事里能学到什么让我们在自己的生活中更有胆量呢？

我们能学到不少。

首先，我们要用发现的眼光看待这个世界。传奇零售大亨山姆·沃尔顿曾经说过："如果每个人都按同样的方法做一件事，那你反其道而行之很可能也有市场。"莉拉发现了其他人卖的只是美发产品，而她卖的却是自信，她运用了口红心理学的原理。

许多优秀的创意往往满足了未被察觉的某种需求。在 20 世纪 20 年代，28 岁的厄尔·迪克森是强生公司的棉花采购员，他的妻子约瑟芬常常在做饭的时候不小心切到手指。约瑟芬采用传统的止血方法，把一块布用一根绳子缠在手上止血，但是这个小装置很快就脱落了。她的丈夫开始改进这个装置并且很快向他的妻子，随后向老板展示了他的反向思维成果：一块自带黏性的绷带，中间有一块棉花。他的这一成果被叫作创可贴，直到公司给屠宰场工人和童子军提供免费试用的样品之后，才开始走向成功之路。现在，厄尔的发明销量达数千亿个。

其次，我们可以认识到，心理状态在处理危机时发挥着举足轻重的作用。成功的最大障碍不是组织上或者文化上的，而是心理和情感上的。每到一个成功的节点，总有人（很有可能是每个人）会说你疯了或者你的想法太疯狂。创新者就是要忽视那些否定他的人并且找到方法勇往直前。莉拉说话轻声细语，害羞，她曾经也不是一个行事大胆、直面冲突或者畅所欲言的人。在提升其他人的自信心之前，她必须先挖掘自己的自信心。

最后，我们可以从她的故事中发现敢于冒险的人很少独来独往，这些寻求打破现状的人需要帮助。虽然金钱的帮助总是好的，但帮助不仅仅指金钱。它更多地意味着一些建议：如何面对恐惧，面对棘手的增长需求如何做决定，如何把海量工作量化成可控制的工作量。当史蒂夫·乔布斯刚开始创业的时候，他总是向微芯片的联合发明家、“硅谷之父”罗伯特·N. 诺伊斯寻求建议。因为自己做的这些事儿，乔布斯充分利用了他和诺伊斯的关系。他会骑着自己的摩托车不请自来地到诺伊斯家里，或者在半夜给诺伊斯打电话。最后诺伊斯气急败坏地对他的妻子说：“如果他再打电话来，我是不会再去接了！”

当然，诺伊斯总会接电话。创业者总能找方法。

那么，莉拉是在哪儿找到了她需要的支持呢?

这就是我和莉拉的故事交汇的地方。1997 年我与他人联合创办了奋进公司（Endeavour）来支持像莉拉一样的梦想家。近 20 年里，奋进公司筛选了 4 万名候选者，并且从超过 600 个快速成长的公司里选出了约 1 000 名创业者加入奋进公司。我们从看似最不可能的地方挖掘了这些创业者：南非的网吧，墨西哥的三明治店，土耳其的女士健身房，印尼的游戏玩家的房间，美国的腌鱼小吃店。我们和这些来自五花八门领域的创始人们一起合作：生物眼扫描、蜗牛农业、药店连锁、风力涡轮机制造。雅典深陷货币危机，开罗经历改革的剧痛，迈阿密经济萧条，在充满挑战的大环境下，我们帮助了这些大胆的创业者来实现他们的梦想。

我们称这些商业领袖为高影响力创业者，这是奋进公司 2004 年诞生的一个说法。高影响力是指这些创业者最有野心实现目标，最具潜力开创事业，最有能力激励他人。一旦我们聘用到这些领导者，不论从成立咨询委员会还是融资，从招贤纳士到强化领导力，我们都会竭尽所能助他们成功，并且我们鼓励他们培养并指导他们的接班人。

今天奋进公司在全世界 45 个城市都有办公室，有 350 名员工以及 5 000 名志愿导师。尽管我们的一些合资企业投资乏力，但绝大多数仍以一定的速度显著增长。2013 年我们帮助的创业公司创造了将近 70 亿的盈利和超过 40 万份工作。

我的经验告诉我，雄心壮志永远不会被国别、年龄或者性别限制。抢占先机、做自己的老板、挑战人生、改善世界的渴望是共通的。

同时，困难也是共通的。

我花了 20 年的时间来识别当创业者试图将理想变成现实时犯的错误和他们面临的具体问题。我力求区分他们在将想法优化时所需的具体步骤、战略支援以及情感鼓舞。我了解了这些创业者什么时候需要一个可以哭泣的肩膀，什么时候需要一剂猛药。

好比当我认识莉拉的时候，她热切地想要扩张自己的生意，但其实光是满足眼下的需求就足以让她手忙脚乱了。她快被压垮了。为了帮她，我们为她介绍了一些可以帮助她成长的导师。我们鼓励她和自己的姻亲们共创一个股东协议。当莉拉离婚了以后，她甚至通过我们的关系网找到了新的配偶。（她得到了我称之为一条龙的服务！）

但重中之重是，我们使她知道了她不是一个人在战斗，她已经融入了一场当今世界最大的运动潮流，这股潮流对于那些试图改善自己生活、改变世界的人来说无可阻挡、不可动摇。

她是一个创业者。

创业者精神不再是创业者的专属

我写这本书是因为我坚信我们身上都有莉拉的影子。

我每天都在跟心怀梦想的人见面。那些人跟莉拉一样，也跟你一样。也许你一边给别人倒咖啡，一边幻想着开一家迷你啤酒厂；也许你大学辍学，正渴望开一家属于你的设计公司；也许你正坐在公司的小隔间里进行头脑风暴，思考着一个可以改善公司的创意；也许你有一个改善环境的计划；也许你是一名全职父亲或母亲，正酝酿着一个新手机应用的想法；也许你退休了，正希望能开一家旅馆。

你有梦想，但你不知道如何将梦想变成现实。或者你已经开始实施你的梦想了，但你不确定怎么才能让它飞得更高。

这本书将为你指路。

我将传授给你我从帮助莉拉和千万个像她一样的创业者的过程当中学到的教训。我将揭示多年以来奋进公司的团队和我们在贝恩公司的合作伙伴所做的大量研究成果。我将向你展示我这几年给《财富》美国 500 强的公司提出的建议，因为他们也一样想变得更有创业者精神。而且我将分享有关我自己的跌宕起伏的故事——建立（有时候是重建）一个快速成长的非营利性组织。

首先我将向你证明，无论你现在在做什么，无论你是刚开始实施还是在进一步提升你的梦想，你将需要这些经验。

你需要更像一个创业者一样思考和行动。

当我们在 20 世纪 90 年代末期创立奋进公司的时候，“创业者”（entrepreneur）这个词并不是非常流行，甚至大多数创业者本人也并没有用这个词。这个词从一个法语词“承担”衍变而来，“创业者精神”作为一个学术概念存在着。但是这个表达，或者其他类似的表达，在大多数国家却很少被提到。甚至大多数美国人也把创业者精神看作是一个仅适用于快速成长（或快速失败）的企业的创立者身上的精练词汇。并且很明显，那些领导者们大多年轻，大多身处科技领域，大多是男性。

如今这样的刻板印象已经站不住脚了。创业者精神不仅仅意味着开一个科技公司，它同时意味着尝试任何大胆的冒险——从提升你的社区环境到卖掉你在地下室里完成的手工制品；从使你的家族生意现代化到为你的公司提出一个新企划。优化想法、克服困难、重拾信心和接受挫折等素质将适用于几乎所有领域的工作。

创业者精神，被定义为一种灵活的、创造性破坏的、积极的力量，它已经是21世纪值得信任的问题解决方法。如果说曾经有过属于外交家、金融家、军事家或者政治家的时刻，那么现在就是创业者的时代。现在这么说，可能听起来有一点儿夸张，但是你可以浏览网页，翻翻企业的年终报告，参观下大学校园，在学校门口听听送孩子上学的父母们聊天：每个人都在谈论打破常规、标新立异、参与变革。Reddit（美国社交新闻网站）的创始人亚历克西斯·瓦尼安说得很好："现在说'我有个创业公司'就跟以前说'我是玩乐队的'一样酷。"今天甚至连童子军也有了创业者精神奖章，而美泰公司也有了创业者芭比！

这些转变背后的原因很复杂，但是它们归结为一个简单的现实：我们生活在一个不确定的时期。我们的经济、我们的公司、我们的工作已经不再稳定和富有保障，只有改变才是永恒的。为了生存，我们所有人都需要有持续改造我们自身的能力。每个人都需要去冒险，要么就冒险被淘汰。

好消息是：现在任何人都可以成为一个变革者。成为变革者没有准入标准，也没有着装规范，更没有暗箱操作。

创业者精神属于所有人。

坏消息是：我们并没有真正的语言来探讨各类正在变化得更加富有创新精神的劳动者们。

"创业者"这个词曾经鲜少使用，现在却又陷入了过度使用的陷阱。现在的结果是，许多人（包括我）开始使用并且给这个笨重的词加上各种各样的限定词使其更加笨重。一夜之间，我们用"社会创业者”来形容那些建立使命导向型机构的人，关注点从人权到环境无所不包；用“小微创业者”来形容那些开创生活方式类事业的个人；用“内部创业者”来标识那些大公司里的变革者；用“夫妇创业者”来形容那些一起创业的夫妇；甚至还有“妈妈创业者”、“爸爸创业者”和“小孩创业者”。这些说法变得非常不实用以致大家在推特上举手投降并且把创业者 (entrepreneurs) 这个词简化为“treps”。

相信我，作为一个参加过无数个关于“创业者精神未来”论坛的人，我知道我们需要一个新的词典来定义所有相关的词汇。

在这本书里我想尝试一种新方式，一种我希望是更清楚而且更有趣的方式来重新定义创业者。每一类创业者我都赋予了新的名字。这些名字简单、容易理解，并且可以展现创业者所在的领域。他们代表了 4 种不同的动物，并且都在实现梦想的过程中需要帮助。我想总有一款适合你。

羚羊型。这是一种典型的神话与现实交织的创业者类型。这类人开创了新的商业投资并且期待其爆炸式发展成一种白热化的现象——家得宝、脸书、Jenny Craig（知名瘦身公司）、安德玛、Instagram（知名移动端社交应用）。高速增长是这类创业者的目标。在奋进公司与我共事的创业者均入此列——或者至少他们立志成为这样。

“羚羊”这个说法是经济学家戴维·伯奇在 1994 年提出来的，指的是那种销售额每 4 年翻番的高增长的商业。尽管在美国仅有 2%~4% 的公司符合这种模式，但它们却占领了几乎所有私营企业的工作岗位。当你听到有政客说“初创企业创造了大部分新工作”时，他们指的是那些年轻的正在成长中的公司，也就是羚羊型创业者。伯奇选用羚羊，也是因为它们移动速度快并且弹跳很高。

你可能会认为“羚羊们”已经知道了如何成为成功的创业者，但从我的经验来看，他们并不知道。当然，他们知道怎样白手起家，但是遗憾的是他们总在重复犯同样的错误：他们发展得太快，他们的关注点被分散，他们和合伙人纠缠不清，他们无法学会放手。（是的，我也犯过以上所有错误，我会在之后详细说。）在一遍遍目睹这些陷阱之后，我列举了一张羚羊型创业者壮大自己的创业公司时会犯的最常见的错误清单和一部如何避免这些错误的指导手册。

臭鼬型。“内部创业者”的说法产生于 20 世纪 70 年代，并且在 1992 年第一次被收录于《美国遗产词典》中。它定义的是一个在大企业中可以承担“通过富有魄力的冒险和创新，将一个想法转变为可获利的产品”的责任的人。尽管这个词现今并不让人喜欢，但它代表的理念却流行起来：鼓励人们在大公司中更加独立和富有创新精神已是一种迫切的需求。

在 2013 年我被邀请去戴尔全球大会的一个小组讨论上讨论变革。创始人迈克尔·戴尔刚刚结束了一场与股东们的硬仗，完成了公司私有化。他宣布他的目的是要重塑公司的创新基因，这个基因可追根溯源至得克萨斯大学多比中心的 2713 号房间。迈克尔对着台下 6 000 名与会者说：“欢迎来到世界上最大的创业公司！”

鼓励员工去冒更多的风险很简单，但是让他们坚持到底却很难。“有些人惧怕改变。”迈克尔之后告诉我，“这种抗拒在任何快速发展的公司中几乎肯定导向一条通往灾难的路。”他说：“要么变，要么死。”

迈克尔并不是唯一一个寻求重拾公司创业魔力的大企业领导。世界上大部分顶尖的首席执行官都意识到他们必须赶在其他人之前变革原有的组织。然而这个理念却并没有很好地传达给大多数雇员。假设你现在在一个大公司工作，坐拥员工福利和退休计划，你可能认为你是安全的，你可能认为创业与你无关，但你错了。

如今，不创新就跟创新可能带来的危险一样危险，甚至可能更危险。假装你的工作很安全或者你的公司稳定，会将你自己置于险境。假如你认为冒险很危险的话，拒绝冒险往往更危险。

首先，你的公司本身并不安全。大公司的推翻率——一种测算公司丧失其领导地位频率的标准，从 1965 年到 2008 年翻了超过两番。在 20 世纪 20 年代一个被列入标准普尔 500 指数（S&P500）的公司一般可以在名单上保持 65 年。截至 2012 年这个平均数降至 18 年。在过去 5 年中标准普尔 500 指数上的常青树比如亨氏、斯普林特、莎莉集团、RadioShack（美国知名消费电子产品专业零售商）、柯达、欧迪办公以及《纽约时报》公司均不幸落榜。

即使你的公司发展势头强劲，你的生存能力也取决于你创新能力和创新意愿。现今的职业安全感同样依赖于那些成就创业者的素质：敏捷性、想象力、持久性、执行力。换句话说，要么自己改变，要么被世界改变。

*做一只臭鼬。*我从洛克希德公司[①]学到了这个说法。他们在第二

① 洛克希德公司，现为洛克希德·马丁公司。——编者注

次世界大战时期建立了一个秘密部门制造战斗机，这个计划被称作臭鼬工作。有谣传称这个名字来源于那些劳动过度的工人们糟糕的卫生习惯，但其实是起源于系列卡通 *Li'l Abner* 当中的月光工厂（剧中的月光号称是用磨碎的死臭鼬制造的）。不论怎么说，这个说法传达的信息清晰明确：在大公司里的创业者都需要放下身段去酣畅淋漓地大干一场。

海豚型。近 10 年来，认为社会部门的工作需要更加具有创新精神的说法一直还是纸上谈兵：*非营利性组织需要采取更多的商业技巧。慈善需要更有创意，更受标准驱动。*从事这项工作 25 年，我非常幸运得以与该领域的两位先锋共事。

1989 年，我志愿帮助温迪·科普招募大三学生加入她的创业公司为美国而教（Teach For America）。当时她在普林斯顿大学，她在她的论文里提议创立一个全国性的教师公司。她的老师回复她说："我亲爱的科普小姐，你显然是疯了。"但温迪并没有打消这个念头。现在，为美国而教每年收到超过 5 万份求职申请，年度财务预算达 3.5 亿美元。

后来我为比尔·德雷顿工作，比尔被称为"社会创业者之父"。比尔拥有自己的公司——Ashoka（全球社会企业家协会），他也是第一批通过他这个公司开始投资社会创业者的先行者。他在全球资助了超过 3 000 个非营利性创业者，他是让任何人不拘地域都可以成为变革者这一想法的拥护者。"每个人都可以参与其中。"他说。

尽管有很多这样的创新风者，但还是有太多的非营利性组织、社区、团体和社会服务组织在拖变革的后腿。他们缺乏领导者身上具备的全方位的创业技巧来量化他们的想法、扩大他们自身的影响力。他们需要更多的海豚型创业者。

海豚是我给那些在非营利性组织或公共领域的喜欢逆势而上的投资人的一个昵称。他们勇于打破自己的行业桎梏，并且对真正的改变感到兴奋。为什么选海豚呢？因为它们聪慧并且社交化（它们群居在一起），而且是动物中极少数会对其他同类做出利他行为的。但它们绝不会逆来顺受：如果你伤害海豚团体中的一员，那可有你受的了！如今，没有吸引人的解决方案都会成为创新式变革的成熟时机。这就是海豚型创业者起到的作用。

蝴蝶型。还有最后一种需要这些经验的创业者类型，他们可能是 4 种类型中发展最快的群体。这就是小型初创公司创业者或者生活方式类创业者。

首先，他们包括一些个体户——水管工人、瑜伽指导、自由作家、有机农作物农夫、艺术家。美国人口普查局认为美国的大多数公司都没有有偿雇员，40% 的美国成年人都在或多或少地为自己打工。截至 2018 年，有超过 2 400 万人成为自己的老板。全球独立承包人的数量将于 2020 年达到 13 亿。这些领域的欣欣向荣是因为它们向任何人开放：妈妈们，爸爸们，奶奶们，20 多岁的年轻人们，甚至那些在地下室、车里或者浴室里开展他们迷你冒险的青少年们。（是的，浴缸创业又兴起了！）正如 Jay–Z（著名说唱歌手）说的那样："我不是一个生意人，我自己就是一门生意，老兄。"

这个群体里的另一种人有少量的员工。美国有 700 万家公司招聘员工，其中 90% 都只有不到 20 个雇员。当某些创业者正准备成为成长迅速的羚羊型创业者时，更多的人只是满足于小而美的本地公司。

我之所以称这一群体为蝴蝶型，是因为蝴蝶的多样性（至少有1.75 万种不同类型的蝴蝶）和蝴蝶对自由和个性的追求。蝴蝶在东西方文化中都有象征意义，特别是“破茧成蝶”象征的重获新生的意味。不谈自身的升华，蝴蝶对于它们的栖息地来说是一个至关重要的健康指标，蝴蝶越多，意味着当地生态越健康。

乍一看，这个群体很难找出富有开创性的创业者。当你去市集卖自制奶酪的时候你真的需要创业者精神吗？答案是：你需要。尤其是你的竞争对手很可能已经在全食超市占有一席之地，接受顾客使用信用卡刷卡付款，并且还刚刚开了个售卖形式活泼的网店。Etsy，一个集艺术、手工和食物为一体的在线买卖平台，现已拥有超过 100 万“手工制作人”直接向客户售卖他们自己的产品。即使是蝴蝶，也需要展翅齐飞。

另外，蝴蝶型创业者尤其适应这个时代的革新。“蝴蝶效应”意味着改变可以起始于任何地方——中央公园的天气可以因为一只南美洲蝴蝶的振翅而受到影响。

在飓风桑迪来临的前夜，在我布鲁克林的家附近，我亲身感受到了蝴蝶型创业者的敏感和无畏。当时我去我最喜欢的当地烘焙店里买面包，市长刚刚宣布疏散的消息不久。“我猜你也很快要关门了吧。”我对着柜台后面的店员说。

“怎么可能！”他回答说，“这个社区需要我们。我们今天要通宵。”

不要低估一只蝴蝶的韧性。

现在，距我第一次开始寻找创业者已经将近 20 年了，各种各样的创业者在各地雨后春笋般出现。他们没有等待变革发生，他们每天自己制造变革。

不论你对什么事有激情，选择一件，开始书写你自己的故事吧，要么就冒险做一只把头埋进沙子里的鸵鸟。

创业者精神的秘方

一旦你开启了变革者的人生，你怎么知道下一步你需要做什么呢?

这就是我再次出现的时候了。

我想邀请你来我的卧室驻足一下。你会发现这有很多有趣的东西。一条我在旅行途中带回来的非洲床单；一首我丈夫求婚时写给我的诗歌；在床头柜上，有一摞读了半截的书。这些都与创业者精神有关。

我热爱创业者精神，但我并不喜欢有关它的读物。当我坐下来开始写这本书的时候，我列了一张单子，上面有所有我不想使这本书拥有的东西。这不是一本指导商业计划写作、制订市场策划、读懂风险投资术语的指导手册。

它不是一本关于创业者精神历史的初级学术读物，它也不是一本鸡汤满满的励志毕业演讲，它更不是一本讲述一个人如何走向成功之路的故事读物。如果那些是你想要的话，去读霍华德·舒尔茨的《将心注入》，理查德·布兰森的《致所有疯狂的家伙》，谢家华的《三双鞋》，或者沃尔特·艾萨克森的《史蒂夫·乔布斯传》，所有这些书我都在阅读的时候享受其中。

以下是关于这本书的：它讲了很多人的创新旅程的故事——羚羊们、臭鼬们、海豚们和蝴蝶们，以及我们其余的人能从中学到什么。这本书是我将一个令人不知所措的过程分解成一系列可操作的步骤的尝试，同时我也在试图回答这个问题：既然现在每个人都必须冒险，那你怎么知道你是聪明的那个呢?

为了回答这个问题，我将本书分为了三部分："出发""行动""回归"。

在"出发"这部分，我会标出成为创业者的路标：从消除内心的恐惧到避开质疑者们，再到接近支持者，并利用混乱局面。这部分的主题是态度——如何让自己有正确的态度并且能摒弃错误的态度。

在"行动"这部分，我会讲到如何将你的想法量化。为了达到此目的，我会帮你找到你的创业者性格，避免初级错误，找到合适的导师，以及学习如何做领导。"领导力 3.0"是我对能够招揽和留住当下拥有超级社交力、超级技能、超级敏锐度的人才的能力的一种叫法。

最后，在"回归"这部分，我会探讨作为一个创业者意味着什么。这包括了培养企业文化和协调工作与家庭。假设前两部分是创业者精神的工艺的话，那么这部分就是艺术。这部分对我来说也是最有共鸣的。我深信创业者精神的衣钵在于激励和帮助更多的人在这条路上走下去。同时，作为经营着一个大公司的母亲，我拼命争取在我的职业生涯和家庭生活之间维持一种和谐，我也鼓励我的团队成员这样做。

总之，这些话题总结了我这 20 年来经历的创业的跌宕起伏，也是让我写这本书的原因。但其实还有一个原因解释了我为什么要现在写这本书。

你不需要一件连帽衫来变成创业者

2012 年我访问了威尔克斯大学。它是一所掩藏在宾夕法尼亚州中部过气的矿业城镇里生机勃勃的大学。我在那里做了一个关于创业者精神的演讲。在问答环节接近尾声时，有人在很后面的座位上举起了一只手。“我喜欢这些关于创业者的故事，”他说，“但我不知道它们是否适用于我。我没有什么宏大的想法，我没有人脉，而且我不在硅谷。”

但是我的注意力已经有点儿被分散了（我知道我 7 岁的女儿已经在家等我了），我脱口而出：“别担心，你不需要一件连帽衫来成为一个创业者。任何人都可以。”虽然这样的答案足够了，但是在我回家的路上他的问题却一直萦绕在我的脑海中，我对我自己油嘴滑舌的回答越想越不满意。

在创立奋进公司的初期，不论何时我碰到任何不太明白我们在做什么的人（几乎是我遇到的大部分人），我都会用这样的话回答：“我们在把硅谷的魔力洒向世界各地拥有人才和梦想的地方，但是这些人仅靠个人能力没有办法将想法付诸现实。”我过去认为这仅仅适用于像莉拉一样的人。

现在每个人都需要一点儿魔力。

生活中我们都需要一点儿莉拉的勇气。

那天晚上当我回到布鲁克林的家中时，我决定写这本书。我想把它写给那些在宾夕法尼亚州的学生们。我想把它写给我那两个在等我说晚安的双胞胎女儿。我想把它写给所有不知道如何实现自己梦想的人们，那些每日想将自己的激情付诸每天的生活的人们，那些想影响他们的公司、他们的社区或者更大的世界的人们。

朱莉娅·蔡尔德是一位风格鲜明并打破了职业天花板的创业者，在她的经典烹饪书《掌握法国菜的烹饪艺术》中，她写道："如果有正确的指导，任何人都可以在任何地方制作法式大餐。"我的这本书在树立远大梦想和做出改变这两点上有着类似的观点。

我曾坚信创业者是"与生俱来，不是后天养成"的。现在我认为创业者精神，好比烹饪，是可以被任何有学习意愿的人不断练习并精进的。（同时，正像大厨一样，即使技巧最娴熟的创业者也会在创业路上失手掉下平底锅或打破一些鸡蛋。）

最后，掌握创业的艺术不仅和做一门生意有关，它还关乎抓住机会，克服质疑，控制风险，处理混乱，栽培员工，面对挫折和成功，平衡工作和家庭，培养后代确保下一代人也同样可以拥有宏大的梦想。

当你的某个创意被说成疯狂的主意的时候，这何尝不是一种赞美呢？那个时候，你就成功了。

让我们开始行动。

第一部分

出发

第一章

从第一天开始

1998年春天，我走进了位于布宜诺斯艾利斯的一个普通社区里的一家低调的小办公室。我去那儿是为了和一个20多岁的极富魅力而且有疯狂想法的年轻人——文西斯·卡萨尔斯见面。当我从他办公室出来后，我意识到了我关于创业者精神学到的最重要的一课：任何冒险开始时，最重要的支持者不是你的母亲、父亲、伴侣、老板、银行家或者朋友，创业根本不关其他人的事儿，这个支持者就是你。

你将是你自己最难争取到的支持者。

在我们讨论迈出第一步到底要付出什么之前，我们得先聊聊建立你自己的思想框架意味着什么。你只有说服了自己才能去说服他人。几乎没有什么人会比文西斯在创业时遇到更多的极端情况了。

文西斯出生在巴塔哥尼亚地区的一个牧羊场——离他最近的邻居有20英里①远，最近的镇子有100英里远。他的父亲是个农场主，也是一名业余无线电操作员和手工艺人。他为自己的4个孩子在卧室里各自安置了一台电脑，还自创了一个本地网络供孩子们互相联络。

---

① 1英里≈1.609公里。——编者注

“我父亲给我带来最大的影响就是他向我展示了如何做一个行动派。”文西斯说，“住在荒无人烟的地方，我们必须立刻冒出各种奇思妙想来解决问题，比如在山脚挖一条地沟或者建一座桥。”

“创业者只是形容你是一个实干家的华丽说法。”他对我说。

他也的确是这么做的！上高中时文西斯开了一个T恤彩绘店。后来他还下载了一个巴塔哥尼亚地区错误百出的电话号码数据库，他修改了上面所有的错误后发布了一系列正确数据，并且卖出了不少广告，他赚了8万美元。作为家里第一个上大学的人，文西斯还在上课之余开始了另一门生意，他创立了一个阿根廷初级互联网服务供应公司。一年后他卖掉了公司，但他以为合同里说的是他仍然可以在公司工作。签完合同后，文西斯来到办公室却发现他竟被公司拒之门外。他一无所有了。

在那些商业冒险的初期，文西斯无所畏惧。当然，因为他几乎没什么风险，但是慢慢地，赌注越来越高。虽然仍在大学上学，他已经着手为拉丁美洲建立当地的金融服务门户——E-Trade。可他的学业开始妨碍他，所以他回到了1 000英里之外的巴塔哥尼亚，告诉父亲他要辍学。那简直是他人生中最恐怖的时刻，但他还是告诉父亲他想让自己的两个姐妹也辍学，加入他的公司。

父亲消化了所有的信息，几分钟后说：“要做就做好。”他的言外之意是——别让家族丢脸。

从这时开始，事情变得让人提心吊胆了。文西斯第一次质疑自己。他生长在一个不认可单打独斗的家庭，家庭声誉意味着一切，而且他和他的姐妹们成就事业或者找到伴侣的能力正承受着巨大的风险。雪上加霜的是，没人喜欢他的主意，33 个投资人都拒绝了他。“我们连一个运转正常的股票市场都快没了。”别人跟他说，“我们怎么可能投资一个电子商务平台呢？”

我是坐在文西斯位于布宜诺斯艾利斯破旧的办公室里听到这个故事的。办公室里放着一些坏掉的电脑，墙上贴着卷边的墙纸。“我还想继续，”他说，“但是有时我看着我的姐妹们睡在狭小的公寓里，我就会想我是疯了吗？”

他转向我：“你觉得我疯了吗？”

“是的，”我说，“但是这也是你为什么将会成功的原因，而且我觉得我可以帮忙。”

文西斯的故事证明了成为创业者的第一步不会发生在一间实验室里，一间会议室中或者一个推介会上。它发生在你的脑中。那里并没有灯泡熄灭然后有“啊哈”的声音出现，那里其实是一个充满了黑暗和质疑的地方。在那里你会开始担心自己的房租、贷款、孩子、信用卡账户不断增长的数额，还有你在餐厅的声誉和姐妹睡在沙发上的事实。

成为创业者的第一步发生在你完全暴露自己的时候。

杰夫·贝索斯对一个创业者持续紧绷的心态有一个精彩绝伦的描述：希望、兴奋和不确定的混合就是“第一天”。在贝索斯的词典里，“第一天”不是某个在台历上的日期，而是一种把每一天都当作一个全新的机会来创新的承诺。在亚马逊成立 16 年后，贝索斯在一封写给股东们的公开信里说，他始终不忘初心，“它还是第一天”。

在奋进公司我们吸收了贝索斯的想法，把它作为一个口号来帮助创业者们认识和克服他们恐惧不安的时刻。我们同时开展了一系列对话请这些变革者讲述他们第一天的经历。我们告诉演讲者："不用关注想法，关注那些情绪、困难。"我所做的这个演讲，我的团队其实已经拒绝了好几版草稿来敦促我讲得更加吸引人。

在下一章我将谈谈克服情感障碍的过程，以及如何在洗澡的时候或者从餐巾纸上获取灵感并将灵感推向世界。当这一灵感看起来很吓人并且其他人都很肯定地说你疯了的时候，一定还有很多方法来降低风险，并且使你的成功概率最大化。

首先，我要把重点放在你让自己去承担这么大的挑战的意义所在。于我而言这是开始像创业者一样思考和行动的突破性一步。我要把它写成公式：

用心 + 思考 − 恐惧 = 创业者

或者换句话讲，创业者精神要让自己先兴奋起来，而不是吓跑自己。

让脑子而不是耳朵来做决定

21 世纪初绿色产品开始在美国赢得大众的喜爱，但有一个产业却冥顽不灵：家用清洁产品。在这个产业中，绿色产品只占整个产业 120 亿美元销售额的 1%。甚至连市场领头羊高乐氏，都在极度缓慢地适应新形势。这种情况需要公司有两个臭鼬型创业者来打开局面，但她们首先得破译更棘手的密码：如何在一个保守的公司里保持创业者精神，同时还得有时间当妈妈。

玛丽·乔·库克当时深陷困境。她是个新手妈妈，迫切地想花时间和自己的小女儿相处，但她同时也是高乐氏一位野心勃勃的管理层人员。于是她做了一件这家老牌企业闻所未闻的事：她把自己的工作变成了兼职。“人们都震惊了。”她告诉我，“只有我一个人的全职工作不是天天上班的。”最开始玛丽·乔去上四天班，她的第二个孩子出生后，成了三天半。

为她单独制订一个日程表几乎等于设计一个新职位。“没有现成的传统职位等着你。”她说。她最终的职位是带领一个新的部门。当工作太繁重时，一位同样做了妈妈的同事，苏珊娜·圣高曼，提议两个人来分担这个工作——另一个突破。她们的计划完美地体现了创业时所需要的灵活性。除了分工，玛丽·乔和苏珊娜两人合二为一：每人每周工作三天，周三两人碰头。她们共享一个头衔（副主席）、一部电话和一个邮箱账号。她们甚至会用一个合写的名字自称，山姆（Sam），取自苏珊娜和玛丽·乔（Suzanne 和 Mary Jo）。

刚开始，苏珊娜和玛丽·乔很不安。“我们最大的恐惧是工作上的失败。”苏珊娜告诉我，“因为我们在公司位高权重，我们担心如果我们搞砸了，我们会剥夺其他女人成功的机会——不论是在高乐氏还是在更大范围内。”

让她们欣慰的是，新的日程表不但奏效了，并且还带来了其他的好处。她们对自己责任的灵活思考鼓舞她们灵活地思考她们的工作。同时，她们不在办公室的时候意味着她们正跟客户们在操场边聊天。“山姆”总能从来自旧金山湾区的妈妈们那里听到妈妈们有点儿担心清洁产品对自己孩子的影响。而且不只是其他人有忧虑。“你知道吗？”苏珊娜说，“我对产品安全有担心，我也搞卫生，我还购买杂货，我和咱们的核心客户有同样的生活体验就是咱们的一个巨大优势。”

“山姆”听到了新的召唤：高乐氏应该针对妈妈们推出环保类产品。

但是玛丽·乔和苏珊娜也有一个问题：她们的计划可能会引起同事们的抗拒。任何“无害的”产品都具有威胁，因为它让其他的产品看起来“有害”。这是她们真正的考验：她们是应该在项目开始之前就说服自己放弃计划呢，还是该冒着被同事们疏远的危险挑战公司的核心定位呢？

她们的回答是：用低调的、不被注意的方式来做这件事。用玛丽·乔的话说，她们冒了“聪明的”险。这包括用自己 20% 的时间实践她们的新想法。“我们告诉老板这只占 10%，”苏珊娜告诉我，“但其实要接近 20%。”她们把这个项目叫她们的臭鼬计划。

“臭鼬计划的美妙之处在于，”苏珊娜说，“你不用经历重复的过程、手续、质疑和其他的一切，你可以直接做。”

她们正是如此。首先，她们去当地超市买下了所有绿色产品。没有产品符合她们的要求。接着，她们联系了目标客户，那些主张避免化学物的自然主义者。后来她们在高乐氏发现了另一个地下小组——这组人马包括一些化学家。（它也同样是由上班的妈妈带领的。）

这组人同样在研究可降解配方，并且将它命名为科密特项目来标榜它绿色环保的目的，最终两支队伍拧成了一股力量。他们向老板们汇报进度，但并不要求签订明确的合同；他们用现有的预算来支付费用。科密特项目的早期努力失败了。“第一次失败是因为没有足够的市场。”玛丽·乔说，“第二次是技术不够好。第三次才水到渠成。”2007年末高乐氏推出了绿色天（Green Works）。在新合同签署之后，“绿色天”和塞拉俱乐部（Sierra Club）的印章包装在了一起进行销售。6个月内新产品链就赢得了绿色产品市场的40%。5年内“绿色天”的年销售额达6 000万。做环保可能没那么容易，但两个自称“山姆”的“臭鼬”凭借自身的创造力让环保也有利可图。

这个故事的震撼之处在于，两个“兼职”的管理层抵抗住故步自封的诱惑，并为一个不同寻常的项目努力。我一次次地看到想冒险的人们在这个阶段卡住，他们总在等待一个人给他们许可，但是我学到的是：这样的人并不存在。

唯一一个可以准许你去冒险的人是你自己。

我问苏珊娜传统大公司里的人是怎么给自己亮绿灯的，她说：“我认为在每个公司，不论这个公司多么传统，总会有有创新精神的人。但是他们的想法很脆弱，这些想法需要被肯定，需要被直觉地认为是对的，因为没有任何事实或者数据会支持这个想法。”

埃及出生的阿姆鲁·沙迪也有一个凭直觉产生的想法，但在他开始追求自己的创新梦想之前，他必须得先克服他可能会让父亲失望的恐惧。成长在开罗的阿姆鲁数学和物理成绩十分优秀，他15岁上大学，毕业后就去了父亲的电气工程公司谋了一个四平八稳的经理岗位。这个公司的办公室遍布整个中东。他21岁就开始负责公司在埃及的运营，但是很快他就厌倦了。他意识到自己不想接管父亲的公司，他想创立属于自己的公司，他花了很多年才鼓起勇气跟父亲坦白。

“我不想让他失望。”阿姆鲁告诉我，“我应该帮助他的，而现在我想离开，自己去闯荡。面对父亲是我最大的负担。”

阿姆鲁的父亲出乎意料地祝福了他。“我很高兴他有创新精神。”他说。阿姆鲁创立了一个电信公司，为移动手机提供手机应用和其他服务。在 2010 年他成了奋进公司的创业者一员。

他从这次的经历里学到了面对自己心魔的重要性。“在我创业初期，”阿姆鲁告诉我，“我以为最大的商业挑战肯定是筹集资金，按税务条例缴纳的税费，以及法律和政策环境之类的问题。但后来事实证明这些其实都是小事儿。”甚至连横扫当地的革命和阿姆鲁面对的最大的挑战比起来，都可以相对地说是小事儿。

“真正的问题在于自我审查。”他说。当我让他具体谈谈时，他跟我讲了那个突破“4 分钟 1 英里”的传奇。1954 年之前，每个人都以为 4 分钟跑 1 英里是人体的生理极限。当罗杰 · 班尼斯特打破世界纪录时，他同时也打破了人们的心理障碍。1957 年底，16 名运动员突破了这一极限。“太多有抱负的创业者犯了班尼斯特之前的错误。”阿姆鲁说，“我们会故步自封。我们限制了自身的潜能，让它无法发挥最大价值。我仍然有这个问题。”

阿姆鲁的关键一课：不要指望让别人来肯定自己的愿望，要指望自己。就像传奇大师鲍比 · 琼斯谈论高尔夫，称其是“一场在 5 英寸[①]场地进行的比赛——这个场地在你的两耳之间”。

① 1 英寸 =2.54 厘米。——编者注

我应该成为一个什么样的人

我之所以对这个心理测试深有感触，是因为我曾经自己经历过一次。我成长在一个波士顿郊区的传统家庭。我的父母出生在罗得岛州，是高中时期的恋人。父亲 17 岁母亲 14 岁时，他们在一个舞会上相识。后来，我父亲成了一名律师，我母亲是一名主妇。在我整个童年，我的父母都无比恩爱，他们专注于教育，而且几乎本能地规避风险。冒险是别人家的事儿，他们看中稳定和安全超越其他的一切。

这种对于风险的不安感也影响了我。我去哈佛大学上学，毕业后选择了一条安全的路——申请了耶鲁大学法学院。但当我一开学，我很快发现我一点儿都不想成为一名律师。要承认这一点对我来说很难。我一生都在做保守的事儿，试图取悦他人。现在我想弄明白我是谁，我想成为谁。

我有个在乌拉圭的童年时认识的笔友，一次偶然的机会，我去她家借住，睡在她家的沙发上。我的父母说："这就是一个阶段。"（在我离开法学院之前，他们也同样很肯定我会参加律师资格考试。）不久后我搬去了布宜诺斯艾利斯，跳起了探戈，为当地足球队加油。为了生活我在当地的一所法学院工作，但是我环顾四周，开始着迷于那些在家乡逐渐出现的新名流：创业公司执行总裁。

那是比尔·盖茨、迈克尔·戴尔和霍华德·舒尔茨的黄金时代。很快网景公司和雅虎的上市让硅谷的创业者都跑去开发"更新的事物"了。那是叫谢尔盖·布林和拉里·佩奇的两个计算机科学毕业生正测试他们彻底变革互联网搜索的想法的时期；是史蒂文·斯皮尔伯格、杰弗瑞·卡森伯格和大卫·格芬正打破大制片厂制度建立梦工厂的时期；是王薇薇离开她的导师拉尔夫·劳伦，为婚纱行业掀起新革命的时期；是皮埃尔·奥米迪亚成功地在随后被称作 eBay 的电商平台拍卖出了一支破损的激光笔的时期；是史蒂夫·乔布斯戏剧性地回归苹果的时期；是华尔街的难民杰夫·贝索斯来了一次穿越全国的公路旅行，在去西雅图的途中考虑建一个卖书的网络平台的时期。

我皈依了创业者精神。它看起来符合我当时正在经历的反叛时期和独立精神，它看起来提供了按我的想法重塑世界的机会，它看起来很大胆。

很快，我在我新发现的社区尝试了我新发现的热情。我的朋友们迷惑极了："你说你创业了是什么意思？"一次我在巴西告诉一群学生，具有传奇色彩的史蒂夫·乔布斯和史蒂夫·沃兹尼亚克在乔布斯家的车库里制作了第一台苹果电脑。"这真是个好故事，"有个人说，"但是这跟我的生活有什么关系？没人给我钱让我去实现我的想法……而且我甚至连车库都没有！"

后来，有一次我在布宜诺斯艾利斯开会迟到了，我跳上一辆出租车，和司机攀谈起来。他跟我说他拥有电子工程学位但却找不到工作。"招聘的雇主们都是政府机构和传统的大公司。"他说，"这两种公司对一个有技能的人来说没什么用。"

"不好意思，"我对司机说，"但是难道你不愿意成为一名——"我停住了。我不知道我正在试图表达的这个词用西班牙语怎么说。"一名创业者？"我用英语问道。

"一名什么？"他说。

“一名创业者。”我重复了一下。“你知道的，一个开创一门事业的人。”

“噢，你是说*empresario*。”他不屑一顾地说。这个词是西班牙语的“大生意人”，这个词与任人唯亲、贪婪有关，而不是与创新、增长有关。

“不，不是*empresario*。‘创业者’用西班牙语怎么说？”

他耸耸肩说：“我觉得没有这么一个词。”

好吧，这就说得通了。难怪我没在拉丁美洲看到任何有雄心大志、成长迅速的创业者。这些国家不仅缺少创业资本，甚至连一个对应创业者的词都没有！

我突然产生了一个想法。假如有一个帮助全世界的创业者起步发展的组织呢？假如我们利用一个个梦想家的力量和高速发展的公司来扭转当地经济状况呢？假如我们制造一场全球性的创新运动呢？

我回到美国，开始宣讲我的想法。首先，我去找了我在Ashoka的老板，这是家与社会创业者合作的先锋机构。我建议他接触非营利性组织的创业者（在我的词典里被称为海豚型创业者）并且伸出手支持营利性组织的创业者（羚羊型创业者）。他说他现在已经很忙了。接下来，我把我的想法分享给了我在国际组织、华尔街、硅谷工作的朋友们。结果一事无成。

我学到了关于开展任何新工作的重要一课：被误解是其中的一部分。如果反向思维是成为创业者的第一步，那么你不能期待别人，特别是那些走传统道路的人，在一开始就认可你的想法。一般情况下，你最好的期待，就是找到另一位对这件事满怀热情的局外人。

在我的故事里这个人就是27岁的美国创业者彼得·凯尔纳。彼得的父亲是一位匈牙利移民，他的母亲来自底特律的郊区。作为一名攻读商学院和法学院双学位的学生，彼得当时已经在俄罗斯和东欧建立了自己的公司。我们见面时，他刚从中国回来，他也同样有支持创业者的想法。我们立即决定联手。

我们的第一场会议是在我父母波士顿家里的厨房开的，而且很俗套地，我们在餐巾纸的背面罗列了开展工作的计划。是的，一张真正的餐巾纸。听从彼得的建议，我们从亨利·戴维·梭罗的名言里选择了名字："最令人鼓舞的事实，莫过于人类确实能主动奋进以提升生命价值。"（我喜欢"奋进"这个词并且忽略其中的性别歧视意味。）

我的父母在另一间房听到了我们的讨论。他们不是很开心。

我妈妈打断了我。"琳达，"她说，"你不会是想为了这个放弃你的工作吧？"当我回答说是，她给了我父亲一个眼神，那意思就是在说："阿伦，你来劝她别做蠢事！"

我爸平静地说："你知道我们送你上大学不是为了让你提早退休吧？"他提醒我，我并没有任何信托基金，而且我需要经济独立。他提到了我从法学院毕业以后的许诺：我会"从疲于奔命中休息一阵"，但最终我会有一个传统的工作。他说："如果你对当律师不感兴趣的话，那去一家咨询公司怎么样？"

感觉到我父亲的方法并没有奏效，我的妈妈换了一种方法。"你得知道你的卵子会越来越失去活力。"她说。我当时28岁，而我妈在这个年龄已经生下了我和弟弟并且正怀着我的妹妹。她想说的是：你需要更多地考虑你的时间，少点儿膨胀的梦想。她继续说："而且如果你还想结婚的话，你肯定不能总是在坐飞机出差。”

所以我陷在了我父母认为我想要的和我自己想要的之间。这跟阿姆鲁和他父亲经历的，玛丽·乔和苏珊娜第一次在操场上听到妈妈们所说的，文西斯看到他的姐妹睡在狭小房间时感受到的，几乎每一个我见到的创业者此时或彼时面临的时刻一样。这是做保险的、可预料的事情和做不确定的、未知事情的岔口；这是恐惧和希望的博弈。

我选择希望。“我不能回头了。”我含泪告诉母亲，“我已经想了太久，这是我必须去做的，这是我应该去做的。”

我的母亲看起来震惊极了，我父亲无言以对。彼得立刻插嘴支持我。“德比，”他说，“我明白琳达需要稳定。我们商量好了她会搬去纽约，创立公司并且筹集资金。”接着他转向我的父亲：“我决定从研究生院休学一学期，搬到拉丁美洲。我们会共同承担风险。”我父母默默地点了点头。直到今天我还觉得他们当时认为我们的梦想会失败，我会回来找一个“真正的”工作。

之后的很多年，我时常回想我们在父母家厨房的这一幕。从很多角度讲，我想帮助创业者的热情来源于我想帮助他们走过类似的人生拐点的愿望：当没人相信他们的时候，当他们感到焦虑和孤单的时候，当他们就快弄明白他们想成为谁的时候。

现实中最能诠释这个时刻的形象就是青蛙科米特（Kermit the Frog）了。在《布偶电影》（1979）的开场中，科米特唱了一首关于成为超越自己的人的圣歌。“为什么有那么多歌都和彩虹有关？”他问。彩虹跟想象、幻想和梦想有关，彩虹跟听到自己的声音和人们开始知道你的名字有关。“彩虹关联”就是当你终于发现你应该成为什么样的人的时候你的感觉。

对我来说，开始“第一天”意味着你最终成为你该成为的人。

点燃“创新”之火

托马斯·爱迪生一直很执着。尽管他后来“门洛帕克鬼才”的称号人尽皆知，19 世纪 70 年代末，爱迪生还被认为是新泽西州的蠢人。在成功制作了一台土电报机之后，他开始涉足现代科学更难以捉摸的目标——白炽灯。一位批评家称这个追求是“完全扯淡”，另一位则预测其为“最后的、必然的和不光彩的失败”。

爱迪生和其他发明家面对的最主要的问题是电流被认为是一缕极度危险的“愚蠢的火焰”。健康专家警告说在灯光下暴露太久会导致眼病，精神崩溃，以及——更恐怖的——雀斑！甚至支持者也承认灯光让房屋室内看起来暗淡，给食物一种毫无胃口的苍白感，让女士们的脸上出现雀斑。

在 1879 年，爱迪生敞开了他在门洛帕克工作室的大门，介绍了他的白炽灯的雏形——“小太阳”。怀疑论者无动于衷，他们称爱迪生是个骗子，并且怂恿他去更大的平台证明他的灯泡能亮。

这件事很快发生了，但不是由爱迪生展示的。在 1880 年 12 月的一个寒冷的夜晚，一个叫查尔斯·布拉什的发明家给 23 个弧光灯穿线并安装在了从联合广场到麦迪逊广场的百老汇大道沿线的 50 英尺[①]

① 1 英尺 =0.304 8 米。——编者注

高的柱子上。奋进公司的总部现在就在这条大道沿线上。本应该由纽约市财务长的女儿去打开开关，但是她怕遭到电击，打了退堂鼓。当灯光最终亮起来的时候，空中充斥了强烈的光芒和明显的阴影。一名《纽约时报》的记者抓拍了这个场景："商店大理石的巨大白色轮廓，头顶乱七八糟的电线，熙攘的车流，这些东西的形状都被灯光刻画得精准无误，让一切无处遁形。"（这个描述为百老汇赢得了经久不衰的昵称——白色大道。）

大众对电灯进入公共区域的反应犹如对待瘟疫一样避之不及。行人打开雨伞来保护自己，人们不停地抱怨说电灯让他们看起来像鬼一样。

尽管有众多的反对者，爱迪生仍然不放弃。布拉什也不放弃。与爱迪生这样的羚羊型创业者不同，布拉什并不习惯聘请几百名工程师，也不憧憬建立起一个巨大的商业帝国。布拉什是蝴蝶型创业者，他偏爱在他的实验室里一个人整晚整晚地琢磨。但爱迪生可能是那个可以承受批评，并让灯泡成为居家必备品的人。更重要的是，他拥有关键性专利，并成立了爱迪生电灯公司，获得了摩根大通和范德比尔特的投资。

爱迪生和布拉什共同说明了坚持自己的远见、了解从创业投资中会得到什么、为坚持自己的选择承受批评的能力的重要性。

依我的经验来看，几乎所有的创业者都会在某个时刻被指责成疯子。但是，不疯魔，不成活。请思考一些案例：

羚羊

当山姆·沃尔顿在 44 岁的时候想出了一个折扣店的主意时，

他的哥哥以“就是山姆·沃尔顿的另一个疯狂想法”否定了他。沃尔顿自己说每个他见到的人“真的觉得我完全失去了心智”。

臭鼬

在1999年，4位微软的员工围着一碗软糖豆策划出了一款可以媲美索尼的PlayStation的游戏主机，他们称其为Xbox。质疑他们的同事们给Xbox起了个绰号叫棺材盒，甚至他们在英特尔的伙伴也嘲笑了他们。“我们嘲笑这个主意说他们可能又要白费几十亿美元了。”一个执行主管说道。但是这个软糖豆俱乐部继续密谋招募同盟，直到他们争取到了最大的盟友比尔·盖茨的支持。Xbox后来成了微软最大的“内部创业”。

海豚

当纽约名不见经传的教授雷蒙德·达马迪安，最初想到他可以利用核磁共振检测到身体里的癌细胞时，他的学术同行说他是一个怪人、一个骗子、一个狂叫的疯子。更糟的是，他们拒绝授予他终身教职。“那完全是一个轻率的理论。”一位同事说。达马迪安并没被吓住，而是提交了专利申请并且筹集到刚好的钱制作了一台机器。在1977年他完成了第一个全身核磁共振成像。

蝴蝶

当22岁的杰弗里·布雷弗曼在2002年离开公司加入他爷爷

创办的经营困难的家族生意时，他在华尔街能赚六位数的薪资。纽瓦克坚果公司（Newark Nut）曾经有30名员工，而现在只剩下两名。“我父亲和我叔叔都认为我疯了。”杰弗里说道。他将生意放到网上，以Nuts.com的域名重新推出。不到10年，公司就雇用了80个人，获得了超过2 000万的收益。

为什么那么多的创业者，在如此分散的领域都被称作，呃，疯子？

这背后的原因就是，从与众不同的角度看事情会让人感觉受威胁。这对那些受益于当下的人来说有威胁性，同样对那些体制外可能想到过这个点子或者正在进行这个计划的人也有威胁。尼可罗·马基雅维利在《君主论》里证明了此论点：“从没有什么比建立一套新秩序更复杂、更难以预料其成功、更危险的了。”马基雅维利的解释是：改革者的强大的对手们来自那些旧秩序的既得利益者和新秩序里只想获益的墙头草。

鉴于以上原因，如果你将因为你疯狂的想法受到批评，你要如何反应呢？

实施它。

我在我事业的决定性时刻学到了这一课。在我向父母摊牌的几个月之后，我接到了彼得的电话，他当时正在南美洲寻找创业者，而我正在纽约寻找投资人（哦，是的，妈妈，我还要找个丈夫）。

“琳达，收拾你的行李，”彼得说，“我在阿根廷给你争取了和一个房地产大佬见面的机会。他的名字叫爱德华多·艾尔兹坦。”在爱德华多的传奇里，他是一个中途辍学的大学生，在 1990 年一路游说进入乔治 · 索罗斯的办公室，推介了他不可思议的预测，他说阿根廷正在摆脱几十年的债务危机，并且市场机会已经成熟。见面结束后，爱德华多拿到了 1 000 万美元的支票，后来他用这笔钱成就了阿根廷最大的房地产帝国。

爱德华多给了我 10 分钟。5 分钟后他看了看他的表，说他会尽力帮我安排与索罗斯见面。“非常感谢，”我说，“但是我并没有打算跟乔治 · 索罗斯见面。”他非常困惑，提议我继续。“听着，爱德华多，你是一个创业者，我也是一个创业者。整个奋进公司都是跟支持创业者有关的。我想要的是：你的时间、你的热情和 20 万美元。”

我们开会用的是英文，但当我说完我直白的请求时，爱德华多转向他右手边的奥斯卡开始说西班牙语。“这个女孩疯了！”他说。他滔滔不绝，对奥斯卡说跟我的这次会面就好像在一部糟糕的恐怖片里一样，主角最初看起来很迷人，但当你洗澡时，你却发现她拿着刀向你冲过来。

可是，这个糟糕的主角可以听懂西班牙语。当他说完后，我微笑着说：“爱德华多，*estoy muy decepcionada*（西班牙文，我很失望之意）。我没想到一个从亿万富翁的办公室里拿出了 1 000 万美元支票的人会说这些。你应该庆幸我只问你要 20 万美元而已！”爱德华多瞪着我，回头看了看奥斯卡，拿出了他的支票簿。他当场把 20 万美元支票作为捐赠交到我的手上，并同意成为奋进（阿根廷）的创始主席。

这个经历指向我的一条创业守则：做到极致，疯狂就是赞美！

我还提出这个推论：如果你想创业但没有被人们叫作疯子的话，

那说明你的梦想不够大。

重点是，当你有可能威胁现状的时候，人人都有可能说你是个疯子，你可以对这个说法引以为傲。我就是这么做的。多年来，很多拉丁美洲的人称我为“疯狂的女孩”，而且后来这个绰号还传到了中东。我没有觉得被冒犯，反而把它看作荣誉徽章。

如果你在推动变革，你同样将会受到阻力。不要惊讶，不要觉得受伤，不要放弃，继续下去。

点燃“创新”之火。

停止计划，行动起来

2013 年我出现在了《今日秀》节目里，节目中我讲了如何帮助人们创业。我的同席嘉宾是一名毕业于商学院的互联网创业者。她说她曾经在创业之前写过一份 75 页的商业计划。她推荐观众们也这样做。我惊讶得几乎从我的高脚凳上摔下来。“关于这个我们可以保持不同的意见。”我说。

等等！每个人都知道，要想实施一个想法就需要一个按部就班的计划。每个人都认同，一旦你有了疯狂的想法，你应当把它写在纸上让它看起来更加真实。你应该加上数据、关键词、规划、图表。你应该制作一个幻灯片来打动你的老板、你的朋友、你的爱人。你应该写个商业计划草稿。

不过，让我来告诉你，“每个人”都错了。其实有另一种方式能达成创业者在这个阶段的目的：停止计划，行动起来。

文尼·林厄姆在种族隔离时期的南非共和国东开普省长大。他生活在一个被指定让印度人生活的隔离区里。他记得小的时候看电影《华尔街》时，他在想："我想成为更厉害的人。"文尼逐渐开始对创办公司充满热情，从在小学卖贴纸到在大学经营一个摇滚乐队。2003年，他放弃了他在公司的第一份工作，卖了房子，说服自己的未婚妻和两个朋友加入他成立了一个网络营销公司。他最终过上了梦想中由自己创造的生活。

但文尼并不满足。他发现了一个新问题，很多小企业缺乏资金或创意来建立网站。于是他离开了自己的创业公司开了另外一家公司。很快谷歌选中了他的新公司 Yola 作为一个项目主体，惠普也提出要把 Yola 的产品预装在自己的电脑上。2009 年，《商业周刊》宣布 Yola 是"50 个你需要知道的创业公司"之一。很多年后文尼又开了另一家公司 Gyft，一个移动端的礼品卡钱包，这也是由谷歌投资的。

文尼是一个连续创业者，他很快就成了硅谷的中流砥柱。这一路走来他对见过的大多数创业者形成了根深蒂固的观念：他们想太多，过分计划，过度分析。我有一次主持了一个有文尼、莉拉还有其他创业者们参加的讨论，还有一屋子的各类资产投资人。"你们很多人都想得太多了。"文尼对着观众们说，"你们花费了所有的时间来谈论各种想法，学习不同的理论，写商业策划，但却没有时间测试那些东西。"他又说了句至理名言："等你在纸上写好了完美的计划，像我这类人已经为我们的生意签下了很多现实生活中的客户了。"

文尼并不是特例。我们对将近 1 000 位奋进公司的创业者的研究显示，2/3 的人都没有写正式的商业策划就开始了他们的尝试，超过

80% 的人在 6 个月内就发布了自己的第一款产品，近半数的人至少改变了一次他们的商业模式。文西斯在创办他的公司时并没有商业策划，莉拉也没有。

我们的羚羊型创业者都在不错的公司。一项 2002 年对 *Inc.* 500 强（美国 *Inc.* 杂志评选出的 500 强企业）的创始人做的调查显示，只有 12% 的人在创业前进行了正式的市场调查，只有 40% 的人写了商业策划。而那些写了策划的人，有 2/3 承认他们后来放弃了策划。微软、皮克斯和星巴克的创始人没有遵从自己的商业策划；英特尔的商业策划只有区区 161 个字，其中还包括一些写错了的字词，比如“和”字。

大公司里的臭鼬型创业者也同样可以依照“停止计划，行动起来”行事。当我问高乐氏的玛丽·乔·库克会给那些在大公司但是想创业的人提什么建议的时候，她说：“不要一直分析分析分析然后试图在这个不完美、混乱、不断变化的世界里规划出什么完美的策划，去尝试就好了。”创业的精髓，她说，在于“在实践中学习”。这种方法在公司里之所以显得宝贵，是因为你不需要用幻灯片来打动你的老板，你可以用实践来证明。

想想发生在辉瑞制药这家公司身上的事儿吧。辉瑞制药是世界上最大的制药公司之一，拥有超过 9 万名员工。2005 年，人力资源部中层员工乔丹·科恩，注意到在他的团队里有一名刚当爸爸的成员在加班、制表、上网查资料。科恩并不认为他这是在有效地利用时间，他琢磨着员工是否能把一些乏味的耗费精力的工作进行外包。

科恩没有制订任何详尽的计划，而是利用有限的几个员工和他自己有限的预算测试了这个想法。他把自己的计划叫作“未来办公室”，并且整整一年时间都在找资料，提升欢迎度和寻求支持者，并向上司隐瞒了这个计划。他的第一次测试以惨败告终。外包回来的工作内容充满了打印和数据错误。科恩发现他的同事们并没有足够详尽地向外包助手们讲解他们的需求，所以他花费好几个月的时间来把项目拆分成4个可操作的任务：制作文档、处理表格、安排会议以及做调查。

到了这个阶段，他将另一个部门的高级经理招致麾下。这个经理负责试验该项目，并用自己的预算来支付费用，为科恩提供了人员和资金。辉瑞公司的高层领导仍然对此一无所知。慢慢地关于项目的风声流传开来，最终有200名员工参与了这个项目。带着节省了几千小时工作时长的数据证明，科恩和他的顾问终于把项目推介给了领导层。高层们为这个项目在全公司的推广开了绿灯。现如今这个项目被重新命名为辉瑞工作法，为1万名经理服务，包括主席和首席执行官。在公司的内部调研中，员工们把辉瑞工作法评为了公司最受欢迎的服务，尽管员工们必须从自己部门的预算中出这笔钱。

蝴蝶型创业者经常不加预设地深入公司业务。他们看到需要改进的地方，他们就着手去做了。在他们的世界里，这往往不是一个选择，因为他们很多人甚至没有意识到他们在创立一些新的东西。玛格丽特·鲁金就是一个例子。

作为爱尔兰裔美国家庭中5个孩子中最年长的一个，鲁金（本姓是福格蒂）生于1897年的纽约。她有一头标志性的红发，她是高中毕业时致辞的优秀毕业生，后来她在华尔街的一家券商公司工作，在那里她遇到了她的丈夫。两个人有了 3 个儿子，搬去了在康涅狄格州费尔菲尔德的一处可爱的房子。那是 1929 年，当股票市场暴跌，他们家也受到影响，为了付账单他们开始卖苹果和猪。但鲁金面临的更大挑战是小儿子马克严重的过敏和哮喘，他不能吃加工食品。

当医生要求马克开始吃特定的纯天然食物时，鲁金决定试着给他做一些全麦面包。“我做的第一个面包应当送到史密森学会作为石器时代面包的示例。”鲁金说，“那个面包有 1 英寸厚，硬得像石头一样。”尝试几次之后她终于做出了像样的面包。马克很爱吃，包括马克的医生，医生还“开方子”把这个面包推荐给其他的患者。鲁金很快奔赴当地杂货商，问他是否有兴趣卖她的面包。“没门儿。”杂货商说。鲁金在烘焙行业毫无经验，而且，她要求每个面包卖 25 美分而不是市场价 10 美分。

于是她给杂货商切了一小块面包。杂货商尝了尝，当即买下所有面包，之后他又给她打电话预订了更多的面包。鲁金以她在康涅狄格州钟爱的家乡名来命名她的面包——非凡农庄（Pepperidge Farm），这个农庄以一棵古老的紫树命名。“虽然我对制造、市场、定价还有量产面包一无所知，”她说，“但那个电话打来，非凡农庄面包就诞生了。”

玛格丽特·鲁金意外地成了创业者。她需要的只是一个动机、一个厨房和一个食谱，同时还有一个愿意拎着她的面包去中央车站卖面包的丈夫。几年后她把这个工作室转移到了车库。《读者文摘》在 1939 年盛赞了她的面包后，需求骤增了。正如一个记者写的那样：“为了满足用户急速增长的需求，玛格丽特·鲁金把她耀眼的红发从冒汗的额头捋到脑后，说她一直都知道美国人想吃自家制的面包，但是有必要所有的人在同一时间都提出这种需求吗？”

许多蝴蝶型创业者都是这样开始的，经常是在他们丢了工作或者他们的孩子不再24小时需要他们了以后。他们没有写商业策划是因为他们没有相关知识或者资源。即使他们有，他们也不知道要拿这么一个策划怎么办。

仍然觉得放弃写商业策划这件事很难？比尔·萨尔曼，哈佛商学院创业金融大师，为《哈佛商业评论》写了一篇名为《如何写出很棒的商业策划》的文章。他的结论让人大吃一惊：“从我与几百个创业公司打交道的经验看，如果把商业策划作为预测一个新公司是否能成功的指标，它占不到2分（从1分到10分的话），”他还说，“有时，计划越具体，创业反而更有可能砸锅。”

比尔对此的解释是大多数商业策划把太多的时间花在填充的数字和浮夸的语言上了，创业者并没有认识到精明的商业策划是需要适应不同情况并保持变通的。很多公司的早期计划和最终结果完全没有一点儿相似之处。比尔甚至还列了个表（见下表）来解释那些商业策划说的到底是什么意思。

说明一下，我没有说商业策划本身是糟糕的。比尔·萨尔曼也没有这样说。举例来说，文尼最后确实写了一个策划，当他需要从风投那里募集资金的时候。（实际上，他雇了一个工商管理硕士来为他写这个策划。）乔丹·科恩最终写了一个提案来扩大他在辉瑞公司的外包业务。这都是当写策划变得有必要的时候。太早写策划，洪水般的质疑和想象出的数字很有可能会扼杀你的动力，埋葬你的热情。

他们说……	他们真正的意思……
我们保守计划……	我们读到一本书说我们必须在 5 年内成为一家市值 5 000 万美元的公司，然后我们现在反过来倒推说这个数字是我们的计划
项目已经完成了 98%	完成剩下的 2% 将要耗费两倍于完成最开始那 98% 的时间，花费也是两倍
客户正渴求我们的产品	我们还没有向客户收费

比起写策划，在创业早期你可以做的重要的事包括：第一，允许自己成为一个反叛者，轻视规矩、不走寻常路；第二，让自己行动起来，允许自己尝试，然后开始尝试。就像文西斯说的那样，成为一个行动派。

一直向“第一天”前进。

小心，你可能会因为有一个很大的梦想而丢掉工作，可能会因为投身于自己并不确定的未来而被人们说成疯子。这是成为一个创业者无法回避的连带后果。不入虎穴，焉得虎子。

但我要强调一点，最聪明的创业者不会盲目冒险，他们会承担明智的风险。他们不会冒险把所有的鸡蛋放在一个篮子里，他们恰到好处的冒险刚好让事业继续，然后在创业过程的每一步都回避这些风险。

下面我想讲讲如何成功搞定这种脆弱的平衡。

第二章

降低风险

萨拉·布莱克利觉得自己失败透顶。她尝试成为一名脱口秀演员但却不够格；她计划去上法学院却搞砸了法学院入学考试；她成了一名迪士尼乐园的演职人员，但3个月后就辞职了。她最终找了一份卖传真机的工作。

一天，佛罗里达州的天气炎热又潮湿，而萨拉需要穿长筒袜来搭配白短裤和凉鞋，于是她把普通长筒袜的脚部给剪掉了。但长筒袜总是卷到她的腿上，令她很烦躁。“我需要的那种塑身衣根本不存在！”她说。她开始每天晚上研究布料并且最终设计出了一款她喜欢的塑身衣。她甚至自学了专利法来想办法省钱。她总共的投资是：5 000美元。她管自己的产品叫Spanks。

“我知道柯达和可口可乐是两个最众所周知的名字，”萨拉说，“它们都有‘K’的音在里面。”作为一个喜剧演员她同样知道“K”的发音可以逗人们笑。当她得知生造词有利于推广品牌并且更利于注册商标时，她在最后一刻把“KS”改成了“X”。“Spanx这个名字很潮，有趣，超级顺口，而且有那么一瞬间会让你心驰神往（承认吧）。”她说。她的品牌广告语是：别担心，我们罩着你。

出于很多原因我爱这个故事：它有趣，让人印象深刻，而且令人备受鼓舞。2012 年，在萨拉 41 岁的时候，她成了《福布斯》亿万富豪榜上最年轻的白手起家的女性。（当然，我还喜欢她的产品。我很高兴萨拉罩着我！）我尤其喜欢萨拉的故事中包含了好几个成为一名创业者的重要经验。比如如何掌控巨大的难以驾驭的梦想，如何把这样的梦想切分成多个小的、可控的任务。

当萨拉明确了自己的梦想之后做了下面的事情。尽管她对袜业一无所知，萨拉并没有陷入元分析里无法自拔。相反，她钻进了自己的车，开始在北卡罗来纳州一家一户地试图说服工厂主生产她的产品。他们总是问她同样的 3 个问题：你是？你代理的是？你由谁支持？

"当我对这 3 个问题给出的答案都是萨拉·布莱克利时，"她说，"大多数人都赶走了我。"

面对接二连三的拒绝，她没有认输，而是继续努力。最终一家之前拒绝过她的工厂主又给她打了电话。"我决定帮助你完成你的疯狂想法。"他说。萨拉问为什么。"我有两个女儿。"他回答。

萨拉的经历包含成为创业者的第二个关键步骤：决定冒多大风险，然后研发出一种模型，再找到用户并接近他们（我最喜欢的）。假设成为创业者的第一步是关于建设思维和心态的，这一步就有关把控风险。具体点儿说，这是关于降低风险的。

举例来说，当萨拉第一次想到塑臀的连裤袜时，她并没有辞掉她白天卖传真机的工作。两年来，萨拉在工作日从早上 9 点到下午 5 点兜售办公室用品，晚上和周末卖连裤袜。直到她很确信她的创业冒险会成功时她才辞职。是什么让她确信的呢？奥普拉选中了 Spanx 为她

“最喜爱的东西”之一。

尽管大众普遍对创业者抱有他们是鲁莽的牛仔的看法，事实却不太一样。透过表象看本质，聪明的创业者实际上懂得如何以最少的花费、适当的曝光度和有限的责任来实现他们想法。

所以你要怎么做呢？你要如何区别聪明的冒险和愚蠢的冒险呢？这一章里的 4 种策略可以帮到你。和那些鸡汤口号说的相反，第一步并不总是最困难的。

这点是最难的。

别赌上全部身家来创业

创业者在早期面对的最棘手的问题之一就是：一旦你有了一个想法并且深信它会成功，你愿意付出多少？传说中的答案一般是这样的：全力以赴。卖掉收藏的全套棒球卡，抵押掉房子，把你的信用卡刷爆，动用退休金账户。

再赌上农场。

麦当劳的传奇首席执行官雷·克拉克，很好地描述了这种情绪：“如果你不是一个冒险家，你应该离商业远远的。”像很多关于创业的知识（包括一般的商业知识）一样，这个迷思对虚张声势的大男子主义很受用。实际上，“赌上农场”这个说法来自早期美国西部的扑克桌上，人们在扑克牌游戏里赌上农场来证明他们有胆量。

虽说如此，男孩还是男孩，创业者却很有头脑。和真正的创业者聊聊，真正关于创业者的冒险故事和常人所想的经常大相径庭。

理查德·布兰森绝不是个弱者。但他在《致所有疯狂的家伙》里写道：“如果你是一个冒险家，你得学会有限冒险。”当我们在某一年奋进公司的年度晚会上向他致敬时，他讲述了他在软饮料维珍可乐上的不幸冒险。“我当时以为我们可以取代可口可乐。”他说。布兰森认为维珍可乐是一场灾难，但是是一场“可控的灾难”。维珍可乐是一场经过严密计算后的创业冒险，它的失败并不会威胁到维珍品牌。布兰森给我们上了一课：创业者得确保一次失败不会毁了一切。

很多和我一起工作的创业者们都赞同这个观点。罗德里戈·乔丹是我认识的最疯狂的、对冒险有瘾的人之一。这个智利出生的首席执行官热爱极限运动，包括攀岩和攀冰。1992 年，他成了第一个登上珠穆朗玛峰的南美洲人，之后他又攀登了很多次。（2012 年他发给我一张把奋进公司的旗帜立在峰顶的图片。）

罗德里戈把他的登山技巧运用在了他的创业者领导力培训公司上，所以当他这样告诉我的时候我很惊讶："大家全都错了，创业者不喜欢冒险。我痛恨风险，我总是试图避免或最小化风险。一个创业者永远都不应该是一个置所有一切于风险之中的冒失鬼。"

奋进公司的调查也支持这一观点。当我们请我们的创业者来对自己对于风险的态度评分时，绝大多数人选择了中度，而不是极度。95% 的人说，他们不会冒着不能为家庭提供食物和住所的风险来创业。超过 80% 的人有足够的储蓄或者其他经济来源可以支撑至少一年的基本开销。这并不意味着他们富有，大多数人在最开始都以很紧的预算生活，但这的确说明了他们在追求他们疯狂的梦想的时候对于承担责任和继续供养家庭的态度。

当然，承担一些风险是必须的。那一些是多少呢？如果你不应该把农场赌上的话，那你应该赌多少呢？

只要足够让你开始创业就好。2013 年，61% 的 *Inc*. 500 强公司的创业者最开始在他们的生意上只投了不到 1 万美元。对于大多数创业公司而言，这个数字会更少。在《精益创业》这本书中，埃里克·莱斯倡导投资的启动资金没必要太高。这样做的目的在于创造他说的最小化可行产品（MVP）。"这对很多创业者来说都是一个残酷的真相。"莱斯写道。你可能希望得到某个超乎想象的、可以改变世界的或者某个可以在感恩节上感动那个恶声恶气的表哥的产品雏形。

更聪明的做法是采取渐进的步伐——听取反馈，然后相应调整。莱斯称之为"开发—测量—认知"反馈循环。这也同样是你不应该为某个商业计划焦虑的原因：你会很快成长并超过你设想的产品雏形。

正如里德·霍夫曼，领英的联合创始人，同时也是奋进公司的董事会成员所说的那样："如果你的第一个产品还没有让你觉得尴尬，那你已经等得太久了。"

不用赌上农场的一个好处是你不用一下拿出很多现金。1999年，曾经是圣地亚哥教士队售票员的尼克·斯威姆，想到了一个大胆的主意，他认为人们可能愿意从一个大型网上商城买鞋。这样做的吸引力很明显：全年无限的选择。同时，当时每年有价值20亿美元的鞋子被销售出去。但缺点也显而易见，以我为例吧，我有一双有各种问题的脚，必须试穿很多双鞋才能找到合适的那双。

斯威姆本可以花费好几年研究市场，分析客户的购买习惯。或者他可以投资一个厂房，然后把厂房从地板到天花板都塞满鞋盒。他可能会负债累累后才发现人们想在网上买鞋的可能性并不比在网上买马丁尼酒的可能性大。斯威姆没这样做，而是先做了一个实验。一天，他走进位于加利福尼亚州的森尼韦尔市的一家鞋店，询问是否可以给一些产品拍照然后把照片放在网上。如果有人在网上买那些鞋的话，他会返回商店然后以全价买下它们。

这显然不是一个切实可行的商业模式，但事实上斯威姆的实验并不是为了成为一种可行的商业模式，它是为测试一个商业点子而设计的。这个实验成功了。他迅速证实了人们很愿意从网上购买鞋子。更重要的是，他积累了顾客的关键信息：他们是谁，他们喜欢什么款式，在购买一双鞋之前他们需要试穿几双，等等。1999年6月，斯威姆的网上鞋店（ShoeSite.com）开业了，后来他很快把这个网站更名为Zappos.com（美捷步）。

在大公司里失败可能会毁了你的事业。因此在大公司里利用低风险的手段来开展高风险的冒险是特别有价值的，两个在 MTV（全球音乐电视台）的臭鼬型创业者深谙此道。在 20 世纪 90 年代中期，互联网刚开始变得流行，两个在 MTV 欧洲部的中层员工试图做一个融合了电子邮件和用户原创内容的节目。但他们并没有直接走进首席执行官的办公室找他签字，他们两个——亨里克·维德林和埃里克·基利开始偷偷摸摸地制作测试版节目。维德林从经常下班一起出去的技术人员那儿借到了仪器，基利自掏腰包买了一个摄像机。他们在基利的办公室附近的一个空着的小房间里建了一个样本录音室。他们甚至仅用了一瓶威士忌，就成功雇用了一个 MTV 知名主持人。

不过，一个样本远远不够。这两个臭鼬型创业者需要直播他们的节目来证明技术是可以行得通的。但是他们怎样才能说服他们的上司把宝贵的节目时间让给他们自己笨手笨脚做出来的节目呢？答案是：他们不需要。他们说服了一些控制室的技术人员在半夜播放他们的节目，这个时间通常是播放录播节目的时间。他们认为用这段时间风险会是最小的。一旦节目出了大错，技术人员只需要切换到录播节目就行了。

糟糕的事情并没有发生，新节目大受欢迎。“当我去找我们的首席执行官时，”基利说，“我可以告诉他我们有一个新的想法，在技术上可行，并且我们已经成功播放了。”这个节目就是备受赞誉的《精选》（*Top Selection*）。后来，他们开发的技术成了《音乐总动员》的核心技术，《音乐总动员》（*Total Request Live*）是 MTV 具有开创性的节目，由卡森·戴利主持。这个节目发掘了包括小甜甜布兰妮，克里斯蒂娜·阿奎莱拉和贾斯汀·汀布莱克在内的多位歌手。

以这种渐进的方式来推进一个想法，对蝴蝶型创业者来说同样宝贵，他们经常没有现款来开发昂贵的产品，或者无法辞去工作、忽略孩子来获得自由。生在克利夫兰的沃伦·布朗有布朗大学的学士学位、乔治·华盛顿大学的公共健康硕士学位和法学博士学位。他当时是卫生与公众服务部的一名诉讼律师，但却遭遇挫折。作为一个一辈子喜欢在厨房里捣鼓各种美食的人，布朗在 1999 年的新年决心学习烘焙。他白天工作，晚上烤蛋糕，出差时走访各种蛋糕房。

在去拜访纽约的亲戚之前的一个周末，他准备了一个简单的巧克力蛋糕，他把它放在白色的盘子上，端着它上了飞机。“从进机场到上飞机，安检、空乘、乘客还有其他旅客问我各种各样的问题。你做的蛋糕？你过生日吗？你是一个烘焙师吗？”布朗告诉他们，蛋糕等于爱。后来他说：“坐在马路旁的台阶上等亲戚的那个晚上，我意识到我正盯着我的未来。”

这个故事的传说版本是布朗辞掉了他的工作，从朋友和亲戚那里借钱开了一家烘焙店。但是这个故事的真实版本是：他担心极了，害怕告诉他的朋友和家里人他的想法，他陷入了一种焦躁不安的状态。那趟行程的 6 个月后，布朗深陷工作、烘焙和为自己的这个副业跑腿的旋涡中。他崩溃在家，无法动弹也无法呼吸。“我深感困惑、疲惫和绝望，”他说，“我想做烘焙，但我不知道我要怎样去实现这个想法。我怎么告诉送我上法学院的父母呢？”一个朋友开车送他去了医院，医生建议他放缓生活节奏。

布朗找老板申请了 3 个月的无薪假期。他没有彻底辞职，但是他认为他可以写一个商业策划（唉），筹集一些资金，然后开一个店。他租下一个厨房，烤了 15 个样品蛋糕，邀请了 75 个朋友来品尝。是的，他也邀请了他的父母。他的母亲用很小的声音说："嗯，如果这是你真正想做的……"他的父亲说他的激情最好能让他有真正的工资可拿。

3 个月后他的商业策划一个字都没写，他也没有筹集到一分钱。他收到一些来自生日聚会、婚礼和餐厅的订单，于是他决定延长他的假期。《华盛顿邮报》听到风声，写了一篇文章。文章并不是关于他的烘焙店的，而是关于他要不要开店这个决定的。文章标题是：沃伦·布朗会放弃充满前途的法律事业而去做蛋糕吗？《今日秀》节目打电话来。《人物》杂志称这个帅气的 30 岁非裔美国人是"全美 50 个黄金单身汉"之一。

但是他仍然没有开店！"这个过程漫长且艰难，"他说，"启动一项事业并不容易。"又一年过去了。最终他得到了少量的商业贷款。2002 年，在他下定决心的 4 年后，布朗在华盛顿开了第一家店：CakeLove。第二年他开了一家咖啡厅，出版了一本食谱，又开了六家店，还做了一系列的美食节目。但正如布朗说的，如果没有他的缓慢开始就不可能有他的快速发展。

"你经常听创业者谈论他们的经验，"他说，"而你常常听不到整个过程中发生的所有困难。"布朗又说，"你必须得有点儿疯狂"来做到他做的这些事，但你前进的同时也不能把全部身家都赌上。

就我的经验而言，大多数创业者并不会将风险最大化，他们会将风险最小化。他们不专注于最优回报，他们更关注可承受的损失。

还是把高赌注的游戏留到扑克桌上吧。当你要创业时，不要真的赌上农场，一次赌上几只鸡就行了。

别通过朋友验证你的产品

但你怎么才能知道那个赌上了你几只鸡的主意是一个好主意呢？你可能倾向于找那些你最信任的人：你的朋友，你的家人，你的慢跑伙伴，街对面的邻居，办公室角落里那个聪明的家伙。于是你满怀信心，开始练习自己的演讲，然后穿上 Spanx 塑身衣（是的，这个品牌也有男款），最后提问："告诉我，我这个疯狂的想法是绝妙的还是只是疯狂而已？"

不论他们说什么，请你忽略。

正如老话说的那样，爱是盲目的，而你这时候需要把你的想法看得更明白。比如萨拉·布莱克利，当她开始做塑形衣时，并没有告诉她的朋友和家人。知道这件事的人，除了她咨询的专利律师以外，就只有她的室友兼男友。"我家里人知道'萨拉在忙活一些想法'，"她说，"但我从未告诉他们那是什么。"她的理由是："创意在初期很脆弱，而且我猜如果我跟朋友说了的话，我可能会受打击。"

爱你的人们听到你的创意时可能会有两种反应，其实没有一种会对你有实质性的帮助。一种是毫无根据的赞美："我的老天爷，这是我听过最伟大的想法！你是个天才。你会成为百万富翁的！"这相当于带着伴娘陪你最后一次去试婚纱，还期待她会说除了"简直完美"之外的话。这种反应也许会让你情绪高涨，但它不会帮你检验你想法的质量。

另一种则总是消极的反应："你准备辞职以后去干！什！么？！""肯定会有其他人比你先做，而且做得更好。""你拿什么供孩子上大学？"这就是沃伦·布朗的父母当时对他说的话。

这两种情况下，人们给出的往往是情感反馈——不是试图让你感觉良好就是让他们自己感觉良好（或至少为自己对风险的厌恶找到理由）。这两种反馈对你都没有好处。

以下两则故事，都是蝴蝶型创业者的故事，但结果却大相径庭。

梅尔·齐格勒和帕特里夏·齐格勒都受够了他们高压低薪的工作。梅尔是一名记者，帕特里夏是一名法庭速写艺术家。他们很年轻，刚坠入情网，对彼此仍不够了解，他们在同一天辞了职，希冀能在旅行中过自由的生活。他们先是节衣缩食，接着他们读了一本关于如何创业的书，之后，莫名其妙地，梅尔找到了一份在澳大利亚做自由撰稿人的工作。一天，梅尔在悉尼淘便宜的衣服时发现了一件二手的英式缅甸夹克。"它是用很厚但是又很软的卡其棉斜纹布做的，看起来像一件旅行夹克。"他回忆道，"它有一种高级成衣的定制感。"他还锦上添花地搭配了一个橄榄绿色的澳大利亚阔边帽。

当他两周后通过海关的时候，帕特里夏几乎无法认出她的男友。"哪里感觉不一样了，"她说，"要不就是他从这次遥远的探险里得到了一种漂泊感和一种英雄式的冷静，要不就是因为这件夹克？"出于对这件有着"完美颜色"和"微微磨损的领子和袖口"的夹克的喜爱，她着手开始改衣，增加了肘部的鹿皮补丁、真皮绲边和木制纽扣。梅尔几乎每天都穿着它，不论他去哪儿，人们都会叫住他问：

“你从哪儿弄到的这件漂亮夹克？”

“这件夹克给我传递了一个信息。”他说，“而且我很快就意识到了：这就是我们一直在寻找的机会。”帕特里夏和他想到一块儿去了。

他们投资了750美元，买下了一批二手的西班牙伞兵短袖上衣（英式缅甸夹克很难找，而且即使是二手的也非常贵）。梅尔和帕特里夏说这是他们的“停止计划，行动起来”的时刻：“辞职的作家和艺术家写了一份完整冗长的商业计划书，这一刻这份计划书终于被丢在一旁，他们要用行动来实现计划……”

在经历了几个在跳蚤市场兜售衣服的炎热下午后，两人决定把他们剩下的现金投在一个自制的产品目录上，里面都是帕特里夏的手绘图和梅尔想出来的奇怪的对白。（梅尔称自己是宣传部部长。）他们带着刚刚印好的目录，既热切又充满自豪和喜悦地把目录展示给两个朋友看。其中一位朋友在翻了翻目录后说：“你们不会期待这个目录可以帮你们卖出去什么东西吧？”另一个接着说：“你们确定你们要邮寄这个？”朋友走了之后帕特里夏颤抖地问梅尔他们是否应该放弃。“我们现在不能回头了。”梅尔说。

帕特里夏和梅尔的奇怪想法——香蕉共和国（Banana Republic），在全球开设了超过600家实体店。在梅尔买下那件二手夹克的5年后，两人把他们的公司卖给了GAP（美国休闲服饰品牌），继续去追求他们自由和艺术的梦想了。GAP对香蕉共和国产生兴趣的一个重要原因是：它古怪的、闲聊式的手绘目录。如果两人当初听取了他们朋友的意见，这份手绘目录永远不会付梓。

听取你身边的要好朋友的建议存在一个问题，就是他们可能会泼你冷水。但相反的情况也很糟糕：你的朋友们可能会对你阿谀奉承，他们的奉承可能使你犯下致命的错误。

艾莉森·罗曼和伊娃·斯科菲尔德是布鲁克林超人气甜品店 Momofuku Milk Bar 的同事，她俩一直渴望加入当地流行的纯手工食品浪潮。布鲁克林跳蚤市场是当时从农场到餐桌风潮的先驱，当它提供了一个可以供她们卖东西的机会时，她们立刻投身其中。她们开始在下班后根据她们的独家食谱做手工食品，两人都投了几百美元买原材料。

最后她们选出了其中的优胜者：口味新鲜又独特的有机果酱，有香草柠檬和葡萄柚木槿两种口味。有一种玻璃罐特别吸引罗曼的目光：它很精致、漂亮，但一个要 1.85 美元，很贵。刚开始一切进展顺利，果酱美味极了，朋友们都在鼓励她们，甚至劝她们涨价，从已经很贵的每罐 7 美元涨到令人吃惊的 9 美元。“布鲁克林本地纯手工果酱”吸引了一群人，人们对好看的果酱罐也喜欢得不行。眼看着果酱小姐公司（Maiden Preserves）就要为创业者的成功故事再添新章。

但是现实是苦涩的，该公司从未达到收支平衡。“朋友会说‘你们做得很棒’，”罗曼说，“而我回答说‘不，其实不然’。想象很美好，但是它却不像把水果放进罐子然后卖出去这么简单。”

不久，两人开始在经营策略上产生尖锐矛盾。罗曼想要朝利基市场发展，专做婴儿、新娘聚会和精品店的生意。斯科菲尔德则想低价量产。“很显然我们理念不同。”罗曼说道。很快她们便不再一起制作果酱。

一个令大多数创业者感到意外的事实是：在你的想法面前，最不应该信任的人往往就是你最信任的人。来自巴布森学院和 IPADE 商学院（墨西哥著名商学院）的研究人员调查了来自肯尼亚、墨西哥、尼日利亚、英国、美国和中国香港地区的120名创业者，询问他们创业过程中犯过的最大错误是什么。他们的答案可以总结为：过早向家人和朋友卖东西。

研究发现，这个问题在服装、食品和金融服务行业尤为突出。(香蕉共和国和果酱小姐公司的创始人的情况并不鲜见。)“你永远不会知道亲友买你产品的真正原因。”研究人员指出，“他们通常是出于爱、怜悯或者义务，而不是因为产品过硬的品质。”创业者们回顾过去，都希望他们当时能忽略家人的意见，专注“眼前和顾客的交易”，得到真实的意见。

创业初期想要寻求至爱亲朋的意见的吸引力显而易见：他们在身边，不需要成本，他们通常和你志同道合。但这样做的缺点也同样很多。聪明的创业者会尽可能快地从个人兴趣点向受众的兴趣点转换，而且他们经常能规避询问周围人意见带来的麻烦。

下次你再想打电话和朋友分享你疯狂且不成熟的创意时，要记得：别通过朋友验证你的产品。

产品要迎合大众的口味

一旦你手头已经有了最小化可行产品，你要如何测试它的效果呢？具体来说，你要如何在不破坏你的想法、不损害你的毕生积蓄或生活开支的情况下，来最划算地测试效果呢？

互联网在现代生活的各个领域都创造了无限可能。疯狂的梦想家们现在有了一种新的方法来“停止计划，行动起来”，他们没赌上农场，躲开了让朋友当顾客的想法。这个方法爱迪生、理查德·布兰森、香蕉共和国或者 Spanx 的创始人并没用过。

这条新路就是迎合大众的口味。

2002 年，佩里·陈还是一名住在新奥尔良的电子音乐家兼餐厅服务员。他在尝试一种他称之为“世外之音”的音乐。他试着请两位奥地利 DJ（流行音乐节目主持人）来当地参加爵士音乐节。两位 DJ 要求 15 000 美元的报酬以及 5 张商务舱机票。对于自己都勉强有份工作糊口的陈来说断无可能支付这笔钱。更何况如果没人买票来看他们的表演的话他就得自掏腰包。但他“感觉这个问题应该可以解决”，也许他可以请那些可能会喜欢这场表演的人提前买票呢？

他花费了 7 年时间来将这个想法付诸实践。2009 年佩里和另外两个联合创始人创办了 Kickstarter（网上众筹平台）。作为一个典型的海豚型创业者，佩里认定他是在建立一个帮助那些富有创造性的人才的平台，而不是生意。3 周后，一名来自佐治亚州阿森斯的 22 岁唱作人想众筹出一张名为《艾莉森·韦斯自始至终都是对的》的专辑，10 个小时后她的目标达成。“那时我们意识到我们在引领一场变革。”陈说。

Kickstarter 花了 4 个月投资了 100 个项目，第一年就投资了 1 000 个。到了第二年它 1 个月就能投资 1 000 个项目，5 年来，Kickstarter 已经从超过 500 万贡献者手里为 5 万个项目筹措了 8.5 亿美元。如今超过 500 家众筹网站投身于这场革命，涉及的产业每年都在成倍增长。

众筹对蝴蝶型创业者作用尤其明显，因为媒体酷爱弱者的故事。电影导演可以不受好莱坞裹挟，音乐家可以避免被唱片公司控制，作家可以不靠出版商。同样的情况也适用于漫画书、电子游戏和戏剧。仅 2013 年一年，Kickstarter 就促成了《白鲸》被全文翻译成表情符号（Emojis），推动纪录片《控诉》赢得了奥斯卡奖。

不仅蝴蝶型创业者，海豚型创业者也同样受益于众筹。一些和 Kickstarter 很像的平台雨后春笋般冒出来，帮助那些想解决问题的机构。Do Good Bus, 是一群洛杉矶音乐家们的创意。这些音乐家承诺这是一场“无私心的冒险”，启动了一场囊括 22 个城市的公共汽车旅行。他们一路进行音乐表演，推广旨在帮助处于困境中的青少年的项目。他们的号召吸引了 680 名支持者捐助了 101 000 美元。

众筹并不是没有门槛、一帆风顺的。Kickstarter 上只有 44% 的项目能完成众筹目标。不过，当坚持不懈的创业者想方设法树立口碑时，很多项目还是要依靠朋友、亲戚和粉丝达成目标。正如一名有抱负的创业者说：“你必须得找到你自己的受众。”（需要说明一点，我们只建议你在创业前不要询问朋友的意见，而一旦创业步入正轨，就没有理由不寻求他们的帮助来获得更多的客户了。）

不过，众筹已经改变了创业的维度。首先，它使筹集资金的方式更加民主化，特别是对于那些走投无路的创业者来说。其次，它提供了宝贵的市场反馈。与其花费时间和金钱来研发产品模型或装饰店面，创业者可以通过众筹让潜在客户提建议，为产品投票以及预订产品。想象下如果沃伦·布朗在上完《今日秀》节目，登上《人物》杂志后，在 Kickstarter 上发起众筹，他可能不需要等一整年才申请到贷款来开第一家 CakeLove 了。再次，众筹网站提供了广告宣传，以防你不是萨拉·布莱克利或者沃伦·布朗那类常出现在全国性的电视节目上的创业者。来自纽约大学的德亚·高斯是众筹领域的著名学者，他说曝光度往往比资金更宝贵。“众筹可以引发很多讨论，达到口头宣传引起客户关注项目的目的。”最后，众筹让项目更接地气。长久以来创业公司都在想如何让自己看起来更专业，而现在他们更希望接地气，甚至大公司也希望如此。IBM 建立了一个内部的众筹平台，臭鼬型的创业者可以相互（而不是向他们的老板）推介自己的项目来申请 2 000 美元的种子基金。可口可乐公司宣布它通过一个“回报微笑”的视频活动来“众包快乐”。山姆·亚当斯生产了第一款“合作啤酒”。在 2013 年，通用电气公司与 Quirky 展开了合作。Quirky 是一个平台，在这个平台上“公民发明家”可以发布创意，大众可以对这些创意投票，改善创意并将其推广至市场。

利用客户来帮助设计产品，是大众帮助创业者降低风险的另一种形式。我们有两位创业者恰恰就这么做了。Jo Bedu 是约旦的一家服装公司，通过众包来为产品挑选前沿的设计。迈克尔·马可达和塔梅尔·马斯里是高中好友，他们在 20 多岁的时候重逢，发掘了一条可以将他们的艺术天赋和商业天赋结合的路子。他们取出了 4 200 美元存款，根据塔梅尔讨巧的设计制作了 600 件 T 恤。他们把库存放在塔梅尔家，在当地的露天市场售卖 T 恤。T 恤很受年轻人喜爱，他们还雇用了一个帮手，但是销售很快陷入停滞。

两人很快有了主意：为什么不把设计这件事儿直接外包给最终的消费者呢？他们在脸书上发起了一个活动，邀请他们的粉丝提交设计想法。Jo Bedu 后来买下了最好的设计并把它制作了出来。做出来的T 恤卖了 4 万件。此后，公司创立了自己的第一家门店；两年内它就在安曼的维珍超级商场售卖 Jo Bedu 的服饰和配饰了。现在公司仍然在征求顾客的设计，每个需求都可以收到 2 000 多个方案。

现在最好的脱颖而出的方法就是迎合大众的口味。

那些商学院不会教你的创业技巧

不用冒不必要的风险，所有这些技巧都是让你测试你的想法并且开始行动的合理方法。但我还想讲讲另一种策略。这种策略我们可能会称之为创业精神的暗艺术，这种方法商学院不会教你，但每个我知道的创业者都偶尔会用。

在我和爱德华多·艾尔兹坦会谈并赢得了“疯狂女孩”的绰号的很多年后，我被邀请为哈佛商学院的一年级新生做演讲。那天学校公布了奋进公司的一个新的研究案例。这个案例由比尔·萨尔曼委托，他是一位曾经嘲讽商业策划都是故弄玄虚的创业大师。比尔介绍了我如何利用非常规的手法来说服投资人并创立了奋进公司的：我把他们困在一个狭窄的空间里，这样他们就没什么机会躲避我了。我在飞机卫生间外面晃荡，潜伏在高级餐厅，游走在健身房跑步机的周围。

“琳达以前是个跟踪狂。”比尔向学生介绍说。

我笑了：“在我看来，跟踪是被低估的创业技巧！”

比尔也是我的受害者之一。在建立奋进公司的 6 个月后，我开始意识到我们需要一些“信用”。当时彼得和我招募了两个朋友，加里·穆勒和贾森·格林加入了我们的董事会。加里是一名成功的互联网创业者，贾森是一个精力旺盛的风险投资者。但是，不论我去哪儿，人们还是不停地问我奋进公司的投资者是谁。他们会说一些话暗示“我们从来没听说过你们，这是个古怪的主意，向我们证明你还可以吸引大人物”。

所以当我听到彼得·布鲁克，这位国际风投和私人股本领域的传奇人物，将要在哈佛商学院的一个讨论会上发言时，我抓住了这个机会。真的是用“抓”的。我参加了会议，紧盯着68岁的布鲁克走下讲台去了男厕所。我就那么在厕所门口等待着。

当他出现时，我走到了他面前：“你好，我是琳达，我创立了一个组织来支持全球的创业者。我非常想去您的办公室花点儿时间来给你讲讲更多关于它的事情。”布鲁克不为所动。很明显我不是第一个这样找他聊天的人。

“还有谁投资了你？”他问。

“呃，好吧，比尔·萨尔曼是其中之一。”我灵机一动说道。

“是吗？萨尔曼投资了你？如果是这样的话，这是我的名片，给我打电话。”

不久之后我走进比尔的办公室跟他说：“猜猜怎么着？我肯定彼得·布鲁克会担任奋进公司全球顾问委员会联合主席，而且他要求你也成为联合主席。”

直到3年后，在奋进公司全球顾问委员会的第三次年度聚会上，这两位联合主席才意识到，他们两位从来都没有真正同意在我们的组织里扮演任何角色。

一个疯女人拿着炮弹向你冲来？的确是这样。不过她拿的是糖衣炮弹，这样可以更好地讨好你。

在创业者的世界里一直有一个误解，就是为了成功，你必须得先拥有个人财富，一个不错的学位，一个金色名片盒，或这三样的任意两两组合。现实却往往南辕北辙。我每天见到的创业者大多数并不认识精英阶层，而且不觉得有了资金就万事无忧。他们拥有的是胆量。

不过，学会运用这种胆量并不简单。以下是一些可以帮你完善这门艺术的方法。

关注竞争者。你想闯荡的领域总是有学不完的东西。如果一个大型咨询公司正在研究一个邮轮的案例，他们会让他们的初级职员扮成游客的样子，去对手的邮轮上照很多照片。在山姆·沃尔顿创业的时候，他酷爱在家庭旅行的时候去对手的店里晃悠。他的妻子会和孩子们在车里等他，他的孩子们会抱怨说："哦不要啊，爸爸，不能又去一个店啊。"一次沃尔顿正在圣地亚哥的一家叫 Price Club 的连锁超市里用录音机录音，却被店员抓住了。沃尔顿被迫交出了自己的罪证，但他写了一张纸条给店主的儿子罗伯特·普赖斯。

> 罗伯特，你的人太厉害了。这是录音带。如果你想听，你的确有这个权利，但我还有一些别的材料在这上面，所以我希望你把录音带能还给我。

四天后录音带被归还，沃尔顿所有的记录完整无缺。

互联网让这种追踪变得简单多了。你可以给你的行业设置一个谷歌提醒，或者在领英上关注公司的人员变动。一名领英的职业顾问对《福布斯》杂志说，不了解竞争对手的动向是新手犯的最大的错误之一。“如果你是一个游戏开发公司，”她说，“你绝对应该关注美国艺电公司，这样你就能知道谁离开了这家公司。也许你想聘请他们，也许你想请他们分享猛料，但不论怎样，时刻关注业内人士可以使你更有竞争力。”

接近顾客。有时，如果你是某一行业的新人，你必须得尝试不寻常的方法来吸引顾客。如果你从事的工作是抵御网络犯罪，那么……

马塞洛·罗姆西和若奥·曼德斯曾是来自巴西郊区的少年黑客。两人在大学相识，他们决定改邪归正成立一个网络安全公司 Proteus。当我见到他们时，他们已经成功抢占了当地市场，正急切地想在海外扩张。但他们有个问题：他们用了一种有害的方法创的业。他们会选定某个银行或者金融公司作为他们的目标客户，然后就攻破它的防火墙，并且暂时“借走”1 万美元。然后他们会拿着这笔钱去敲首席执行官的门，向他解释他们是怎么拿到这笔钱的，并且推销自己来修复这个问题。他们的策略奏效了：Proteus 很快成为南美数一数二的计算机审计公司。

我首先建议他们不要在美国用这种方法，因为这样做很有可能会使他们去美国证券交易委员会走一遭！我鼓励他们去约旦，在那儿有一个我正在主持的活动。活动上两人发现了目标——一位区域顶级首席执行官，他有 6 000 名员工，并在全世界有丰富的人脉。马塞洛自我推销一番之后，这位首席执行官表现得非常自大。“我们在这个区域有最好的网络安全措施，”他说，“我们为什么需要你？”

马塞洛提出要侵入他的网络系统来向他展示他有多需要 Proteus。

“随你试，”那个首席执行官说，“你不可能发现任何漏洞。”

3 天后马塞洛打电话给首席执行官。“你想听我说说你的邮箱密码吗？”他说，“我正在看你的邮件。”这个公司成了他的客户而且还把 Proteus 推荐给了别家公司。

*接近盟友。*如果你是一个臭鼬型创业者，正想在一家大公司里推销一个创业想法，跟踪往往意味着找到巧妙的方法来推销自己。不用讨人嫌地去找高层，可能巧妙地烦你的同事效果会更好。提醒他们你正在酝酿一个新想法，开着门以防他们想进来瞧瞧。这是美国的公司里产生某一个产品的常见方式。

1968 年，一个在 3M 公司叫斯宾塞 · 西尔弗的化学家发明了一种超级胶。这种胶可以从物体表面上被剥下来而不损坏物体表面。这看起来是个了不起的产品，但公司却想不出来这能有什么用途。西尔弗开始被大家称作坚持先生，因为他不放弃，总是在敲别人的门，永远都在推销自己的产品。西尔弗推销了 5 年，但是，这项发明始终无人问津。

1974 年，3M 公司另一位科学家阿特 · 弗赖伊曾经听过一两次西尔弗的推销。有一天弗赖伊在教堂读他的赞美诗时灵光乍现。在唱诗的时候，弗莱会用纸片标记出他的诗篇，但是等到了周日早上这些纸片却都掉了。“我需要一种可以粘在纸上不掉的书签，但又不会损坏这些纸张。”弗赖伊想。第二天，弗赖伊想到了“坚持先生”，于是他向西尔弗要了一份超级胶的样品。 产品的改进花费了好几年的时间，弗赖伊的领导一开始就否定了这个产品，担心它会显得无用。但 3M 的管理层开始注意到，越来越多的员工在用一种新型的粘贴纸来备注未做事项。管理层立刻对这种便利贴予以了支持。现在 3M 公司每年能卖出 500 亿张便利贴。

跟踪守门人。在很多和创业者有关的故事里还有一个潜在的现象：创业者往往是边缘人。他们一般都不是来自最好的家庭、最好的学校或者最好的社区的那群人。这也是为什么你会发现很多女性创业者会用游击战略的关键原因。我们不属于曾经的男士俱乐部，我们并没有在烟雾缭绕的屋子里休闲，我们也不太可能坐在扑克牌桌前。

当时萨拉·布莱克利正艰难地把 Spanx 塑形衣推销给商场，她把电话打给了不认识的尼曼公司的采购员，对方说如果她能飞去达拉斯的话可以给她 5 分钟时间。两人在一个会议室里见面，但是几分钟以后萨拉意识到对方和她并无共鸣。于是她叫一位女士去了卫生间，从她的“幸运红背包”里拿出了一件样品，做了一次现场示范。3 周后塑形衣就摆上了尼曼公司的货架。“我因为向每一个路过的女人展示我的大腿而人尽皆知。”萨拉说。

一位 20 世纪著名的女性商业领袖采用了类似的方法。约瑟芬·艾丝特·门策（又称埃斯特尔）就是一个边缘人。埃斯特尔出生于皇后区里意大利社区的一个匈牙利裔犹太人移民家庭。她在父亲普通的五金店里成长，在那里幻想着富裕和华丽的人生。当埃斯特尔在美容沙龙询问一个女人在哪儿可以买到她身上可爱的衬衫时，这个女人冷淡地回复道：“这和你有什么关系吗？反正你永远也买不起。”

听见自己猛烈的心跳声，埃斯特尔红着脸离开了。她发誓她总有一天会拥有她想要的一切——“珠宝、艺术品、大房子和所有的一切”。

埃斯特尔的叔叔是一位潦倒的化学家，发明了一款卖不出去的面霜。埃斯特尔尝试了新方法：跟踪。她拦住火车上、电梯里、市场里、去救世军[①]活动的路上的女人们，立刻拿出她那罐多功能面霜，指出这些女人脸上的皱纹，坚称这款面霜可以淡化皱纹。当这些女士反感地说她们真的要赶去别的地方时，埃斯特尔打断她们的话，恳求说："就给我 5 分钟。"

她还跟踪零售商。因为埃斯特尔知道女人想要的是奢侈品，于是她展示的就是奢华。她把自己的名字改成雅诗，并且加上夫姓，给面霜起名叫雅诗兰黛，但这款面霜只在沙龙和精品店里售卖，从不出现在药店。她还有更大的野心——萨克斯第五大道精品百货店。她找到了百货店化妆品的采购员罗伯特·菲斯克，他说得很清楚，萨克斯百货店对未经市场考验的杂牌产品不感兴趣。

雅诗在等待着一个机会。在 1948 年华尔道夫酒店里的一场慈善午餐上，她向与会者赠送了金属外壳的口红，这比当时常见的塑料外壳口红高级多了。当女士们问起到哪里可以买到这个产品时，雅诗微笑着告诉她们，去街对面的萨克斯百货店就好。

据菲斯克回忆说："人们排了很长的队伍，穿过了公园大道和第 50 号大街到萨克斯百货店询问这种口红，一个接着一个。"第二天菲斯克就下了 800 美元的订单。

总而言之，上面介绍的这些技巧其实都强调了作为一个创业者在创业初期要考虑到的一个主题：在外人看来可怕的过程，实际上可以

① 救世军指 the Salvation Army，是一个国际公益组织。——编者注

被分解成不那么可怕的几个步骤。你不必赌上身家来创业，但是你的确需要聪明地冒一点儿险。关键是要去冒险。如果你不鼓起勇气去尝试的话，这些策略都不会有用。

几年前，时尚设计师汤丽·柏琦邀请我参加她的基金会组织的一个活动。那是一场为导师和蝴蝶型创业者快速牵线搭桥的活动。导师们坐在长桌边，候选人坐下来和导师聊 10 分钟，当铃声响起候选人就要起身去下一位导师处。我遇到了一个做供餐服务的创业者和一个做花卉布置的创业者。后来一个年轻的服装设计师坐在了我对面。

“很高兴来到这儿！”她说，“我知道这听起来很俗，但汤丽是我的偶像。她有一个超棒的事业，而且她的设计……”

这时我没在听她说话，而是用目光搜寻整间屋子。当我发现靠在墙边的汤丽时，我转向那名年轻的设计师说：“你应该对汤丽说这些。她就在那儿。”

“什么？”年轻的设计师结结巴巴地说，“难道我应该——就——直接过去跟她说话？”

“是的！”我说。

“哦，不行，我做不来。”她摇摇头说。

“听着，是汤丽请你来的，”我说，“她就是一个创业者。去跟她聊聊。”

这时铃声响了，她移到了下一桌。但当活动快结束的时候，我看到那个年轻设计师在跟汤丽聊天，她很自豪地把自己的名片递给了她的偶像。

创业者知道要怎么平衡赌注，但也得知道什么时候要出牌。

第三章

危机是你的朋友

华特·迪士尼曾经处在世界之巅。这个26岁意志坚定、永远乐观的电影导演，即使留着小胡子，叼着烟斗，假装世故也仍然看起来很年轻。他来到纽约庆祝他的新电影系列《兔子奥斯瓦尔德》，他甚至带了妻子莉莲一起来。

华特终于可以享受他整个人生都在追求的成功了，但他不知道的是，他马上就迎来了事业上最大的重击。他的处理方式带来了美国流行文化的关键一刻，也是对创业者的重要一课：你如何面对失败甚至比你如何面对成功更重要。你在恐惧面前的行动将最终决定你是否能战胜恐惧。一旦屈服，你将永远弱小；如果克服了恐惧，你就为自己赢得了成功的机会。

华特·E.迪士尼是一个典型的创业者。他的父亲是一个行商木匠，还是一个严格禁酒的纪律信奉者。当他的第四个孩子表现出对画画的兴趣时，他就坚决反对。“华特，你是不是要把画画当成事业了？”他问。华特当然尝试了。第一次世界大战时期，华特在法国待了一段时间，回来后他应聘报纸插画师常常遭到拒绝。于是他去了一家广告公司工作，遇到了另一个插画师乌布·伊沃克斯。两人很快离职并一起开了一个美术工作室。但一个月后就干不下去了。他们又开始做动画，在后院的小屋里做卡通，公司1年后就破产了。

在那些年里，华特学会了顺应，也就是伺机而动。当他的哥哥罗伊搬家去洛杉矶时，华特也去了。他口袋里只有40美元。他给了纽约的一位电影发行商玛格丽特·温克勒一份策划，提议制作关于《爱丽丝梦游仙境》的系列短片和一部新电影《兔子奥斯瓦尔德》。温克勒资助了他，华特天真地给了她控制权。华特、他的哥哥和伊沃克斯雇用了一个动画制作团队。

当《兔子奥斯瓦尔德》广受观众好评时，华特去纽约和温克勒的新丈夫查尔斯·明茨见面。华特本想来要更多的利润，结果没想到他受到了一次可恶的惊吓。明茨已经偷偷招走了迪士尼的动画制作团队。明茨提出要给华特减薪，并且要走了奥斯瓦尔德的全部所有权。这跟文西斯看着姐妹睡在沙发上的那个艰难时刻是一样的。莉莲恐惧极了，罗伊劝他妥协。但是华特冲到明茨的办公室，把合同摔在他的脸上说："还给你。你把那个小 ** 拿去好了！"

在回家的火车上，华特焦虑地思前想后。"他在火车上就像一只发狂的狮子。"莉莲说。雪上加霜的是，他手里没有任何动画形象了。猫、狗、熊、兔子或其他所有可爱的动物都已经被画过了，没剩下什么动物了。"现在大概唯一还没被画过的，"他想，"就只有老鼠了。"

于是他开始用火车上的纸张画草图，当他们到达堪萨斯城的时候，他已经画出了一只穿着红色天鹅绒短裤，短裤上有两粒珍珠纽扣的老鼠。据说华特想叫它莫蒂默，但是莉莲讨厌这个名字。"太女孩气了。"她说。华特说："那米奇怎么样呢？一个爱尔兰的名字，听起来像个外人？”“总比莫蒂默好。”她说。

流行文化史上最伟大的创造常来源于恐惧和绝望的结合。米老鼠产生于一个混乱的时刻。正如华特对自己个性的总结：“糟糕的境遇比起像奶油一样顺滑的事情更能激发我的斗志。”

正因如此他才成为一个伟大的创业者。

所有的梦想家都会面对挫折。不论你是怎样的冒险者，最终你——将——撞上——墙。如果不是你自己往墙上撞，一些外力也会推你过去的。

你面对挫折的反应代表了开始创业的第三大困难：度过危机。这些年来我在不稳定的经济环境下学到了稳定是维持现状者的朋友，危机是创业者的朋友。当奋进公司请 200 名创业者来谈谈他们的优势和劣势时，多数创业者选择的优势是：当别人只看见困难的时候，我能看到机会。

所以面对危机，你应该如何反应呢？直面它，而不是害怕它。

让危机成为你的朋友。

为了便于记忆，我把这一章总结为一个词：危机。

给对手来杯香槟

关于危机，你首先要知道的是它发生在每个人身上。危机是创业的真正环境。有时危机的源头来自外界：一场自然灾害，一场革命，一场战争，或者就是我身上发生的一次高风险的怀孕。不论情形如何，关键是不要逃避，而是要迅速面对它。

像很多人一样，除了面对危机给我的考验，我别无他法。奋进公司在拉丁美洲发展了 6 年后，我们开始尝试带领奋进公司进军其他洲。华纳音乐集团首席执行官小埃德加 · 布朗夫曼在这个时候成了董事长，并发誓“我不想我们变得讨人喜欢，我希望我们变得举足轻重”。我们的第一个目标是南非。我开始频繁出差，和潜在的董事会成员见面，一年之内我出了 9 次差。

然后，我怀孕了，是双胞胎。我兑现了当初在父母家厨房餐桌旁的诺言，成功地找到了我的丈夫，布鲁斯 · 斐乐。他是一个作家，也是《纽约时报》的专栏作家。他还是一个梦想家，身上有着刚刚好的“疯狂”（他曾经做过马戏团小丑）。突然间，我们的生活就发生了天翻地覆的变化。

在奋进公司发展最重要的时间段里，我不得不卧床休息 3 个月，生下两个美丽的女儿，并且学着用“双人足球”的技巧母乳喂养——像抱海斯曼杯那样一手抱一个孩子。有一次，其中一个孩子从臂弯里滑了出去摔在地上，我的姐姐用斯波克博士的一句话安慰我：“如果你孩子 2 岁前都没有被你摔过，那你就是一个保护欲过强的家长。”

当时就是一片混乱，说实话。

但是这次怀孕迫使我作为一个创业者去改变。当我休完产假回来工作时，我不得不重组我们的机构，让它没那么依赖我。公司对某个人的过度依赖是我见到其他创业者常犯的错误，但我还是犯了。我招募了一些高级管理人员，建立了一个国际推广团队，扩大了董事会。

因为这个有挑战性的困境，我们被迫变得富有创意，并且变得更加强大。接下来的 3 年里，奋进公司在非洲和中东的 5 个国家设立了办公室。有几个办公室我甚至在它们开张之后才第一次去。而我再也没有把我的“足球”掉下来过。

以行动来应对困境，对于在非营利性组织中的海豚型创业者来说尤为常见。一些备受瞩目的社会创业者们都是把个人的悲剧变成了开创性的计划，扭转舆论、改变公共政策，甚至拯救了生命。

1980 年，来自加利福尼亚州费尔奥克斯的加里·莱特纳刚 13 岁，她走在去教堂聚会的安静小路上，一个司机突然不受控制地转弯，开车撞死了她。当加里的妈妈坎迪丝得知司机多次因酒驾被逮捕时（其中包括一次肇事逃逸和酒驾的指控），她决定反击。她创立了“反对酒后驾车母亲协会”，它成了全国主要的争取更严苛的禁酒法案的组织之一。

1990 年，迈克尔·J. 福克斯，一位在 30 岁就已经获得 3 次艾美奖的男演员，一天清晨起床发现他的左小拇指有些震颤。那是福克斯的早发帕金森病的第一个迹象。他保守了这个秘密 8 年。当他最终将自己的病公之于众时，他发誓要将自己的困境变成医学突破。2000 年他辞演了《政界小人物》，设立了迈克尔·J. 福克斯基金会来支持帕金森病研究，募集了超过 4 亿美元资金。

2004 年 12 月，超模佩特拉·内姆科娃和她的未婚夫摄影师西蒙·阿特利当时正在泰国的一个海滩小屋度假。印度洋的海啸冲破了他们的度假地，他们也因此受伤。内姆科娃的骨盆粉碎，胳膊被压碎；阿特利遇难。当内姆科娃第二年故地重游时，她发现当地急救救援行动停滞，许多孩子无学可上。她成立了“快乐的心”基金会，在很多受自然灾害影响的国家重建了超过 70 所学校。

这些人都被卷入了没有已知解决办法的糟糕境况。唯一的解决办法就是他们自己发出倡议，帮助其他人预防或者处理相似的不幸。

外在危机通常给利益驱动型创业者带来不同的影响。如果你是羚羊型创业者，你一路走得很顺，但你突然发现自己陷入了一个并不是由自己制造的混乱中，这就是测试你创业智商的时候了。依我看，拖着脚走太保守，快步走才能超越想象。

开罗现如今拥有 2 000 万人口和 1 400 万机动车，是世界上最拥挤和堵塞的大都市之一。在这里，堵车在所难免。人们根据交通状况来安排工作、婚礼或者选择徒步。世界银行近期的一份调查发现，开罗的拥堵造成了每年 80 亿美元的经济损失。2012 年的一场被誉为标志民主新兴的总统辩论，因为一位候选人堵车而被推迟。一位美国有线电视新闻网（CNN）的记者发推特说：“无论谁竞选［总统］，开罗交通总是赢家。”

5 个兄弟姐妹决定联手制造一个交通解决方案。2010 年，他们做了一个手机应用来众包实时交通报告。他们叫这个应用 Bey2ollak（是的，名字里是个 2，但是这个名字念起来是贝——哦——莱克），在阿拉伯文里是“有人说”的意思。这个名字来源于烦躁的司机常用的一个表达，当他们拉下车窗朝其他人大叫发出警告的时候会这么说。怀揣着把欢乐带入一个恼人场景的美好愿望，Bey2ollak 邀请用户用活泼的表达如“太棒了”（无堵塞）和“没指望”（一定避开此路段）来报告道路情况。

当时以色列众包类地图应用位智（Waze）正在腾飞，所以Bey2ollak的创始人把目标定得很低。“我们并没有想到会那么成功。”其中一个人说，“一开始我们创建它只是因为我们都被堵车害惨了。”但是他们这个手机应用在第一天就吸引了5 000个用户。一周后沃达丰（知名电信运营商）联系他们要求做他们唯一的赞助商。

紧接着埃及革命来了。动荡从数周变成了数月、数年。整个埃及股市跳水，投资乏力。这5位创始人放弃事业回家了吗？没有。他们调整了自己。他们找到了一个新的利基市场，在应用中增加了他们从未想过的内容：一个是为抗议者提供的紧急电话号码清单，另一个是标出了因为公物破坏而变得太过危险的区域。当燃料短缺引起了恐慌时，Bey2ollak团队在应用里增加了能显示所有加油站的功能。截至2013年，Bey2ollak不仅加入了奋进公司，还拥有了60万的订阅客户，把业务拓展到了欧洲。

从这个故事中我得出的经验是，突变的大事件青睐速度和灵活性。因为动荡是创业的精华所在，这个世界越动荡，你越应该寻找机会，并且持续寻找。这个策略对臭鼬型创业者而言尤其有效。面对突变，有时甚至发展最缓慢的公司都可以加快点儿步伐。

2005年8月，飓风卡特里娜席卷墨西哥湾。玛丽安·克劳克是一名在美国电话电报公司贝尔实验室工作的研究员，她惊愕地目睹了不力的救灾工作。她说：“如果人们需要衣物或是钱，到底怎样才能快速把这些东西送到受灾人手上？”克劳克一生都在研究数据通信的重要突破，她是美国电话电报公司历史上第一位拥有100个专利的女性。她回忆起美国电话电报公司在2003年曾为《美国偶像》设计了一个短信投票系统。如果观众可以用手机来为卡丽·安德伍德和珍妮弗·赫德森投票，那为什么他们不能用同样的方式来为需要的人捐钱呢？捐的钱可以从客户的话费账单里扣除，这样美国电话电报公司就可以迅速把捐款送到像红十字会那样的机构了。

克劳克在 8 月底想到了这个主意，她 9 月份就申请了专利。她是一个能冲刺的臭鼬型创业者！当海地共和国 2010 年发生 7 级地震时，救援组织通过克劳克的短信募捐方法募集了超过 3 000 万美元。

这些故事有个共同之处：一些创业的奇思妙想源于危机。这类故事中我最爱的还是发生在 200 年前的一次完全不同的剧变。

1813 年，在拿破仑战争期间，俄国刚刚入侵法国。当俄国军队占领位于香槟区的兰斯时，士兵们被允许抢掠当地的葡萄园，包括巴贝－妮可·潘萨丁的葡萄园，她是已故的弗朗索瓦·凯歌的年轻遗孀。

但是这位著名的凯歌夫人恰好是一个有着敏锐商业头脑的精明对手。巴贝－妮可·潘萨丁出生于显赫的家庭，嫁给了凯歌家族的继承人。结婚 6 年后凯歌就去世了，留下了 27 岁的商业新手掌管家族产业，其中包括银行、羊毛制品以及气泡酒。当时香槟还只是一个新萌芽的产业。凯歌夫人革新了这个产业，把酒瓶横放在特制酒架上，旋转它们之后再除去多余的酵母。新技术带来了更爽口的口感——甜度更低、气泡更小。她 1811 年酿制的香槟被称为史上第一批真正意义上的现代香槟。

但当她刚刚完善了这项工艺，俄国士兵就已经冲到了她家酒窖门前。比她更有经验的人们都选择销声匿迹。他们停了生意，以保护他们的葡萄园不被士兵掠夺。刚开始，凯歌夫人也想这么做。“一切都变得很糟糕。”她给一个朋友写信说，“我很多天都在忙着封闭酒窖，但是我很清楚掠夺不可避免。一旦发生，我就完蛋了。”

于是凯歌夫人做了所有聪明的创业者都会做的事。她抓住了一个机会来做市场推广。她决定把俄国士兵灌醉。她打赌当这些士兵回到俄国，他们会对她的香槟念念不忘。“今天他们喝了酒，”她说，“明天他们会付出代价！”她为士兵无限量供酒，但很聪明地留下了1811年份香槟。当法国士兵几个月后到达这里并赶走了俄国人时，她故技重演。她为拿破仑的士兵们提供免费的香槟和酒杯，但因为他们不能一边骑马一边端着香槟杯，他们就用军刀砍掉香槟酒瓶的瓶颈。军刀开香槟的传统就这么形成了。

凯歌夫人最棒的策略发生在1814年。当战争毫无疑问要结束时，她拿出了几千瓶1811年份香槟，海运至俄国，准备在有利可图的市场给她的竞争对手以痛击。策略奏效了。俄国人早就迫不及待想喝她的酒了。宣布停火的那一刻，她的香槟就抵达了莫斯科和圣彼得堡，饮酒狂欢接踵而至，就连亚历山大一世也很快宣布他不会再喝其他的酒了。凯歌香槟成了国际领先的奢侈品牌，而凯歌夫人也被认为是第一位引领跨国商业的女性。

这个故事还有高潮。为了肯定凯歌夫人的成就，凯歌香槟每年都会表彰女性商业领导者。2008年我获得了其中的一个奖项，奖品是在兰斯拥有一株以我名字命名的葡萄藤。也许哪天你的身边就会出现来自罗滕伯格葡萄藤的酒了！

在以上一个个案例里，在危机中成功的创业者都很好地控制了他们的恐惧和焦虑。他们不会臣服于周围的不安，他们保持冷静，找准危机在他们周围制造的机会，然后利用机会。他们应对危机的方法不是恐慌，而是精准的策略。或者说，他们利用危机来反超他们的竞争对手。

所以下次有对手接近你或者你面对竞争对手时，别急着找避难所。相反，你要像凯歌夫人那样，开几瓶香槟，和敌人干杯。

直面寒冬

泡沫并不只在战时才出现，这显而易见。有时创业者面对的冲击是经济方面的：萧条、衰退、信用恐慌、市场垮塌。你没有失误，但却突然间开销猛增、市场乏力、投资萎靡，那怎么办?

刺激你的胃口。

沃伦·巴菲特说他的投资方法是：在别人贪婪时恐惧，在别人恐惧时贪婪。创业者可以从这种态度里学到很多。当市场崩溃时，你会缩减开支、保有资产，等待风暴过去。有时你的确需要退一步，为之后的发展保存实力。但当时机恰好，你得抵挡住这种退一步的诱惑。

衰退的时候经常是大力发展的最好时机。在创业史上，危机显现的时刻——那些对老手而言最痛苦的时刻，正是新手们的最好时机。美国考夫曼基金会的一项研究发现，现在超过一半的《财富》美国500强公司都是在经济萧条或者熊市的时候成立的，其中包括国际商业机器公司（IBM）、通用汽车公司和微软。一些赫赫有名的品牌都是在多事之秋推出的：凯悦，露华浓，IHOP[①]，汉堡王，《体育画报》，

① IHOP，即 International House of Pancakes，美国知名连锁餐厅。——编者注

美国有线电视新闻网和全球音乐电视台（MTV）。联邦快递是在1973年爆发石油危机时成立的，惠普成立在大萧条时期，宝洁的成立可以追溯到1837年的经济大恐慌。

同样的事情也发生在2008年的大萧条时期。美国考夫曼基金会记录了自1996年以来在美国成立新公司的数量。在大萧条之前这个数字保持在每个月470 000家公司。大萧条之后这个数字变成了每个月565 000家。创业公司的成立率在2007年到2009年间飙升了15%。

危机怎么会对商业发展有利呢？有两点原因。

首先，这是一个招聘的好时机。吉姆·柯林斯，管理学经典《从优秀到卓越》《基业长青》的作者，说："飞速发展时期很难找到合适的人，你更倾向妥协于你能找到的人。"而在不稳定的时期，这个困境被打破了。很多有识之士被辞退，他们会更愿意考虑新兴事业，甚至会接受减薪。那些没被辞退的人开始意识到他们的工作并没有保障，他们对有更多灵活性和自由度的新机会的态度会变包容。

这种人才的释放让海豚型创业者受益。一开始，因为经济发展不好，非营利性组织的创业者可能会经历一段看起来艰难的时期，而且政府补贴和慈善基金都会在萧条时期消失殆尽。但是招聘却变得简单了。当赚钱对人们来说变得更加困难时，追求工作意义变得更加重要。约翰·霍普金斯大学就21世纪初期的一项就业记录报告发现，经历了两次大萧条，非营利性组织的就业以平均2.1%的年增长率增长，而营利性组织的就业率却跌落了0.6%。

我在奋进公司也目睹了这种情况。自从2009年起，我们招到了一连串资深经理——那些曾在一流公司如戴尔公司和彭博社工作的有 20 多年管理经验的高层。对于那些寻找有影响力和意义非凡的工作的大学毕业生和商学院毕业生来说，我们很受欢迎。而且不仅我们是这样。申请“为美国而教”的人数增长了 1/3，“美国志工团”的申请人数涨了 3 倍。戴安娜 · 阿维夫是一家非营利性贸易组织的负责人，她说超过 100 个申请人竞争一个职位的情形开始变得稀松平常。“很多候选人已经有段时间没有工作了，所以他们很高兴能够有份工作。”她说，“一旦他们在新公司就位，他们就能在公共服务领域重整旗鼓。”

其次，危机为冒险带来机会。

希腊在 2009 年的经济崩溃就是一个很好的例子。创业市场繁荣。41 000 家新企业在 2012 年建立。90% 的新公司都是小微公司——餐馆、咖啡厅、服装店……但发展最快的是少数高速发展的公司。奋进（希腊）在 2013 年的调查中发现高速发展商业领域包括能源、科技和食物加工公司，连续 3 年达到每年增长 40%。大多数的创始人并不是被迫创业的。他们是 25~45 岁的年轻人，学历高，并且在私营领域有至少 3 年的经验。他们是有选择的，但不稳定的经济形势让他们投身创业——成为羚羊型创业者，他们是主动选择的。

尼科斯 · 卡卡弗里斯和菲德拉 · 施鲁索就是很好的例子。2006 年他们在哥伦比亚大学商学院相识，并在雅典喜结连理。尼科斯返回希腊推出了 *Vogue*、*Glamour* 和 *Men's Health*[①] 的电子版。菲德拉则是一

① *Vogue*、*Glamour*、*Men's Health* 均为时尚杂志。——编者注

名咨询师。当经济形势日益凋敝，两人被这种负面压力压得喘不过气来。尼科斯开始给朋友们每日发一封邮件介绍某个雅典当地的特别发现，或者某个“鲜为人知的秘密”，从隐蔽的面包店到一个低调的活动不一而足。

这些邮件立刻火了。每日秘密（Daily Secret）的用户在 3 个月内从几十个关注的朋友增长到超过 3 万名会员。邮件推送内容以欢快的语调和令人惊艳的图片吸引用户。“我们很快意识到全世界的城市都在渴求每天能有一点儿正能量。”尼克斯说。每日秘密很快在伊斯坦布尔铺开并且以每月一个新城市的速度发展开来。截至 2014 年初，公司已经覆盖全球 30 个城市，拥有超过 150 万订阅用户。

我在 2012 年见到了尼科斯和菲德拉，恰逢奋进公司在雅典创办之时。他们就是我们公司在希腊的第一批创业者成员。9 月，我上了 CNBC（美国知名财经网站）的 Squawk Box（知名商业新闻节目），宣布成立我们在欧洲的第一个分公司。主持人安德鲁 · 罗斯 · 索金对此充满怀疑，他问：“如果你想在欧洲发展，为什么你会选择希腊呢？”

“因为当经济情况下滑时，创业者们却在向上看！”我回答。

当然我并不是盲目乐观。我知道创业艰难，经济衰退会让它雪上加霜，多数公司都挺不过去。但跟羚羊型的创业者一起在很多大环境糟糕的状况下工作，让我明白了衰退期是创业者展现他们的韧劲的时候。不仅如此，创业者在这期间反而更自在，因为这让他们想起了他们早期创业的日子，那时他们的家人不肯支持他们，银行不愿贷款给他们，行业大佬也不想理他们。除了顽强不屈他们别无选择。

甚至那些从未创业但突然丢掉工作的人，都有理由为他们刚刚拥有的、想冒险的心情感到乐观：他们并不孤单。伯纳德·马库斯（49岁）和阿瑟·布兰克（36岁）创办了家得宝，就在他们被家居装饰连锁公司 Handy Dan 解雇之后。迈克尔·布隆伯格（39岁）用所罗门兄弟公司给他的遣散费开办了自己的公司。也许这些粗心大意的创业者里最有名的要数伦敦那位在26岁时被开除的女秘书了。

20世纪80年代末期乔安尼·罗琳在一家人权机构工作，按理说她应该忙着做人权调查，但是她却在公司电脑上秘密地写故事。她被解雇了。后来，她在曼彻斯特商会做秘书，但用她自己的话说，她是"世界上最糟糕的秘书"。工作期间，她天天都在写作。她的老板受够了并解雇了她。没过多久，罗琳在一次从曼彻斯特到伦敦的漫长旅途中想到了一个主意：假设一个小男孩踏上火车，开启了他逃离成人世界，踏进一个能力和内心都变得强大的地方，会怎么样？等她的火车进站的时候，她已经写好了一系列年轻巫师历险故事的大纲。

罗琳的蝴蝶型创业之路崎岖不平。她曾结过婚，有一个孩子。离婚后，在写完手稿之前都不得不带着女儿靠救济金生活。她的手稿被十几个出版商拒绝了。不过，布鲁姆斯伯里出版社的主编却把手稿带回了家给自己8岁的女儿看。小女孩爱不释手。罗琳收到了1 500英镑作为《哈利·波特与魔法石》的预付金。出版社担心男孩子们不想读一本女性写的书，坚持让罗琳起一个笔名。因为名字里没有中间名，罗琳加了"K"来纪念自己的祖母凯瑟琳。（萨拉·布莱克利一定点了个赞。）

成为创业者就要学着化险为夷。我并不是说这很容易。化险为夷本身就不该容易。但如果你想颠覆旧秩序，你需要的就是一点儿混乱，然后拥抱它。如果你无法追赶牛市，你还可以直面熊市。

承认你搞砸了

有时，作为创业者面对的混乱并不是不可控的。因为这种混乱往往是你自食其果：你选错了策略，你打错了赌，你执行失败，你迷失了自我。总之，你搞砸了。你本能地想假装这一切没发生，并且希望所有的问题都能自己化解。不止你一个人这么想，很多创业者都这么想，但这却是错误的解决方法。

事实是，只有一种面对的方式——化为己用。

1911 年，利昂 · 莱恩伍德 · 比恩在缅因州的自由港管理着哥哥欧文的干货店。那时他决定解决一个迫在眉睫的问题：他总是被雨水浸湿的脚。他想把薄皮革缝在橡胶底的胶鞋上，于是他说服当地修鞋匠帮他缝制了一双。就是它了！比恩非常肯定这双鞋即将成为他致富的门票。他请人做好了 100 双鞋并准备通过邮寄的方式把鞋子卖出去。他给每一个从州外来的狩猎证持有者们寄去了一张传单，写道："如果你没穿对鞋，就别期待能够打到鹿。缅因打猎靴由穿行缅因州森林 18 年的猎人打造。我们保证它们完美无缺。"

他的推广奏效了：100 双鞋全部卖出去了。但有 90 双鞋很快被退货了。缝住皮革的针线在鞋子被拿出盒子以后就崩开了。比恩说话算话：他给每个人退了钱。但是他同时又多做了一件事，他借了钱并且说服美国橡胶厂特制了一种可以支持缝纫的厚胶底。然后他给原先不满意的客户每人寄了一双新鞋，费用全免。人们口口相传他的诚实和高质量服务，更多的订单蜂拥而至，缅因州有了它第一个零售明星——L.L. 比恩。

比恩的自杀式错误成了他的商业哲学基石。他为了亲测每一种公司的新产品，下午会从办公室溜出去野营、打猎、钓鱼。和香蕉共和国的创始人们一样，比恩也会亲手绘制自己的传单并且亲自回复客户信件。有人这样描述他："比恩就像家人一样，是个住在缅因州有点古怪但是和蔼可亲的大伯，平时会给我们寄包裹。"这并不是夸张。顾客们可以退回任何 L.L. 比恩的产品来换个新的或者要求全额退款，甚至连邮费都不用花。比恩的品牌因为能保证客户百分之百满意度而广为人知。

一个世纪以后另一家服装公司的创始人也得到了一个类似的教训，不过在这个故事里不只一双需要返工的鞋子那么简单。Bonobos 是一个成立于 2007 年的在线男士服装零售商，但 2011 年的一个失误差点搞垮了整个公司。事情发生在"剁手星期一"那天。Bonobos 的折扣最低能到 4 折，管理层深知网络流量将会异常大。首席执行官安迪 · 邓恩雇用了一个新的技术部门负责人，两个人一起为大量订单的到来准备了好几个星期。但是，他们还是被流量打了个措手不及。网络销售在那年大爆发，Bonobos 忙翻了，他们的网站崩溃了。

邓恩承担起了责任。他关闭了网页并且宣布不弄好就不再使用。更重要的是，他承认了错误。在 Bonobos 设计简洁的首页，他设置了一个"过载页面"，上面画着一个裤子掉在脚踝的男人，旁边写着"让我们措手不及"。后来他告诉 *Inc.* 杂志："那是在说我们搞砸了。"

公司还用了“拯救 Bonobos”的话题在推特上对自己进行了风趣的自嘲。在 Quora 论坛（一个问答网站），Bonobos 的设计团队和顾客们展开了对话。

他们的公司网站接连两天仍然没有上线。当它再次上线后，那些错过了打折的顾客们再次得到了折扣价。那个月公司过得水深火热。“因为我们活该！”杜恩说，“当时感觉生无可恋，但是那个错误把人们团结在了一起。我记得当时是一个星期六，我看着顾客熙熙攘攘、热闹非凡，我想，‘一切都会好的’。”客户们也这么想。在社交媒体上，顾客夸赞公司的诚实。一个脸书的用户说：“你们一直都在我最佳客服的名单上，而且你们完美地处理了危机。保持完美的服务和沟通！我将是你们的一生的顾客。”

近几年还有一个戏剧般的商业反转故事，不止一个，不好意思，应该是两个。网飞公司的首席执行官里德·哈斯廷斯，同时也是《财富》杂志评出的“年度商业人物”，在 2011 年 7 月宣布他将把公司服务业务分成两大模块，一块负责邮寄光碟，另一块负责上传网络视频。80 万用户立刻怒了。哈斯廷斯在公司的博客上发布了一封致歉信。“我搞砸了。”他写道，“从我们的会员回复来看，很明显他们觉得我们公布业务划分的方法缺少尊重和谦逊的态度。”他还说：“现在看来，我因为以往的成功而变得傲慢了。”他甚至还发布了一个道歉视频。但是他还是继续推行这个不受欢迎的策略，公司的股票持续跳水。

媒体批评声蜂拥而至。甚至连《周六夜现场》也取笑了哈斯廷斯和他的夏威夷衬衫。3 周后哈斯廷斯在他的博客上发布了另一条消息：

公司维持原样。“很明显对我们的会员来说两个网站会使事情复杂化，所以我们还是保持在一个网站上同时发布流媒体视频和 DVD”。但是公司的股价仍然持续下跌，从最高点 298 美元跌至 53 美元。

从那时起，哈斯廷斯不再只说不做。他重建了他的商业帝国，他给《纸牌屋》投资了 1 亿美元，他甚至改变了自己的着装风格（少点沙滩风，多些商务范）。转变发生了：公司增加了几百万的在线用户，《纸牌屋》成了评论家和广告商的大爱。网飞公司在 2013 年是标准普尔 500 指数公司里业绩最好的股票，增长了 298%。2014 年初股价接近 400 美元。

所以说哈斯廷斯从这次的灾难中学到了什么呢？“我意识到，如果我们的工作是让人们快乐，当然也的确是这样，那么我确实是犯了一个大错，”他告诉专栏作家詹姆斯 · 斯图尔特说，“其中最难的是我自己的愧疚感。我热爱这个公司，我很努力地工作让它成功，结果我搞砸了。公众的批评对我并无影响，让我痛苦的是我自己犯错的耻辱感。”哈斯廷斯说他从不期待单单一个道歉能改变整个事情：“我没有天真到以为大部分客户会在乎首席执行官是否道歉，但是我觉得我的道歉是诚恳和合适的。”他的新关注点是取悦会员并使网飞公司的会员数增长。

道歉必须要真实和有价值才能有所帮助。多弗 · 塞德曼是美国 LRN 公司创始人，这是一家做公司文化咨询的公司。他认为大部分首席执行官的道歉都是“道歉剧场”。在 2014 年，塞德曼和《纽约时报》的记者安德鲁 · 罗斯 · 索金一起建立了一个“道歉监测”系统来找出装模作样的道歉者。其中被塞德曼称赞说是真诚的道歉，并且因持续的行动获得成功的人就是：网飞公司的里德·哈斯廷斯。

创业者会面临非常多无法控制的挫折。如果你是问题之源，那么诚实点儿，直接点儿，赶紧悔悟，然后重回工作中。

坚持品牌的价值观

当你的公司遭遇风浪时，你最容易放弃公司的价值观，去做任何可以使公司幸存的事情。这可以理解，不过这同时也会令人误解。

那些能够灵活应对动荡的创业者有一个贯穿始终的主题，就是他们不仅仅向前看，他们同时还会往回看。他们不只是抓住机会，还会从错误中学习，并不断前行。不论他们在怎样的动荡中，他们总是会回归到他们的核心价值观，他们会回归本质。正如伟大的商业历史学家小艾尔弗雷德·钱德勒说的那样："如果你不知道你都去过哪儿，你如何知道往哪儿去？"

这个说法的最好证明就是霍华德·舒尔茨。2008 年 1 月，星巴克的董事长即卸任的首席执行官舒尔茨，召集董事会开了一个紧急会议。由于股价跌落 50%，舒尔茨宣布解雇亲手挑选的继任者并重新执掌公司。霍华德说："执行管理层已经稀释了星巴克体验，在结账处塞满了毛绒玩具，事先磨好的咖啡豆也导致香气减少，更糟的是，自动意式咖啡机的安装破坏了咖啡师这份工作的浪漫和剧场效果。""'来到未来'可不怎么样，"他说，"我们需要一点儿过去，我们必须找到并重拾我们公司的灵魂。"

这些话并不是嘴上说说，舒尔茨采取了世人闻所未闻的行动。他在一个星期二的下午关闭了美国的 7 100 家星巴克三个半小时，重新培训了咖啡师“意式咖啡的艺术”。华尔街气疯了。当舒尔茨花费 3 000 万美元带着 1 万名店长去新奥尔良度假时，分析师们就更生气了。舒尔茨说他想“向员工示弱并且很直白地表明到底有什么风险，现状有多么急迫”。他还驳回了大投资者想通过减少员工医疗保险的开销和降低咖啡质量来省下千万美元的要求。

星巴克几个月的低迷股价在舒尔茨重掌公司之后的 5 年里涨了 10 倍。当问及原因时，舒尔茨把它归功于公司回归了根本：“公司的品牌资产由咖啡的质量决定，但最重要的是咖啡师和顾客间的关系。”

创始人不是唯一可以在动荡时期重归创业初衷的人。看看安吉拉·阿伦茨，我认为她简直就是穿着风衣的臭鼬。2006 年，在印第安纳州新帕勒斯坦（人口 2 053 人）的阿伦茨，并不像一个可以接管英国标志性时尚品牌博柏利的候选人。阿伦茨和 6 个兄弟姐妹住在一间小房子里，她睡在楼梯下的衣柜中，平常还要自己缝制衣服。伦敦的媒体曾嘲笑她的中西部风格和平民出身。

但是身高 1.9 米的阿伦茨，不仅去了 Donna Karan 和 Henri Bendel① 工作，还具有极佳的商业头脑。她热爱能够坚持传统价值观的品牌，博柏利却完全不是那样。这个有 150 年历史的公司已经步履蹒跚。当时各大奢侈品牌都在飞速发展，而博柏利却表现平平。公司在全球有 23 个品牌授权商，每一处都在卖一些五花八门的东西，从狗链到苏格兰裙。“在奢侈品界，无处不在会置你于死地，”阿伦茨说，

① Donna Karan 和 Henri Bendel，均为美国时尚品牌。——编者注

“这说明你不再那么奢侈了。”

转折点发生在她的第一场策划会。她的60位高层经理从世界各地飞到伦敦。这天是英国典型的天气——微凉，灰蒙蒙，潮湿。但没有一个经理穿博柏利的经典风衣。阿伦茨想：“如果我们的高层有低折扣都不买我们的产品，那我们怎么可能期待顾客会全价购买呢？”

阿伦茨找到了她在Donna Karan工作时认识的年轻的设计师克里斯托弗·贝利，来帮助她让博柏利回归本真。这个过程很混乱。她任命贝利为“品牌沙皇”，宣布所有的设计需要全部经过贝利的同意，无一例外。她解散了整个中国香港的设计团队并且把全世界的博柏利设计师带回英国，重新由贝利培训他们。在这期间，阿伦茨还被叫去在议会前就她备受争议的关闭威尔士工厂的决策进行说明。但她从未动摇。博柏利必须回归到它的品牌核心：风衣。

在19世纪80年代，年轻的托马斯·博柏利曾经是布店的学徒，他发明了华达呢，一种他用来做雨衣的防水布料。他受邀为第一次世界大战时期战壕里的英国士兵设计一种耐穿的外套。

第一次世界大战过后，博柏利的“风衣”成了英国文化的同义词。博柏利最终赢得了皇室的信任，开始为皇室供货。探险家欧内斯特·沙克尔顿穿着博柏利风衣横穿了南极洲，乔治·马洛里穿着它去丈量珠穆朗玛峰的高度但铩羽而归。好莱坞明星，从亨弗莱·鲍嘉到葛丽泰·嘉宝，在电影里都穿着博柏利的风衣。

阿伦茨想使公司重回曾经的光辉岁月。“我总是提醒员工们，不是我们成立了这家公司，而是托马斯·博柏利——在他21岁的时候成立了这家公司。他很年轻，他很有创新意识。他的精神永存，而我们这一代要做的就是传承他的精神。”

作为不按常理出牌的臭鼬型创业者，她和贝利都对大家熟悉的象牙白色和格子图案不够满意。她们增加了金属紫色和鳄鱼肩章。当她的品牌沙皇忙着推陈出新时，阿伦茨则在关注公司扩张。6 年来她新开了 132 家门店，主推外套。她重新培训员工销售博柏利风衣的方法，并且就新一代的客户——年轻一代调整了市场策略。

2011 年，博柏利在国际品牌咨询公司 Interbrand 指数中被评为发展最快的奢侈品品牌，以及全部品牌中发展第四快的，紧随苹果、谷歌和亚马逊之后。2012 年，公司营业额达到 30 亿美元，是前 5 年总销售额的 2 倍。2013 年，阿伦茨宣布她要离开博柏利加入苹果公司——不是首席执行官，而是苹果公司零售和在线业务高级副总裁。阿伦茨在风衣战争中大获全胜！

她同时也给在混乱中的创业者上了很重要的一课：如果你觉得自己已经变得迷茫，请重返“很久很久以前”，坚持品牌的价值观。

转机会出现

在我的孩子们出生的一年后，我有次出国去了巴西的圣保罗。等我到了那儿，我去见了豪尔赫·保罗·雷曼和巴图·西古比拉。他们现在在经营 3G 资本公司，这是世界上最有影响力的全球投资公司之一，它拥有百威英博、汉堡王和亨氏公司大部分产业。两人都是奋进（巴西）董事会成员。当时我还没从奋进公司经历的混乱中缓过神来，于是那次见面我表达了我自己的挫败感和恐惧感。

我想向巴图和豪尔赫·保罗咨询我到底哪里做得不对。难道事情不应该变得越来越简单吗？巴图是他俩中间更接地气、更有策略的那个。他给我打了打气：“你是领头羊。这本身就很难。如果这很简单的话，别人早就在你之前做了。”他拍了拍我的肩膀，走出了房间。

然后豪尔赫·保罗说了一些令我受益终生的话。他毕业于哈佛大学，同时也是打进过温布尔登网球公开赛的网球天才，他有一种温和的气质，掩藏了他钢铁般的意志。他让我想象他和他的搭档遭遇过的困境：货币贬值、三位数的通货膨胀、股市崩溃、各种政变，还有大规模罢工。“在我们的世界，每天都面临生存威胁。”他说。

“但恰恰是生存威胁让我们变得强大。”他说，“我们的优势在于我们经受住了经济形势混乱和社会局势重大转变的考验。经济的起伏帮我们为处理不利状况积累了经验。”

他的观点很明确：创业者必须能掌控混乱。

研究也证明了他的观点。宾夕法尼亚大学和西班牙的奥维耶多大学的教授做了一个商业领袖在一个新兴市场的重要性研究，发现和美国本土的创业者相比，新兴市场的创业者处在一种不稳定的环境中，所以他们会更少受制于恐惧，并且更会把握时机利用好机会。研究总结道：“所有公司都必须有能力在混乱、无法预料的商业环境中运转。”

我还从这趟旅行见到的另外两个奋进公司的创业者那儿得到了同样的观点。马里奥·沙迪和爱德华多·奥维耶多当时在经营着好几个速食馆，可国家的货币系统却崩溃了。通货膨胀率冲破每个月70%。“那时我们每周都得换一次菜单。”马里奥说，“生活太疯狂了。我骑着摩托在我的几个餐馆之间跑来跑去。”因为无法承受压力，他们宣布了破产。

后来他们重开餐馆。马里奥开始在餐厅全职上班，但却三心二意。餐厅的每个角落都有一个放不同食物的餐台，马里奥和爱德华多很快发现最受人喜爱的是意大利面餐台，在这个餐台前厨师当着客户的面准备食物。根据这一发现，他们发明了“Spoleto”的概念，也就是顾客可以自主选择一顿饭的原材料——意面、酱料、配料，然后可以看着厨师准备食物。

接下来，马里奥和爱德华多把重心放在了公司文化上。在当时混乱的社会环境下，员工们为未来感到焦虑不安。当时很少有什么新兴市场的企业能够给员工提供分红或者股票期权，但Spoleto却能两者都提供。“我们希望上至首席执行官，下至洗碗工都能来分享我们的梦想。”马里奥说。不过那时越来越少的公司可以上市，这意味着股票期权可能是空中楼阁。于是马里奥和爱德华多在Spoleto的方方面面融入了他们与生俱来的热情和快乐。他们招聘了一个做过演员的人来做形象培训，请了一个马戏团演员来教厨师们如何表演杂技。这样做可以带动团队以更加夸张的剧场效果来准备食物，让所有的员工都觉得自己是公司的形象大使。

这个想法奏效了。在一个流动率非常高的行业里，Spoleto的流动率只有国内平均水平的1/3。在2013年，Spoleto创造了3.4亿美元的营业额，拥有7 000名员工和470家餐厅。他们还准备在美国开第一家Spoleto。

回顾他的创业历程，马里奥告诉我：“即使日子非常艰难，艰难到你只想爬回床上，你都必须要牢记你的梦想。不要让外界的混乱，比如经济环境不稳定，打败了你。反而要让它成为你的优势。”

爱德华多补充说：“干我们这行的，不如意事十有八九！”

当我最初创业时，我以为困难时期就是困难时期，现在我懂了。我告诫创业者不要像我一样犯同样愚蠢的错误。困难时期过去之后事情不会“回归常态”。困难就是常态，适应变化不断行动就是常态。

或者像爱德华多说的那样，不如意事十有八九。

所以说，你要做好准备。当困难就是常态时，你最好跟困难交朋友。如果你不交，那么当你忙着抱怨你的不幸时，其他的人会跳上火车召唤出哈利·波特、米老鼠或其他什么疯狂的发明来。

而你将只有一只兔子奥斯华。

第二部分

行动

第四章

你的创业性格

1915 年的圣诞节，凯瑟琳·布里格斯不是不喜欢她女儿伊莎贝尔带回家的这个男人。但她的确觉得他们的性格不合。伊莎贝尔非常随性，富于想象并且古灵精怪。而她的男朋友，“老大”克拉伦斯·迈尔斯却富有逻辑性，深思熟虑、谨小慎微。不过两人看起来却很幸福。怎么会这样呢?

受到她女儿对男人不同寻常的品位的激发，凯瑟琳开始大量阅读人物传记并且总结出 4 种人格类型：沉思型、随性型、社交型以及行动型。当她看到卡尔·荣格的《心理类型》一书时，她对伊莎贝尔说：“就是它了！”然后将荣格的研究融入了她的类型学里。凯瑟琳和她同“老大”结了婚的女儿继续观察并且在接下来的 20 年用她们的“人格类型”给人们分类。（实际上，伊莎贝尔花了 61 年时间做这项研究，和她与“性格不合”的男友的婚姻的时间一样长。）

第二次世界大战爆发后，伊莎贝尔从《读者文摘》上看到一篇文章说女人们进入各种工作场所却很难找到合适的工作。她意识到她母亲的研究可能能帮助女性找到适合她们性格的工作。伊莎贝尔开始测试每个她能见到的人——朋友、学生、办公室员工。她创建的这个测试——迈尔斯－布里格斯人格类型测验，成了职场上最受欢迎的测验，超过 5 000 万人参与过这个测验。

我很喜欢迈尔斯－布里格斯人格类型测验，以及其他类似的测验。（我是迈尔斯－布里格斯测试里的 ENTP 类型，DISC 性格测试里的 ID 类型，九型人格测试里的类型七。）我亲测这些测试有效。而且，作为一个有时被评价为没有耐心的人，我同样知道，在工作上它们帮助我认识到，不能用同样的方式激励所有人。也许这就是为什么在经营奋进公司几年后，在意识到几乎我认识的所有创业者都会在扩张的时候遭遇相似的困难时，我决定设计一个性格测试，来帮助创业者辨别他们性格上的优缺点。

这个过程花费了好几年的时间。在这几年间，我和我的团队通过 50 场国际座谈会议分析了我们筛选的几千名创业者，在会上我们探讨了候选人在他们事业转折点展现的特质。然后我们请了贝恩公司的一个优秀团队给我们的 200 名创业者发了一份详细的调查问卷。贝恩公司还做了后续深度采访，我们分析了收集的数据并进行了讨论。最后我们一致认为有 4 种创业者性格类型。

钻石型：有远见的梦想家，酷爱颠覆性的冒险

明星型：魅力四射的个人魅力，以自我为品牌

改革型：变革者，重新为传统行业注入新的活力

火箭型：善于分析的思想者，主导战略提升

这些类型有别于我一直说的那些类型——羚羊型、臭鼬型、海豚

型和蝴蝶型，那些类型必须跟你工作的领域有关。这 4 种类型更关注你的性格特点：你作为领导的优缺点，你作为一个变革者的不同倾向。你所了解的自己作为创业者的本能越多，你就能发挥更大的作用。

这些类型在我接下来即将要谈的内容上更显现其正确性：做大做强。

很多关于创业的书都在玩同样的把戏，这个把戏就和好莱坞浪漫喜剧电影里用的把戏一样——主人公坠入爱河的瞬间，他们在通往圣坛时面对的有趣的障碍，他们开车去看夕阳，之后他们扫除障碍，从那以后就是“从此过上了幸福快乐的日子”。

如果这是真的就好了。

“创立一家公司就像结婚一样，”风险投资之父乔治·多里特说，“大多数问题是在蜜月结束之后才发现的。”

在这一部分我将帮助你对付那些后蜜月期的问题。在接下来的几章，我将关注日常管理一家快速发展的公司遇到的恼人的困难，尤其是怎样帮助你磨炼你的领导力，找到并留住人才，让你的人脉资源派上用场。

但我将从我认为成大事最关键的第一步开始：了解你是谁。正如 20 世纪 40 年代所有工作场所的新员工需要明白他们自己是谁一样，今天所有创业者也需要知道自己是谁。每个创业者都有独特的创业者性格类型。你是哪一类呢？

钻石型

代表人物：史蒂夫·乔布斯，马克·扎克伯格，谢尔盖·布林，拉里·佩奇，特德·特纳，乔治·卢卡斯，埃隆·马斯克。

钻石型创业者是杰出的梦想家，他们能创立颠覆性的机构。他们是富有魅力的布道者，当他们谈论为人们的生活带来一场变革时，能够启发所有他们见到的人的想象。钻石型创业者的想象总是更加让人兴奋，然后他们激励其他人来帮助他们实现梦想。但是钻石型创业者经常缺乏一个清晰的成长地图，他们往往会有一个很不稳定、无法预料的未来。当钻石型创业者成功时，他们可以成为规则制定者。但如果他们失败的话，往往会很快就一败涂地。

奋进公司创业者勃拉姆斯·丘依提在黎巴嫩和沙特阿拉伯长大，后在瑞士学习酒店管理，之后在中东创办了从室内设计到金融等一系列公司。他甚至在沙特开设了一个英国跑车公司的办公室。他行动迅速、反应敏捷，每年出差超过 90 次。2010 年时，他的妻子怀孕了，勃拉姆斯说自己会休假，他的妻子高兴极了。但是当他在家里的沙发上重拾自己最喜欢的消遣——玩电子游戏时，妻子的耐心消失殆尽。勃拉姆斯休假的第三天，她给他下了最后通牒："找到一个赚钱的方法，否则家里所有的游戏柄都得消失。"

他需要一个新计划，尽快。一天晚上，当他狂玩了一天的电子游戏后，他看了电影《社交网络》，这是一部有关脸书早期发展的电影。他突然灵光闪现：还没有一个社交平台可以联结所有游戏平台的玩家们——Xbox，PlayStation 还有电脑端。"如果马克·扎克伯格可以成功，为何我不能？"他说，"那个小孩儿比我还小呢。"于是他着手去做了。在一个设计师的帮助下，勃拉姆斯创立了 At7addak（发音是艾特哈达克），这个名字的阿拉伯语意思是"我挑战你"。玩家们蜂拥而至，美国艺电公司和动视公司也提供了赞助。但是公司的营业额却表现平平。他邀请用户提交评价和游戏视频，然后给他们提成。两年时间他拥有了 60 万活跃用户和每月 800 万的页面浏览量。

勃拉姆斯作为创业者的优势显而易见：他勤奋努力，他自信满满，他是一个创意机器。但是他的弱点也很明显：他总是三分钟热度。前一分钟他在学习酒店管理，下一分钟他就去卖跑车，很快他又去建社交网络。他能坚持做一件事吗？他是能持续地建立一个可持续的商业模式，还是会一有机会就立刻跑去做新生事物？

勃拉姆斯在我的分类里是钻石型创业者。像他一样的创业者要不很成功，要不就很失败。

针对每种性格类型，我们罗列了一些关键问题给创业者，还有他们的投资人、团队成员、导师甚至朋友和家人。

对于钻石型创业者来说，这些问题是：

> 是否有强大的创意、产品或者服务让公司优于其他公司？
>
> 创业者是否可以坚持完成这次冒险，还是他/她会在其他机会出现时立刻去做别的事？
>
> 创业者是否能有开阔的心胸接受反馈和批评？
>
> 创业者是否能与他人分享成果？

这些问题对钻石型创业者来说至关重要。想想埃隆·马斯克，这个创立了 PayPal（在线支付平台）的创业者，拥有创立美国太空探索技术公司（SpaceX）和特斯拉汽车的开创性思维。马斯克经常被描述成一个天才，或是一个技术神童。当马斯克在 2013 年创办特斯拉汽车时，他宣布“我们将成为下一个通用汽车”，并且发誓到 2009 年要让 10 万辆汽车上路。虽然他后来以 600 辆车的差距未能完成最初的目标，但是马斯克的远见最终成功实现：《消费者报告》称特斯拉 S 型轿车为 2014 年的最优之选，并且当年特斯拉汽车的估值达到 300 亿美元，超过美国通用汽车总值的一半。

但是这位羚羊－钻石型创业者也经常被形容成一个专制并且顽固的人。他的第一任首席执行官将他告上了法庭，说马斯克诽谤他并且将成立公司的功劳据为己有。当《纽约时报》批评了特斯拉 S 型轿车时，马斯克称文章“造假”并且“违反道德”，并对写文章的记者进行了一个月的人身攻击。

钻石型创业者非常杰出，但他们也常常以自我为中心。

终极钻石型创业者非史蒂夫·乔布斯莫属。从好的方面看，他传奇事业的每个阶段，乔布斯都成功地实现了他的远见。苹果电脑设计团队的一位成员把乔布斯的顽固和创造力的混合比作是《星际迷航》里的现实扭曲力场。“在他面前，现实是可塑的。”这个设计师说。但是这个说法同时也意味着他拒绝理会其他人（包括客户），并且不愿与旁人分享荣誉。苹果公司的设计大师乔昆·艾维这样描述给乔布斯提新创意的感觉：“他会仔细审阅我所有的创意然后说‘这个不好。那个也不好。我喜欢这个’。”艾维接着说：“我坐在听众席，听他谈论这些创意就好像是他自己想出来的一样。我超级注重某个创意是从哪儿来的，我甚至还有一个写满我创意的笔记本，所以当他把我的设计全部归功于他自己时我非常受伤。”

一位钻石型创业者不会是一位员工最好的朋友。

不是所有钻石型创业者都是发展快速、谋求盈利的羚羊型创业者。他们中有人跟我一样，是海豚型。当彼得和我成立奋进公司时，我们坚信这是革命性的创意。我们发誓要基于一个只有我们才能预见的未来，建立一些独特的东西。那种自信是我们的优势。我们的劣势是我俩都很顽固，我很容易分神，而且在团队合作中非常慢热，而彼得会产生一大堆的创意，然后搁置奋进公司的日常运营，花一年时间去实现另外一个想法。而我则可以专注公司的日常运营，招聘对的人，给他们成功的空间。

每种创业者类型都有风险。了解你潜在的致命缺陷，或者我称之为“危险地带”的领域，可以帮助你避免灾难。对于钻石型创业者，以下是我的建议：

听从建议。钻石型创业者总说他们想成为自己的老板，但没人可以独自成功。你需要一个有导师、搭档和员工的强大团队。如果你太顽固而听不进批评的话，那么等你发现问题则为时已晚。

分享你的成功。雇用一个团队还不够，你需要奖赏你的团队。记住，每个人都和你不同。有些人喜欢称赞，有些人喜欢福利，还有些人喜欢一个他们可以掌控的挑战。找到能够鼓舞和激励你的团队成员的东西并且把它奖赏给他们。提醒你自己去分享成果和战利品。

顾客有时是对的。你的个性和远见可能是你最大的资本，但是不好意思，你不是史蒂夫·乔布斯。不要忽视你的顾客。你的公司也许提供了什么革命性的产品，但这不意味着用户会无条件地喜欢它。设计一个好的反馈系统并对反馈有所行动。

明星型

代表人物：奥普拉·温弗瑞，玛莎·斯图尔特，理查德·布兰森，雅诗·兰黛，乔治·阿玛尼，Jay–Z。

明星型创业者是精力充沛的潮流达人，他们拥有强烈的个人风格，能够激励不同人心中强烈的忠诚度。明星型创业者本能地知道潮流趋势是什么，他们总是快人两步。明星型创业者是他们的社区、文化和国家的骄傲来源。当他们成功时，他们可以走向全球。但是他们往往一个人唱独角戏，思维变换频繁，而且可能无法掌控时间和金钱。

奋进公司的创业者安东·维尔约诺不仅仅想成为雅加达最好的流行音乐节目主持人。当他在加州学习商科时，这个印尼人靠主持流行音乐节目来赚外快。等回到家乡后，他把会计书放在了一边，开始追寻他对舞曲的热情。他很快成了印尼嘻哈音乐的教父。MTV（印尼）尊他为“点石成金十人”其中之一。

受到雅加达通宵市场的启发，安东·维尔约诺和另外 4 个合伙人组织了一场为期 4 天的临时时尚市场。他们吸引了 7.5 万人。这个团队创立了一个百货商场，叫作 The Goods Dept, 在那里售卖精心摆放好的产品。后来又开了一个咖啡厅、两家商店以及一个网站。随着印尼的创意阶层发展起来，The Goods Dept 成了城市白领阶层的新去处。安东成了大家的偶像，或者像他自称的那样——“一切酷炫事物的供应商”。

当我见到安东时，他作为创业者的优势很明显：他富有魅力，他很时尚，他能引领潮流，而且他吸引了大量忠诚的追随者，给了他们满意的体验。但是安东的弱点也很明显。他的艺术敏感性会盖过他的商业直觉吗？了解最新的潮流是不错，但或早或晚他将需要那些压在床底下的会计书。他愿意委屈自己去做日常管理吗？如果不愿意，他最好做首席监管官而不是首席执行官。重中之重是，他是否会丧失引领潮流的能力？

我的分类里，安东是一个明星型创业者。一些明星型创业者可以持续发光发热，而有些则在发光之后迅速黯淡。

要想成功，明星型创业者面临着巨大的困难：

> 某个创意是否能够突破创业者的魅力光环而发展呢？它是否只是一种狂热的偶然崇拜，或者只是一个人的自弹自唱？
>
> 因为很多明星型创业者收费高昂，创业者的品牌的声誉是否强大到能让消费者愿意为产品或者体验付费呢？
>
> 创业者是否愿意采用数据分析手段，而不仅仅依靠市场来推广自己的创意和艺术视野呢？
>
> 创业者是否有能力在创立优秀的品牌之外再建设一支很棒的团队呢？

很多明星型创业者的问题往往是源于别人经常告诉他们他们是多么有魅力和吸引人，简直像摇滚明星。但是为了成长，他们需要合作者。当这一类型的创业者问我如何才能发展壮大时，我说："组一个摇滚乐队，而不是成一名摇滚明星。"

食品界的摇滚明星之一——沃尔夫冈·帕克由一个煤矿工人父亲和一个甜品师母亲带大，他们生活在奥地利。他 14 岁时开始在餐厅打工，24 岁时去了美国。20 世纪 70 年代中期，在洛杉矶 Ma Maison 餐厅当厨师的帕克觉得是时候开创自己的餐厅了。在他的想象中，他的餐厅有红格子桌布和维苏威火山的海报。但是在即将成为他妻子的芭芭拉的脑海里，餐厅要有宽敞的窗户、白色的桌布和首创的顾客可以观看帕克准备加州美食的开放式厨房。芭芭拉的主意最终占了上风，他们名为 Spago 的餐厅立刻火了。很快帕克成了脱口秀节目、红毯、书架、超市货架的新欢。他成了坐拥价值 4 亿美元食品帝国的第一个明星主厨。

帕克对他对商业一窍不通这点一直非常诚实。他没有一丁点儿金融技巧，经常在财务部犯困，但经济压力一点没减，他甚至焦虑到变胖了。"一个好厨师必须是经理、商人和厨师的混合体，"他说，"同时具备这 3 点是很难的。"为了解决这个问题，他聘请了一位哈佛商学院的人来帮助他经营公司，但是这个人吹得天花乱坠，于是帕克解雇了他。芭芭拉是一个不错的女商人，所以有段时间她负责经营餐馆并与赞助商谈判。但是后来两人离了婚，帕克只能靠他自己了。现在帕克主要负责品牌的公众形象，和金宝汤公司合作经营他名下的生意。他得出的教训是："品牌必须要比创始人还成功。"

要不然就合作，要不然就止步于此。

明星型创业者还有一个雷区。当公司形象主要依靠创始人的个人形象时，如果这个形象被破坏了，要怎么办？当泰格·伍兹身陷性丑闻时，他的合作商是非常头痛的。当玛莎·斯图尔特被送进监狱时，这会摧毁她价值几十亿美元的以品质生活方式著称的商业帝国。

依靠明星型创业者建立起来的非营利性组织尤其脆弱。兰斯·阿姆斯特朗基金会在非营利领域是极具知名度的品牌之一。无所不在的黄色腕带代表了面对癌症的力量。这已经成为创业者明星效应的经典案例。但是当阿姆斯特朗的吸毒指控已经无法掩饰时，慈善捐款骤跌——在 3 年内下降了 45%。当阿姆斯特朗承认罪名时，董事会要求他从机构辞职并且将他除名。兰斯·阿姆斯特朗基金会改名为“坚强生活”。外事办负责人说：“当你的组织领袖是一位名人时，跟别人解释你是做什么的没什么紧迫性，但现在这件事太急迫了。”

成也萧何，败也萧何。

为了避免这种困境，明星型创业者要小心这些雷区：

*遵从完整的菜谱。*制作一道完整的菜需要不止一种原料。创立一个经久不衰的品牌也是一样。你的组织可以有鲜明的个人印迹，但你得确保有人照看公司从运营到客服的方方面面。

*从内而外设立促进者。*具有鲜明个性的人需要其他个性鲜明的人在周围。在建立团队时，不要被谄媚诱惑。你需要那些技能能够弥补你的短处的人，而不是那些赞美老板的人。

*找到一个“左脑”。*明星型创业者往往右脑发达，这意味着他们在思考时更依靠直觉、想象力和创造力。这很棒，但是你的冒险同样需要有人用左脑思考——善于分析、思维缜密并且很愿意处理大量的数据。

变革型

代表人物：霍华德·舒尔茨，雷·克洛克，宜家创始人英格瓦·坎普拉德，护肤品牌美体小铺的阿妮塔·罗迪克，Toms 鞋业的布莱克·麦考斯。

变革型创业者是变革的催化剂。他们往往经营着一种传统产业，但却渴望通过创新和现代化来重振公司。雷·克洛克将特许加盟权引入了乏味的汽车餐厅。英格瓦·坎普拉德用时髦的瑞典设计取代了古板的家具陈列厅。改变也许是好的，但是它能为某个夕阳行业带来新的增长吗？

奋进公司的创业者雷内·德宝在 2006 年接管了父亲在墨西哥瓜达拉哈拉市的工业润滑脂公司——Interlub。从表面看，还有什么能比润滑脂更老旧传统呢？！然而就是这个很小的利基市场，包括了从机械油到防锈剂等多种产品，拥有全球每年 80 亿美元的市场规模。雷内的父亲是拉丁美洲第一个润滑脂生产商，但是他儿子却想重整产业。“我了解我爸爸的想法，但是不知什么时候开始，我不再佩服他，因为他总是在重复做同一件事。”他说。当雷内接管公司后，他把关注点转向了高端市场和环保科技。Interlub 在环保、定制产品领域成了行业领袖。这些产品提高了效率但是成本更高。他制订了一个野心勃勃的目标——达到 20% 的年增长。

为了达到目标，雷内重新定位了公司品牌形象，他试图让润滑的概念听起来很性感。他称 Interlub 是“摩擦学（tribology) 领域的世界先驱”，用了一个比“摩擦”（friction）听起来更专业的词汇。他在公司网站上播放爵士乐，把宣传语改成了“极限润滑”。这一招奏效了！Interlub 占领了墨西哥润滑脂市场的半壁江山，把产品卖到了世界上 30 个国家。2013 年，Interlub 的营业额达到了 2 700 万美元，利润增长了 1 倍。

雷内很清楚地展示了创业者的高超技艺。他让一个几十年生产无趣产品的公司变成了一个潮流的引领者，生产人们愿意付高价购买的“性感”商品。他甚至还为产品增添了环保的卖点：生物降解能力。但是他和他的公司同样有短处。在公司蒸蒸日上的时期，Interlub 仍为工厂提供润滑脂，一种可以追溯到 19 世纪的产品。而且，谁能保证不会有更强大的竞争对手最终夺回被 Interlub 偷袭的市场份额呢？总之，雷内不是最好的经理。他自己告诉我们他“不够冷酷”。他“在保护人方面考虑太多”而且“需要更快做决定”。他怎么能继续成长呢？

雷内是一个变革型创业者。像他一样，很多变革型创业者有很强的改善这个世界的意愿。比如 Toms 鞋业每卖出一双鞋就会为穷人捐出一双鞋，或者像美体小铺，公开反对动物测试。变革者推尘出新，往往出于一个动机。

他们同样面临问题：

他们关注的“变革”是真正有意义还是只是装点门面？

“改变世界”的任务背后是否有某种可靠的商业模式？

创业者是否能克服整个行业固有的传统障碍？

为了扩大销售是否要放弃公司理念？是不是卖得更多就等于把东西卖完？

变革型创业者的优缺点在上一代创业者身上表现得更明显。1967年，得克萨斯州的律师赫伯·凯莱赫和一个搭档创立了西南航空，创业设想被他们写在了餐巾纸上。首航之前，他们打了4年的官司。他们的商业概念威胁着整个传统航空行业。当其他航空公司使用多种机型时，西南航空只有一种机型——波音737，这是为了使维护成本最小化。当其他航空公司炫耀它们的客舱服务时，西南航空反而没有客舱服务，降低票价显然更好。当大多数航空公司还在以中枢辐射模式运行时，西南航空往往降落在二级机场，只以点对点的方式飞行。公司从1973年开始盈利。

公司形象的核心正是它的创始人凯莱赫。凯莱赫是一个戴着宽檐帽，喝着威士忌，爱抽烟的叛逆者。他揭秘大多数航空公司糟糕的服务，来为西南航空的不同表现做铺垫。公司拍的广告嘲笑其他的航空公司："我们很愿意与他们的新票价齐肩，但那样的话我们得涨价了。"当其他的航空公司开始上涨服务费时，西南航空在报纸上刊登了"别**想惹我"的广告，配文"西南航空是唯一接受此优惠券的航空公司"。西南航空还声明：无行李费，无改签费，无燃油附加费，无零食费，无电话订票费。

*Money*杂志将凯莱赫评选为他这一代排名前十的创业者。

凯莱赫2008年退休时，获得了行业变革者的美誉。新的首席执行官，加里·凯利是一个爱用数据说话的人。他很快就停止了公司产品的低附加值战略，开始宣传西南航空是"全美最大的国内航空"。西南航空成了业内大佬，而不是业内大佬的竞争者。而且，西南航空的票价在大多数市场也不再是最便宜的了，凯利甚至暗示公司可能会放弃它长久以来的免费托运的政策。

变革者可能是思想超前的叛逆者，但是最终他们建立起的公司常常会回归行业根本。

下面这位蝴蝶型变革者的堂吉诃德式的故事就是这个悖论的生动例子。

罗珊·昆比是从农场到用户的创业者鼻祖。1984 年，她是一个 33 岁走背运的单身母亲，正发愁找不到工作。一天，她要搭顺风车去缅因州德克斯特镇的邮局，伯特·沙威兹接到了她。伯特是一个养蜂人，40 多岁，生活在一个火鸡场，每年他皮卡车后厢里的罐装蜂蜜能卖出 3 000 美元左右，当地人叫他养蜂人。两人坠入了爱河。

一天，沙威兹盯着他收集起来的没用的蜂蜡，建议昆比做一些蜡烛然后在当地手工集市上售卖。她开始捣鼓起来——先是做蜡烛，然后是家具上光蜡，最后是唇膏。“我很快就明确了，人们买唇膏的速度要比买蜂蜡或家具上光蜡快 10 倍。”昆比说，“后来我做润肤霜。卖得也比上光蜡快。”昆比还充当了临时的图像设计师，为产品画了一个标志——一张饱经风霜的神似沙威兹的脸，有微笑的眼睛、淡淡的微笑和一部络腮胡。她给产品起名“伯特的蜜蜂”。她的时机十分巧妙，那时人们对环保产品的兴趣刚刚开始增加，而“伯特的蜜蜂”朴素的包装和全天然的原材料成了完美的产品。截至 1993 年，公司每年盈利 300 万美元，到 2000 年达到了 2 300 万美元。

昆比和沙威兹是终极变革者。他们给唇膏和面霜这类低利润的古板产业重新赋予了活力。他们让自己的品牌变得潮流、有机，让人们想花更多的钱来购买唇膏这种在他们的兜里晃荡几周，然后在用完之前就找不到了的产品上。他们取得了标志性成功，但是麻烦接踵而至。

首先，他们的关系结束了。当两个人为了合理避税搬到北卡罗来纳州后，他们就分开了。沙威兹搬回了缅因州，昆比用一栋 13 万美元的房子购回了他 1/3 的公司股份。几年之后，她以 1.75 亿美元的价格向一些私人投资者卖掉了 80% 的公司股份，沙威兹的股份本可以值 5 900 万美元（后来昆比给了他 400 万作为妥协）。又过了几年，高乐氏公司以 9.13 亿美元购买了“伯特的蜜蜂”，昆比净赚了 1.83 亿美元。

这时他们的问题真正出现了。像其他的变革者一样，昆比把公司的名誉建立在具有社会责任感、纯天然和朴素的形象基础上。可这些跟高乐氏的理念没什么太大关系（这个交易发生在高乐氏发布了它的纯天然产品好几个月之前）。高乐氏公司的高层说他们希望通过这次收购了解更多的天然产品，但是消费者们充满怀疑。消费者指责昆比卖掉了公司。产品粉丝甚至在 Change.org（请愿网站）上发起了一个请愿，指责高乐氏公司破坏了“伯特的蜜蜂”的产品配方。

当然发生这种情况的不只伯特公司。Tom’s of Maine（天然牙膏的生产商）向高露洁售出了 1 亿美元的股票，美体小铺向欧莱雅卖出了超过 10 亿的股权，Ben & Jerry’s（冰激凌制造商）向联合利华卖出了 3.26 亿美元的股权。Ben & Jerry’s 自己的社会实践审查人员在 4 年后说：“我们看起来跟其他的美国公司一样了。”

这一语中的：变革者可以非常有革新性，但是他们的成功经常建立在暂时的优势或者创始人的直接领导上，当这些条件消失了以后，变革就会倒退。

考虑到这些，变革者需要注意以下雷区：

确保你的商业模式和你的使命一样有吸引力。变革者想证明在传统行业里同样可以创新，但只是创新还不够，你还需要有力的策略来使创新经受住时间的考验。

脚踏实地。有些时候当变革型创业者提议变革时，建议会流于表面。如果你觉得成本和风险可控，那就做好保卫自己创意的准备。同时，你要和自己的团队统一战线，共同驳斥批评。

用数据说话。看重社会价值的创业者往往忽视财务报表和令人厌烦的数据。诚然你对目标的主观感觉非常重要，但同时请用客观的数据分析自己的观点。如果你的数据没法自圆其说，那可能意味着那些宏伟目标多半很难实现。

火箭型

代表人物：杰夫·贝索斯，比尔·盖茨，弗莱德·史密斯，迈克尔·戴尔，迈克尔·布隆伯格。

火箭型创业者都是专注的思想家。他们极其关注各种指标变化，并能从中嗅到成长和变革的机会。他们不仅是思想家，还是问题终结者。在对效率的不懈追逐中，他们殚精竭虑改善每一处不足，让整个项目更低成本、更高速、更质优地运转。这类创业者通常有数学、科学、系统学或者管理学背景，他们运用自己善于分析的头脑，制订清晰的目标，并用方程式精准计算成功。他们是在创业者世界里践行火箭发射那样高精要求的一群人。在这个数据正扮演越来越重要角色的世界里，他们的独特优势注定能让他们一飞冲天。然而，对数字过分狂热也会带来显而易见的风险。

奋进公司的创业者尼古拉斯·罗爱莎和季廖拉·安卡迪喜欢从数据中寻找答案。他们来自哥伦比亚共和国的波哥大，都是工商管理硕士。两人热爱体育，有时在一起抱怨他们的国家缺少高端健身房。他们对哥伦比亚个人健身市场做了调研，发现个人健身市场存在巨大商机。于是他们成立了一家叫 Bodytech 的公司，公司的定位是运动医学中心而不是健身房。Bodytech 聘请富有经验的医学专家，为客户提供定制化健康服务，教客户如何避免慢性病并制订个人运动目标。他们的目标是在半年内积累 1 000 名会员。在前 30 天，注册人数达到了 1 800 人。问卷调查显示，半数会员表示在加入 Bodytech 之前，他们没有按时运动的习惯。

因为初期的成功，尼古拉斯和季廖拉迅速扩大了 Bodytech 的规模。在接下来的十几年中，他们在哥伦比亚的 6 个城市中开了 26 家分店，会员数达到 5 万。他们兼并了另一家连锁企业，并使会员数增加了 34%。他们对邻近国家的市场做了深入调研，发现健身房在拉美国家的覆盖率远远不及北美国家的水平。于是尼古拉斯和季廖拉募集了足够的资金去实现强势扩张的目标。截至 2012 年，Bodytech 变成了南美洲最大的连锁健身房。

当我和这两位创始人见面时，我对他们的特点印象深刻。他们分析力强，用数据说话，关注增长。他们是行动派，而且超级高效。他们设立短期目标，实现之后再计划一系列新目标。他们就是行动力和成功的代名词。然而他们也表现出了一些缺点，他们显得有点儿自大。他们语速飞快，貌似对所有问题都有答案，而且会用无穷无尽的数据，疾风骤雨般堵住怀疑者的嘴。另外，他们的公司运转飞快，这样一来有可能忽视员工的需求。我想问，他们脑子里有员工的位置吗？对员工的关心体现在哪？

在我的分类里，季廖拉和尼古拉斯是火箭型创业者。在他们的身上反映出当下商界数据指标大行其道。但同时，这种数字至上的现象也昭示着一系列新问题。火箭型创业者应当留意以下问题：

有自信没错，过分自信就大错特错。创业者能对批评保持开放的心态吗？

不停修修补补没问题，但这修补能带来多大差别？

在追求效率极限的同时，是否为创新、工作热情和偶尔的灵光乍现留足了空间？而不是把所有的工作都体现在冰冷的表格上。

集中精力提升客户满意度的行为是否同时损害了员工的满意度？这样的创业者能拉起自己的队伍吗？

杰夫·贝索斯是火箭型创业者的集大成者。早在1994年，他在纽约一家互联网金融机构做高级副总裁。他觉得自己应该做互联网大潮的弄潮儿。但他没有急于投身其中，而是用一整套方法论打前站。首先，他系统地研究了各种有可能被互联网赋能的商业行为。他找到了答案：应该做产品制造者和消费者的中间商，在全球销售各种商品。因为一开始就卖全部商品显得不切实际，他列出了20种最适合网络销售的商品，选择了书籍，然后他去见了自己的上司。“你知道吗，我要开始这件疯狂的事了，”他说，“我要做一家在网上卖书的公司。”上司回答说：“这个主意对我来说不错，但对没有工作的人来说，更棒。”

这让贝索斯迟疑了。所以他做了一件你可以想象到的最“火箭型”的事：他做了一个“后悔最小化工作框架”来减小未来后悔的概率。他是这么干的：“我想象自己80岁时回顾一生会说‘好的，现在我要回顾自己这一辈子。我希望遗憾越少越好’。”他的结论是，自己不会后悔进入互联网行业，即使失败也不会后悔。他又说：“但是我知道如果我没有试的话，我一定会后悔。”

创业伊始，贝索斯继续专注于数据、分析和效率上。他让自己的小团队拼命工作。他划掉了公司宣传资料上所有和核心理念不符的内容，最后就剩一句话：亚马逊是最便宜、最友好的买书场所（后来“书”被改成了“所有东西”）。他坚持每周二每个部门要开业绩指标会议，要求员工在会上基于数据制订方案。然后他把自己的邮箱地址公之于众，这样一来客户可以直接把投诉建议发给他。他会把这些投诉转发给相应员工，只不过邮件上多了一个问号。没有什么事比收到贝索斯无声的“？”更令人恐惧了。当一位员工在一次公司举办的休闲活动上，问为什么所有的小组都要停下手头所有工作去回复一个“带问号的投诉”时，另一位聪明的员工如此回答：这是jeff@amazon.com来保证顾客的声音大于一切的方式。

问题也就显而易见了。尽管亚马逊的效率给了顾客极大的好处，但有时却伤到了员工。贝索斯是在两方的对立中把公司做大的。他偏爱一种对立却凝聚力十足的工作氛围。同时，节俭是他的重要原则：他拒绝任何不能直接提升客户的用户体验的投资。哪怕是在20世纪90年代末期互联网崛起的最高潮，亚马逊员工从来没有其他科技公司的福利，比如免费按摩、免费餐饮，他们甚至连停车都是付费的。员工们能免费享受的唯一物品是阿司匹林。但当互联网泡沫破灭的时候，贝索斯需要向投资人证明他在节约成本，于是阿司匹林没了。

火箭型创业者有强大的头脑，但有时这给他们带来的却是头疼。

同样的情况也会在非营利性组织中的火箭型创业者身上发生。比尔·盖茨是少有的能在营利和非营利两个领域都做出开创性贡献的创业者。在两个领域中，他的创业者特质——数据为先、注重效率、钟情指标，一直在他的成功中扮演重要角色。

盖茨被誉为个人电脑时代的开创者，但他却不太像一个发明家，而更像一个制造者。操作系统其实是其他人发明的。盖茨的过人之处在于，他能创造出一种商业模式，把操作系统和一系列服务（表格、文字处理、电邮等）结合，然后推动硬件制造商预装。另外，盖茨还是一个不知疲倦的竞争对手。一位他的早期投资人说："这哥们儿比竞争对手都了解竞争对手自己的产品。"最后，盖茨能不顾一切地守住底线。在他写给员工的一封电邮里，他这样说："如果你发现自己很放松，精力也不集中，你多半对公司股价有害。"

一段时间以后，事实证明他这话说得一点儿没错。盖茨可能放松了，他忽略了互联网，让它从身边悄悄溜走了。他还没抓到那个史蒂夫·乔布斯深谙的要义：人们会被由创造力和激情创造出来的技术深深吸引。果不其然，苹果的产品被认为是艺术，而微软的产品则被评价为缺乏艺术。这样一来，微软想要建立品牌忠诚度就很困难了。

而更为人津津乐道的是，盖茨放弃了微软的运营，带着对指标和结果孜孜不倦的追求转而投身慈善事业。在慈善行业这个相对模糊和主观的领域，盖茨带来的冲击是深刻的。比尔及梅琳达·盖茨基金会每年所捐赠的逾30亿美元都要以统一的评估体系计算效益。正如基金会所说，这些评价“排除了人对决策制定的干扰，只用客观数据给做参考。”

没有能够比盖茨如何从运营微软时的羚羊–火箭型创业者变成接管比尔及梅琳达·盖茨基金会时的海豚–火箭型创业者更能诠释这些特质的结合是怎样在不同领域实现超越的了。领域虽然不同，人却没有变，他的创业者性格也没有变。

我建议火箭型创业者将下面几条牢记于心：

别只关注数字。火箭型创业者喜欢数据分析，但你无法获得让你百分之百自信的数据。学着在模糊感中享受舒适且要勇于承担风险。用户们的反馈可能比较“软”而且不够可靠，但它可以揭示一些数据无法显示的问题。

尽情自由创造。不同特质的火箭型创业者对变化的反应也不尽相同。他们或倾向于弥补市场缺口，或倾向于满足客户需求，而不去创新。许多火箭型创业者更喜欢在成熟的模式上修修补补，而不是探索未经开发的领域。尽管这种做法有助于规避风险，但它也会使你畏缩不前。加点儿创意岂不更好？

心很重要。也许情感无法量化分析，但是它同样重要。一些知名品牌的成功正是因为他们能在顾客和员工的心中引起共鸣。如果你有时候不习惯跳出思维的框框，那就试着和那些能跳出来的人多聊聊。

你的创业者特质

识别人们不同性格特质这种事古已有之。古希腊人分析体液（血液、胆汁和唾液），并把结果和情绪相连。两百年前科学家通过测量人们头上的鼓包判断性格。那种答题式的判别方法开始流行也不过 100 年，最早从军队里开始流行。性格测试从那以后便成了常事，而且还是一门很不错的生意。仅仅在美国，这个产业每年就创造 5 亿美金的营收。

现在，是时候把这个严谨的技术带给增长最快的劳动人群——创业者了。

这 4 种性格特质教给我们最重要的知识就是：就像成为创业者不是只有一条路可选一样，创业者的特质也多种多样。条条大路通罗马，每种特质都有自己的优点和缺点。

因此，与其找个偶像辛苦地把自己复制成别人，不如审视自己，判断自己的长处和短处，然后扬长避短。成功之路的第一步是了解自己。

第五章

白板

当亨利·福特作为一个创业者，在经历“要么做要么死”的挣扎时刻时，在某种程度上他已经算是成功了，但他仍对压力的强度感到措手不及。这种情况，发生在所有创业者身上。这样的情况总是出现在意外的时刻：在你就要发布革命性产品时，在你要谈下一个大客户时，在你搬到全新的办公室时，或者是在你等待你的创意被领导首肯时。你就要成就一番大事，却突然力所不及，你怎么办？

我一直长年研究创业者如何应对这样的意外时刻。我尝试找到一种模式来帮助创业者度过那段时期。我给他们的绰号来自一个叫作“疯子”亨利的人。

福特在1908年遇到了挑战，当时他45岁。1896年，这个美国密歇根人在他33岁时在后院的小屋里制造了自己的第一辆车。不久后，他就辞去了在爱迪生电灯公司的工作，创立了底特律汽车公司。这家公司一辆车都没生产出来就倒闭了。接着他开始制造赛车。当一辆他制造的车赢了比赛时，他得到了创立福特汽车公司的资金支持。两年时间，公司成了一家每年生产1 700辆三种不同模型汽车的公司。

但是，福特仍然烦恼不断。作为一个“停止计划，行动起来”的创业者，他痛恨商业计划，他是在利用自己的商业本能经营公司。那时明智的公司的下一步计划是把昂贵的车卖给精英，但是福特却想为大众制造汽车。“汽车的价格将会低到只要收入还可以的人都可以买得起。”福特宣称。他甚至制造了一个拥有四缸发动机，可以乘坐5人的展示车，它的零售价令人震惊，只要825美元。

他在自己位于底特律皮科特大道461号的工厂三楼选了一个房间，称其为他的实验部。那个小小的空间放着一块黑板、铣床和钻床。福特坐在房子中间那把曾属于他母亲的“幸运”摇椅上。他是羚羊型创业者却像臭鼬型创业者那样在工作。

但他的计划激怒了他的投资者们。他们非常生气，因为他的新车将会降低公司盈利。银行担心成本过高于是拒绝给他贷款。供应商们推迟他严谨的时间线。唯一对此事热衷的是他的竞争对手们，“福特能死得多快？”他们问。

最终，在1908年初，他的40位神秘团队成员和许多对他批评最凶的人聚集在一起，参与了第一辆汽车的组装仪式。工人们用50英尺长的绳子缠住发动机，把它吊在空中，开始把它下降至机箱中。但正当这个“公司的未来”在缓慢下降时，发动机开始转得越来越快并最终绞断了绳子，发动机摔在地上四分五裂。

这是对福特的考验：接着干还是直接回家？

他平静地向前一步，宣布他会自己制造一个替代品。6个月后T型车上市了。福特的平民主义梦想，当时被嘲笑是有勇无谋，却在接下来的20多年里卖出了1 500万辆车，让这个车型成了汽车时代最成功的发明，很多人甚至视其为有史以来影响最深远的消费品。

第一个T型车发动机四分五裂地躺在水泥地上的画面完美地展现了所有创业者都会面临的一个转折点。所有我认识的创业者都至少面临过一次这种“发动机摔在地上”的时刻，他们为之努力的一切在那一刻功亏一篑，而他们不得不做出“某个重要决策”来决定他们的创意是会大红大紫还是一败涂地。在那样的时刻，我看到过创业者眼里的恐惧，我看过他们崩溃大哭，并且我意识到在那一刻，他们最需要的就是要让他们知道他们并不是一个人。

是的，你并不孤独。而且，解决问题的方法的确存在。当我注意到这些时刻的相似之处时，我就已经开始在脑中把它们逐一记录下来。后来我开始在半夜时不时记下一些笔记。最终我决定拿这些笔记做些事情而不是把它摆在我的床头（然后在早上的时候拿着它烦我的丈夫），于是我买了一个白板。

我把它靠在我的桌子后面，当创业者来跟我分享他们的问题时，我会拿出白板，以一个问题为切入点，然后我们就开始通过头脑风暴想一些解决方案。创业者们喜欢这个办法，因为这个白板让他们觉得自己还有救。我喜欢它是因为它为我提供了一个帮助那些绝望的人的路子。白板上写着以下几点：

1. 自断后路
2. 别让熟人左右你的创业公司
3. 微创新
4. 集中注意力
5. 梦想要大，但要从小处着手

6. 一口一口吃掉大象

列这个单子绝对一点儿都不难。其中的一些建议也许适用于你，一些可能并不。我们在奋进公司做的调查显示以上几条建议对大部人有效。实际上，这个单子是我自己的研究部门的产品。这是我给那些想做一番大事、破釜沉舟的创业者提供一站式解决方案的尝试。

下次当你把发动机摔在地上的时候，也许其中一条建议能帮助你捡起它并且继续走下去。

自断后路

两位来自约旦的奋进公司创业者一天下午走进了我的办公室。拉姆齐·哈拉比和扎菲尔·尤尼斯正处在一个关键节点。他们的公司 The Online Project 为企业提供社交媒体策略。公司拥有一些顶级的客户，有 70 多名员工。但是大多数客户总想直接同创始人打交道，而不是他们训练有素的员工。拉姆齐和扎菲尔讲述了这个问题，我们讨论了可行的解决方法，但他们仍看起来紧张不安。在此时，我感觉自己更像他们的妈妈而不是一个顾问，于是我问我是否可以做点儿别的什么来减轻他们的压力。

“是这样，我们在阿曼还有电台，”拉姆齐说道，“电台耗费了我们大概 20% 的精力。有人提出想收购它，但我们不确定我们是否准备好放手了。”

我拿起了我的白板说：“你俩需要断掉一些后路。”

在创业初期有点儿包袱是可以理解的。萨拉·布莱克利一直卖传真机卖到她被奥普拉约访，亨利·福特在制造自己第一台汽车时始终坚持去公司工作。在将奋进公司由餐巾纸上的创意变为现实的那一年，我私下写了大量的资金申请来多获取一些资金。

但在某个时刻这样的平衡行为必须要停止。这个问题在奋进公司候选人初选中也出现了，我们找的高管和风险投资人在筛选要壮大事业的羚羊型创业者时说，如果一个创始人不愿意放弃某些项目，什么项目都做的话，绝对是不能通融的条件。

这同样也适用于任务驱动的海豚型创业者。比尔·德雷顿，我在 Ashoka 的前雇主，坚持认为社会型创业者甘心放弃一切的意愿是能获取他支持的前提。“一般是 3 年时间，”他说，“他们必须检验和完善创意。他们得成立一个组织并且开始行动。”只有当创业者同意辞职后 Ashoka 才会给他们投资。

不愿自断后路的原因往往跟金钱有关。你需要钱，这在事业起步时期可以理解。我完全支持不在创业第一天就赌上全部身家。但是一旦你的创意开始运行，开始有一些现金流入时，如果你还不愿意全心全意投入则会成为事业发展的障碍。你不能指望不承担风险地把一个公司做大。

蓓蒂·格雷厄姆就是一个很好的例子，她的故事就说明了在到达那个节点之前，有时会经过好多年。1951 年，格雷厄姆是一个住在北达拉斯的离异单身母亲。她想做一个艺术家，但却在银行里做秘书。不幸的是，她是一个糟糕的打字员，而唯一能纠正她众多的错误的办法就是整张重打，这对她是无穷无尽的折磨。一天，她看到一些油漆匠在银行的圣诞橱窗上画错后用白色的油漆遮掩了过去。“为什么我不能这样来遮盖我打错的字呢？”她寻思着。

她在家混合了一些绘画颜料，带到公司，用一个水彩画笔来涂抹她的打印错误。她管她的修正液叫“错误无踪”（Mistake Out）。5年来她向所有人保守着这个秘密，包括她的老板。最终她的同事发现了这个秘密，他们也想要这种修正液。格雷厄姆在1956年卖出了自己第一瓶修正液。

格雷厄姆雇不起员工，就招了一个高中化学老师来想办法让产品干得更快，找了她的儿子来在车库里把产品装在瓶子里。（顺便说一句，她的儿子，后来成了猴子乐队的创立者。）到1957年，格雷厄姆每个月卖出大概100瓶修正液，并且将产品重命名为“液体纸”（Liquid Paper）。但她一直都没辞职，直到有一天她用了印着自己名字的信纸而不是印着银行名的之后，她被解雇了。

这是她的第一个自断后路的选择：她应该找一份新工作还是试着成为一个单打独斗的创业者呢？格雷厄姆选择了成为一只自由的蝴蝶。她将在毫无保障的情况下制造修正液。3年后她面临另一个关键时刻：她是应该保持自己和儿子两人的工作模式还是应该招人呢？她再次选择了更加大胆的道路。她招了她第一个员工，把公司搬到后院的小屋里，后来买下了一家工厂。到了1969年格雷厄姆的修正液公司每年卖出100万瓶，10年后她把公司以4 750万美元的价格外加一笔专利费卖给了吉列公司。

这个时间表很有指导性。格雷厄姆把她的爱好保密了5年；接下来两年她都在卖自己的产品，但仍做着秘书的工作为自己留后路；最终她专职创业，前 3 年规模很小。直到她最初灵感的 10 年之后，她才冒着巨大的风险，扩大了事业规模。

以可控的速度来创业，还有一个更好的例子，这个故事那天早晨我跟拉姆齐和扎菲尔也讲了。这个故事更令人吃惊，因为它涉及一位常常被大家看作是在自寻死路的创业者。

菲尔·奈特在他的家乡俄勒冈州曾经是一名青少年跑手，他痛恨笨重的美式运动鞋，因为大多数鞋都是由轮胎厂制造的。在军队当过一阵兵后，奈特去了斯坦福商学院，上学期间他写了一篇关于高质量低成本的日本运动鞋的论文。1962 年，这位刚毕业的工商管理硕士去日本旅行，在那儿签下了在美国经销鬼冢虎牌鞋的协议。奈特和他以前的田径教练一起，开车拉着鞋沿街叫卖。但是他仍然深受父亲的影响，他父亲坚持让他找一份做会计的“真正的工作”。于是奈特找了其他人来卖鞋而他负责账务。

直到 1971 年，当一个同事灵光乍现想出了耐克这个名字，奈特花了 35 美元买下了这个创意（“我没有很爱这个名字，”他说，“但是我觉得我会慢慢喜欢它的。”）后，奈特才终于放下了会计的工作。第二年他销售了价值 320 万美元的鞋。对于菲尔·奈特来说那个“想做就做”的时刻在他萌生创意大概 10 年后才到来。

要知道，不是所有的人都想成就大事。一些创业者渴望拥有倡导品质生活方式的公司。还记得那两位布鲁克林的做果酱的手艺人吗？其中一个人想维持在本地销售，而另一个人则想扩张，两条路都可以很有意义。

但是正如我告诉拉姆齐和扎菲尔的那样，很多创业者往往是因为恐惧才紧抓他们的那份稳定工作而不是因为这份工作的必要性。即使他们创业能够有足够利润，他们还会继续给别人打印信件或者帮别人打理税务。我的建议是：减掉这个脐带。

当我们年轻时，我们经常被告知应当尽量多留条后路，但对于一个想扩大事业的创业者来说，向前最好的路是自断后路。

别让熟人左右你的创业公司

盖布里埃尔·奥罗佩萨和吉列尔莫·奥罗佩萨有一个愿望，这对来自墨西哥城的兄弟想彻底改造拉丁美洲传统的文件存储公司。他们接管了父亲的公司，引进了更为精细的信息平台。当他们出现在一场奋进公司的初选时，二人对自己公司的技术水平、公司对本地市场的吸引力和他们两个优秀的经历自夸不已。吉列尔莫曾经在麻省理工学院上学，毕业后在波士顿咨询集团工作；盖布里埃尔是工商管理硕士，并有在可口可乐公司和强生公司的工作经验。

他们面临一个潜在的灾难，这可能是我这些年来和创业者共事时见过的最大的问题。但是正像许许多多面临这个问题的人一样，奥罗佩萨甚至还没有意识到他们的灾难。

他们很危险地将个人生活和职业生涯混为一谈。

盖布里埃尔和吉列尔莫都30岁出头，一个是商务总监一个是策划总监；每人在公司拥有16.67%的股份，这个公司叫Doc Solutions。他们的父亲仍顶着首席执行官的头衔并且持有50%的股份。尽管老吉列尔莫已经不怎么参与公司的日常运营，并且也不懂新的信息平台，他仍然掌管着公司。

我们拒绝了奥罗佩萨兄弟的加入。一位小组成员说："等你的父亲变成非执行董事之后你们再来。"出乎我意料的是，一年后这对兄弟再次出现在另一个讨论组里，这次连他们的父亲都跟来了。"你好啊琳达，"老奥罗佩萨边握手边说，"我是以董事的身份来的。"他保证坐在后排并且不发一语来证明他的儿子们现在掌管一切。他的确做到了，兄弟俩也成了奋进公司的创业者。从那以后，Doc Solutions 的营业额达到 1 200 万美元，拥有近 1 000 名员工。

几年前我让奋进公司的调研组来调研我们整个组织里表现最好的和最糟的创业者。这样做的目的是为了看我们是否能发现两者之间的共通之处。

我们发现，3/4 的创业者都有一位创业伙伴，这些创业伙伴中 70% 都是和创业者关系密切的人——挚友、父母、伴侣或者姻亲。创业之初非常顺利，这些联合创始人们在见到我们之后感叹："我们太了解彼此了！我们绝对是优势互补！我们就是对方肚子里的蛔虫！"

但是麻烦很快就来了：现金流出现了问题，于是必须砍掉一些预算；生意蒸蒸日上，其中一个合伙人想让公司扩张而另一个则倾向保持小而美的状态；一个合伙人缺乏将公司带向下一个高度的能力使问题日渐显现。

但是创始人却没有任何预设机制来处理这些日常的意见不合。熟人会导致工作上的不正规。

奋进公司里那些表现不好的创业者中有一半拥有共同的问题：他们和合伙人之间少一个股东协议。

在与我们合作的很多公司里，创始人的兄弟姐妹负责市场开拓，一个姻亲控制财务，或者那个宣称“放手不管”的父亲实际上仍然有很大实权。文西斯就是这样：他雇了自己的姐妹们。我也是：我的妹妹丽贝卡，曾经多年担任奋进公司的市场部主管。也许这种结构在一开始还运转得不错，但一旦公司开始成熟起来就会显现重重问题。突然间，不同家庭成员的利益开始出现分歧。拿丽贝卡来说，她离开了公司去追求自己的事业，但在很多例子中这样的家庭成员们早就在苦苦维系一种并不健康的关系了。

这就是为什么在白板上的第二条是：别让熟人左右你的创业公司。也许这听起来很没有人情味，但是还是有很多种方法可以很好地处理这种局面的。

并不是只有奋进公司的创业者才会面临这种纠结。在美国，超过 80% 的公司是家族企业；在美国以外的国家这个比例达到了 90%。而且，看看周围吧，各种商业八卦里充斥了不堪的家族争斗。从宜家创始人英格瓦·坎普拉德的儿子们到鲁珀特·默多克的妻子们，从碧昂丝的父亲到亚瑟小子的妈妈，（“我从来没有解雇我的妈妈，”亚瑟小子告诉奥普拉说，“是我把她从她的工作中解脱出来了。”）在一起工作的家庭成员常常反目成仇。明星厨师兼真人秀电视明星戈登·拉姆齐不得不和他的岳父兼商业伙伴同时也是他最好的朋友——克里斯·哈奇森分道扬镳，因为发现了哈奇森 30 年来一直在给一个情妇和他们的秘密家庭偷偷汇钱。这才真的是后院起火呢！

把这些问题挡在会议室门外的方法就是签一个创业公司的“婚前协议”，一份把各个合伙人的权利和义务都白纸黑字地写明白的文件。

正如婚前协议对一对热恋的年轻情侣来说不可接受一样，起草一份正式的合同给父母、孩子或者是青梅竹马的好朋友也看起来非常尴尬和侮辱人。但我常见的却是另一种令人不快的情况。比如莉拉不得不小心翼翼地穿过了和自己的合伙人兼丈夫离婚的雷区（他离开了公司），并和另一个合作伙伴，也就是她前夫的妹妹琪卡重新谈判，最后莉拉正式成为首席执行官，而琪卡仍然是贝莱扎自然公司的门面。

这些协议是有用的。哈佛家族企业专家约翰·戴维斯告诉我说他的研究结果与我在实际观察中的结论相符。“家族成员必须得先是朋友，”戴维斯说，“避免问题的最好方式就是提前将可能发生的事情白纸黑字写下来，比如有人想退出、变现或者花更长的时间在海滩休闲。如果你为未来准备好一个计划，你们就仍然可以一起出现在家庭聚会上。”

不论股东协议是什么时候发明的，关于股东协议如何发挥作用的生动的例子莫过于露西尔·鲍尔和戴西·阿纳兹的故事了。这个红发的喜剧演员和冲动的古巴人相识于 1940 年时的一个电影片场。尽管她比他大 6 岁，但是两人仍很快就私奔了。在他们鸡飞狗跳的十年婚姻后，他们决定制作一档情景喜剧。当电视台婉拒了这对令人难堪的夫妻后，两人成立了第一个独立电视制片公司 Desilu Productions，并给《我爱露西》投了 5 000 美元。

露西尔和戴西是很精明的激进者。他们坚持要求节目用胶片拍摄，因此节目才得以重播。为了能成为节目的版权方他们自降薪水，接着他们将节目版权卖出了 500 万美元，他们再把钱投回到拥有 33 个录影棚的制片厂——这甚至比米高梅电影公司和二十一世纪福克斯公司都要多。《迪克·范·戴克秀》、《安迪·格里菲斯秀》和《我的三个儿子》均出自他们之手。

然而这对电视国王和皇后从未能改善他们的关系，他们1960年离婚但仍共事。当这种合作关系终于变质时，他们选择了平静理智的方法。“与其让离婚律师们因为我们的错误赚得盆满钵满，我们觉得我们应该从他们那儿赚钱。”露西尔说。在他们的“婚前协议”里，夫妇二人同意：露西尔以250万美元买断戴西的股份。露西尔成了首位知名制片公司的女性首席执行官。5年后露西尔以1 700万美元的价格把公司卖给了派拉蒙影业公司。她担任首席执行官最后的决策是开拍《星际迷航》和《碟中谍》。

不论你是喜剧演员、技师或染发师，请避免犯我们在创业者身上常见的错误：没有股东协议。把你们的合作前提写在合同里。爱露西尔没错，但是你得知道如果有一天这份爱消逝了你要怎么办。

微创新

正如创业开始在近几年成为风潮一样，几个耀眼的故事主导了我们的整个讨论：苹果、脸书、推特。这几个公司的故事有一个共同的特点：他们都是基于巨大的突破性的创意创造了从未存在过的新的市场。

就像这些故事在鼓励他人时能产生巨大影响力一样，它们也同时产生相反的效果：这些故事甚至打击了更多人去追寻他们的梦想或者为某件事全力以赴的积极性。为什么？因为它们给大家留下了一个错误的印象，它们让人们以为成为一个成功创业者的唯一出路是想出一个宏大的、闻所未闻的创意。事实正相反，大多数创业者根本没什么宏大的创意，他们有很多小小的创意。

巴布森学院的教授丹·艾森伯格的例子就是很好的说明。成功的创业者并不全靠创新，他们微创新。他们不创造谷歌，他们创造一个指向性更强的搜索引擎来服务于某个被忽视的市场或者区域。2/3 的奋进公司的创业者们都是从微创新开始的。这个技能有多重好处：从已经被证明可行的商业模式开始会降低风险，小调整相比大调整而言更节省花费，它是有用的。

1999 年，两个毕业于斯坦福大学的阿根廷人马科斯·加尔波兰和赫尔南·卡扎创办了 MercadoLibre（西班牙语，“自由市场”之意），这是一个仿效 eBay 的线上拍卖公司。有的人说他们不过是抄袭者罢了，事实上他们在微创新。公司创立之初，仅有 2%~3% 的拉丁美洲人有上网渠道，而且不论是买家还是卖家，都无法信任当时臭名昭著的拙劣又腐败的邮政系统。于是 MercadoLibre 改变了现有模式。首先，它转而售卖全新产品，而非二手产品，这样买家可以信任产品质量。其次，当消费者对在线拍卖明显不感冒时，公司转而开始定价销售。最后，它促使买家和卖家在咖啡厅或者其他公共场所见面来交换产品，而不是通过邮寄。

公司的创始人成了奋进公司的创业者，其网站成了拉丁美洲第一位的电商平台，服务于 12 个国家的 1 亿用户。在 2007 年，MercadoLibre 在纳斯达克以 4 亿美元的估值上市，6 年后公司市值 60 亿。

微型创新不仅能在公司起步阶段发挥作用，它在公司扩张阶段甚至能够发挥更大的作用，尤其是那种发动机摔碎在地板上的时刻。当你的产品滞销，你的市场萎靡或者你的创意并不那么站得住脚的时候，你总会有冲动想打破成规使出绝望中的最后一击来获得扭转局面的胜利。但是，大动作可能并不适用于这种情况，有时你需要的仅是一个很小的支点。

1957 年，美国杜邦公司的化学工程师威尔伯特·戈尔（又称“比尔”）是公司中一个臭鼬团队的一员。他们发现了一种合成聚合物聚四氟乙烯新的应用途径——那是特氟龙的主要成分。但是杜邦公司对新的应用并不感兴趣，于是比尔离开了公司。当时他 45 岁，还有 5 个孩子需要抚养，他和他的妻子吉纳维芙（又称“维芙”）在他们特拉华州家里的地下室开始创业。他们在结婚 23 周年的纪念日成立了公司。“我们所有的朋友都告诉我们别这么干，”维芙说，“很难描述让丈夫辞职闲在家里是什么感觉。”比尔算了下家里的积蓄，他们大概有两年的时间来创业，否则他就得灰溜溜地回到杜邦公司工作。

比尔所做的事都是从聚四氟乙烯而始的微创新，第一个就是可以使电线和金属管绝缘的带状电缆。两年来比尔试图售卖这种产品，然而应者寥寥。两年的时间近在眼前。“我们几乎就要放弃了。”维芙说。直到有一天，当比尔外出办事时，地下室里的电话响了。维芙正在独自筛聚四氟乙烯的粉末。她接了电话。那是一个来自丹佛自来水公司的人。他想找产品经理。维芙说他出去了。那销售经理呢？也不在。公司总裁呢？维芙说联系不到他。“这到底是个什么公司？”打电话的人大嚷起来。

这个公司的白日梦很快就要实现。打电话的人最终订购了价值 10 万美元的绝缘电缆。比尔的公司拥有不同的产品，但它规模不大。

在接下来的 10 年公司缓慢发展。直到 20 世纪 60 年代中期，比尔和维芙的儿子鲍勃加入公司，他萌生的微创新的想法，改变了一切。

1969 年，鲍勃担心他们的绝缘电缆生意发展缓慢，于是开始用各种方法拉伸聚四氟乙烯来测试它的承受极限，来看它的韧性到底怎么样。因为一个延展性更强的产品能够降低成本、增加利润。但是所有的尝试都失败了。有一天，穿戴实验室白大褂和石棉手套的鲍勃终于受够了，从烤箱里抓起一根聚四氟乙烯绝缘电缆愤怒地猛拉，电缆居然被拉伸到了 5 英尺长。“我简直不敢相信。”他说。鲍勃并没有告诉任何人，因为他担心这可能是个意外。第二天他重新试验了一次，然后召集了他的父亲和同事，如法炮制。“当时大家安静极了，”比尔说，“我们都是训练有素的科学家，所以我们一下子就意识到鲍勃做的这件事的重要性。”

他发明了戈尔特斯（Gore–Tex）。这个在绝望时刻诞生的微创新，让公司通往全新的发展方向——透气面料。比尔很快开始开拓新市场，但并没有放弃公司的老客户们。1969 年公司为美国国家航空航天局第一次登陆月球任务供应了绝缘电缆，现在它向美国国家航空航天局出售的透气面料可以被用来做宇航员们的宇航服。比尔抢占了 70% 的防水外套市场（包括我女儿的雪靴）并成了美国排名前两百的私有公司的一员。公司长达 70 多年的成功，全都来源于从一个单一的拳头产品上一系列的微创新。

这个故事告诉我们创业者应该坚持自己最初的创意，但同时又得有一个开放的心态来研发更有吸引力的产品或者开拓市场。这种方法完美地体现在了“蜗牛姐妹”这个例子里。

奋进公司的创业者玛丽亚和彭妮·芙拉丘在希腊的科林斯长大。2007 年，玛丽亚在瑞士旅行的时候，打电话向彭妮抱怨她吃的蜗牛有多贵——37 欧元一打。彭妮从她卧室的窗子望出去，开玩笑说她可以在她的后院里养殖蜗牛。“我肯定会买！”玛丽亚说。不出几个月姐妹俩就开了一个蜗牛农场并开始向商店和餐馆售卖蜗牛。但是她们无法大量养殖蜗牛，因为蜗牛很容易变质。于是她们改变策略，召集了一众农夫，从他们手里按需购买。

当我们第一次见到蜗牛姐妹时，我内心充满怀疑。“我们关注的难道不是高影响力的创业者吗？”我问。但奋进（南非）的董事长同时也是我认识的最厉害的精算师之一艾德里安·戈尔，告诉我说：“琳达，我一直想从她们的商业模式里找到漏洞，但是我找不到。”这位安永会计师事务所的顶级审计说：“行了，我也想辞职去养蜗牛了！”

彭妮和玛丽亚在每个生死存亡的关头的策略转变，是最令人佩服的。当姐妹俩意识到客户没有时间来收拾活蜗牛时，她们开始售卖罐装蜗牛。当希腊的金融危机摧毁了整个奢侈软体动物的国内市场时，姐妹俩将目光投向海外。“我们在希腊的销售不会提升，”玛丽亚说，“所以我们转向了其他国家。每个问题总有解决的方法。”如今姐妹俩70% 的销售额来自西班牙、意大利和法国的出口额。让一位南非的高管佩服是很厉害，但彭妮和玛丽亚能把希腊的食用蜗牛卖给法国人，这才是我们说的微创新！

为老产品找到新用户是另一种在面对危机时展示灵活性的方法。1914 年，金佰利公司的高管们在环游欧洲时发现了一种棉花的替代品，叫纤维皱纸。他们把这种皱纸卖给了美国军方用作第一次世界大战时期的防毒面具中的过滤层。战后该货品大量囤积，他们本可以关掉该生产线。然而，他们却将产品作为一种卫生卸妆棉销售给女士们。女士们来信说这款产品不错，但让她们很烦的是她们的丈夫和孩子们总是拿这个卸妆棉来擦鼻涕。金佰利公司内部的臭鼬型创业者们马上对此做了记录。公司重新对产品进行市场定位，并包装成一种一次性纸巾，这就是舒洁面巾纸。

不过另一种微创新的方法是你怎样为你的产品找到市场。1959年美泰公司的联合创始人鲁思和埃利奥特·亨得乐在纽约年度玩具展上展示了新的玩偶。这个玩偶取材于德国的名叫莉莉的成人玩具，莉莉因其大胸和性感服饰而成名。亨得乐夫妇减淡了玩偶的浓妆但是留下了她的胸部设计。“如果这个娃娃能赢得全世界小女孩的喜爱，”露丝说，“那跟一个平胸的娃娃玩就有点儿愚蠢了。”夫妇俩以他们女儿的名字芭芭拉为玩偶命名。他们管它叫芭比·米莉森特·罗伯茨。

亨得乐的计划同所有玩具公司惯常做的都一样：将芭比的市场推广瞄准妈妈们。但当妈妈们看了眼这个“凹凸有致的娃娃”时，她们的内心是拒绝的。“她的身体太不现实了。”她们说。（而且她们也不希望自己的丈夫盯着娃娃看。）这是亨得乐夫妇的“发动机摔在地上”的时刻。不过他们没有惊慌，他们转变宣传策略，做了件美国商业史上闻所未闻的事：他们的广告直接面向孩子们。芭比的首次亮相是在1959年《米老鼠俱乐部》节目中的电视广告里。公司当年卖出35.1万个芭比娃娃。

不过20世纪的终极微创新领导者非亨利·福特莫属。拿T型车来说，他升级了现有车型的变速器，改善了发动机，并提高了悬架高度。他还研发了一种新型钢材，这种钢材更加轻盈并且坚韧度是以前的 3 倍。正如他所说："我没有发明任何新事物。我只是为车组装了其他人积累了好几个世纪的成果。"福特最重要的微创新是他将方向盘由右侧改至左侧的决定。在此之前，司机们担心会将车开到沟渠里，所以他们更想看到他们的外侧车轮。福特正确地预料到未来司机们会更担心迎面车流所以会更想坐在靠近路中间的位置。

我告诉我的创业者们："不要总是想一口吃个胖子。"在成功和失败的时刻，有时更聪明的选择是做一些渐进的调整。全新的创意可能会更博眼球，但微创新能占据更多的市场。

集中注意力

但是不要让微创新分散了你的注意力。抵御住内心想要开发十几个不同产品和零散的项目的冲动，集中注意力。

2011 年一个加利福尼亚州的企业加速器着手了解了有哪些创业公司逐渐发展，有哪些失败了以及相应的原因。它发现了一个问题：企业转型有最佳次数吗？为了弄清楚这个问题，研究人员着手了解公司对自己产品线的改进次数。研究人员对比了没有做出改变的创业公司，做出一到两次改变的创业公司和超过两次改变的创业公司。

他们的发现：比起改变过超过两次或完全没改变过的公司，那些改变过一到两次的创业公司筹集到了比另两类公司多 2.5 倍的资金，拥有超过近 4 倍的用户，并且如果同样在条件不成熟的情况下扩大规模比它们低 50% 的风险。总结起来就是：对待改变要心态开放，但不要太开放。

2010 年苏吉安托 · 谭迪欧接手了他妻子在印度尼西亚的家族塑料公司 Tirta Marta。40 年来，Tirta Marta 公司一直都在销售软包装产品。但苏吉安托有别的想法。曾受训于 3M 公司的他立刻将公司带上了一个新的方向。他重新将公司的关注点放在“环境友好型”创新上。他最大胆的创新是用木薯做出一种塑料的聚合物来，是的，木薯！这成了世界上第一种被“一生公平交易计划”（Fair for Life）认证的生物塑料。它既能帮助改善环境，又能为当地农民创造就业。零售商蜂拥而至，公司的塑料制品的市场占有率达到了 90%。当苏吉安托申请成为奋进公司的创业者时，他正在建造一个强大的绿色环保公司。

但是我们的商业专家发现了一个问题。“他在印尼推销得不错，而且他可以解决一个世界难题，”其中一位专家说，“但是他的商业模式和产品太多了。”奋进公司的一位董事会成员乔安娜 · 李斯说：“他花了太多时间讲如何制造生物降解钢笔，那完全是另一种生意。他需要全神贯注。”

审议长达一个钟头，但是最终讨论组决定支持他。当评委们被问到有什么建议时，乔安娜毫不犹豫地说：“放弃那些笔！”

一年后 Tirta Marta 专注于扩展海外市场和制造一种环保的家用购物袋，生物降解钢笔再也没有出现过。

也许精力充沛是创业者的一种强大能力，但它也可以导致注意力分散。很多创业者就犯了在他们的品牌还未在本地站稳脚跟时就想着扩张的错误，或者是他们本来的生意才刚刚有点成绩，他们就开创新产品线。

下面我将以两家著名公司为例来说明这点。

史蒂夫·乔布斯是一个极度自律和专注的人。他最初意识到这点是当他大学辍学在雅达利公司上晚班的时候。雅达利公司的游戏从来没有说明书，必须简单到一个喝多了的大学新生都可以搞明白是怎么玩的。它的《星际迷航》游戏唯一的游戏说明是：第一，塞进 25 美分；第二，躲避克林贡人。

当乔布斯在 10 年之后也就是 1997 年重回苹果公司时，公司正在生产各种不同的电脑和其他设备，包括 12 种不同版本的苹果电脑。“哪些是我想让朋友们来买的呢？”乔布斯问。经过几周的反复测评，他终于受不了了。“行了！”他在一个策略讨论会上大喊。他拿起一张白板，把库存垒起来，把白板立在上面（是的，一张白板，他认为白板可以让人集中注意力），在上面画了一个两行两列的表格。他在两纵行分别写下了“消费者”和“行家”，两横行写下了“台式”和“便携式”。“你的任务，”他跟他的团队说，“是把注意力集中在这 4 种产品上，每一项一种。其余所有的产品都应该撤销。”回应他的是惊人的沉寂。

但乔布斯并未止步于此。接下来他问他的高层经理们：“哪 10 种产品是我们接下来该做的？”在使出浑身解数之后，团队列出了一个单子。乔布斯划掉了从下往上的 7 种产品并宣布：“我们只做 3 种。”

正如乔布斯所言，“决定不做什么就像决定做什么一样重要。对公司而言是这样，对产品而言亦如是”。

索尼公司的做法和这恰恰相反。正如《纽约时报》在 2012 年指出的那样，曾经的创新标杆索尼公司已经 4 年没盈利。一位索尼公司的前高管承认说："索尼公司做了太多产品，但没有一种产品可以说'这一款是我们最好的最前沿的科技产品'。"

这给创业者上了一课：不要让你的产品和太多的周边产品或者服务搅在一起。专注于你擅长的，并充分发挥其价值。

想想那个经得起时间考验的最典型的玩具公司吧。1932 年，一个潦倒的丹麦木匠奥尔 · 柯克 · 克里斯琴森开始制作木质玩具：猪猪储蓄罐、悠悠球、小汽车。他在员工之间组织了一个给公司起名字的比赛，奖品是一瓶自酿红酒。两名选手进了决赛，克里斯琴森却自己起了名字——乐高，这个词是丹麦语"好好玩"的意思。（估计他还自己留下了那瓶自制红酒！）

第二次世界大战期间丹麦的父母们买乐高玩具来让孩子们放松，但战争也导致了木材的短缺。于是，1947 年，克里斯琴森买了一台塑料注模器并生产了一系列可以拼接、堆砌的方块。客户们对此十分厌恶，他们还是喜爱那些木质的玩具。多年来公司不停地提高玩具质量，并缓慢壮大。在 20 世纪 70 年代，当婴儿潮时期出生的人成为父母以后，他们认为这些积木非常具有教育启蒙意义，乐高积木的需求上升，于是乐高集团的利润每 5 年就涨了 1 倍。

但在 20 世纪 90 年代，大量的仿制品进入市场后，打击了乐高积木的销售。针对这种情况，乐高集团开始疯狂创新。设计师把积木设计成不同的颜色，配合《星球大战》和《哈利 · 波特》主题贩卖，甚至还有乐高首饰。乐高的零件数量从 7 000 块暴涨到 12 400 块。但这几乎毁灭公司。到了 2003 年，乐高就像一个 4 岁小孩做出来的无法站立的科学怪人，濒临破产的边缘。“我们几乎是进行了一场创新式自杀。”一个资深高管这样说。于是克里斯琴森家族请了一位前麦肯锡咨询师担任首席执行官。他卖掉了公司的很大一部分，砍掉了很多项目，外包了生产线。同时他发布了严格的命令要求将公司重心回归到那些积木上。每一款乐高玩具必须由设计师投票。于是积木数量一下子又重回了 7 000 块。

乐高集团的销售额飞涨，几乎每年上涨 25%。2012 年，公司估值达 150 亿，超过美泰公司（也就是超过了芭比），成了世界上最有价值的玩具公司。

试验、探索、扩张都是创业的一部分，但是有时你必须做相反的事情。有时最好的选择是拒绝那些闪耀的新事物，忽视那些分散你注意力的东西，不要给自己制造更多的麻烦。你的发动机不是只摔在了地板上，它是因为你没有关注真正重要的事物而摔的。别着急，你之后会有很多时间扩张公司的。现在，你要做的是集中注意力，回到那些让你开始创业的最核心的创意上。

梦想要大，但要从小处着手

这是创业者渴望的来自公关之神的毫无征兆的馈赠。2012 年 12 月，*Slate* 杂志（美国知名网络杂志）评论员法尔哈德·曼朱写了一篇关于连帽衫的文章。这种连帽衫是旧金山起家的创业公司 American Giant（美国知名服装品牌）售卖的。他称其为“有史以来最好的连帽衫”。“其他的品牌跟 American Giant 相比真是相形见绌，”曼朱写道，“当你穿上这个连帽衫，你会开始怀疑为什么其他的衣服不能和这件做得一样好。”

故事很快病毒式传播开来。美国广播公司、美国公共广播台还有英国广播电台都做了后续报道。36 小时之内，这个公司的连帽衫销售一空。“我们的货架被清空了。”公司的创始人贝亚德·温斯洛普说。

真是一个鼓舞人心的大获成功的故事啊，是吧？

完全不是。公司无法满足市场需求。那些货架在之后的 6 个月里都是空的。一位怏怏不乐的顾客在 *Slate* 上评论说：“也许这家公司能制作世界上最好的连帽衫（我会自己评判如果我订的那件连帽衫有一天能寄到的话），但是它显然不擅长扩大规模来满足因为这篇文章而带来的需求。”

这个问题对温斯洛普来说显然更加痛苦，因为在创立这个公司之前，他就是一名公司扩张专家。他就是那个当公司计划扩张却无能为力时要找的人。现在情况却相反。“库存计划、公司系统、扩张能力……理论上都没问题。”温斯洛普说。但当你的执行力与你的计划不符，你就会面对记者们所说的灾难式成功——一夜成名会变成一夜完蛋。

梦想大值得钦佩，但如果你无法将小事做好的话，别指望你的远见会成真。

2011 年，一群自称“黑匣子”的创业者、风险投资人和硅谷学者，开始辨别他们所谓的科技创业公司基因组。“超过 90% 的创业公司都会失败，”这个小组在一份名为《创业基因组报告》的文档上写，“主要原因是自我毁灭而不是竞争。”他们说，即使是那些成功的公司，也是在发展过程当中经历了几次濒死体验的。

黑匣子创立了一个拥有 3 200 家高速发展的互联网创业公司的数据库，并且收到了来自 650 家公司的深度反馈。他们的第一个结论是：不成熟的扩张是创业公司失败的最常见的原因。3/4 的公司因为这个原因失败。想想看，成功最严重的威胁不是糟糕的产品、糟糕的设计或者缺乏资金，发展路上最大的障碍是太早试图扩张。或者像报告说的那样，创业者们“会很早失败因为提前想了太多”。

一些这些公司失败的常见原因有：

1. 制造了一种并未解决问题的产品
2. 在获取客户方面花费太多，而在完善产品上花费不够
3. 盲目发展，忽略用户反馈

这些原因的共同强调的就是：不要提前想太多。就像一个被采访者说的“扩张就是在打开加速器之前确保机器准备好了提速”。基因组报告甚至得出了一个具体的数字。那些采用一步一步扩张策略的公司要比普通的公司发展快 20 倍。

我在奋进公司中见到过这样的例子。当马克·张 1997 年在马来西亚开设了 JobStreet.com 时，他以为他的公司，这个类似 Monster.com（美国知名招聘网站）的招聘网站会给他带来一份稳定的收入，并无其他期待。“我真的以为这就是个小网站。”他说。但当他开始获得有效流量后，每个人都在问：“为什么你不把它扩展到整个亚洲呢？或者要不要上市？”“那时候人们就像在白白送你钱一样，”马克

说，“忽略他们的建议会让人非常疲惫。”

因为与生俱来的保守态度，张的关注点在开发软件上，包括给壳牌公司和戴尔公司做的自定义工具。他还雇用了一个经验丰富的首席执行官来辅助他的工程技术。他避免了快速扩张。这些孜孜不倦的辛勤工作的结果？张挺过了 2000 年的互联网泡沫破裂，而他大部分的竞争者都因此倒下了。他同样平安度过了 2008 年的经济危机。现如今张是奋进（马来西亚）的董事会成员，而 JobStreet 被认为是东南亚最成功的互联网公司之一。在 2014 年它以 5.24 亿的价格被收购。张以特有的低调方式迎接了这个消息。“我们只知道‘kerbau way’，”他说，暗指印尼的水牛，“拼命耕耘等待雨水。”

来自墨西哥的创业者米格尔·安吉尔·达维拉明白如果真正想做到这样有多难，尤其是当每个人都想打压你的时候。作为哈佛大学毕业的一名工商管理硕士，达维拉觉得是时候改变墨西哥的“砖头和棍子”看电影的方式了。这种方式是指“你带一块砖头用来坐，带一根棍子用来赶走老鼠”。于是他和几个朋友开了 Cinemex，一个舒适的连锁电影院，拥有先进的投影仪、环绕声效果和阶梯形座位。他告诉我他最大的资产是一个小创新：在爆米花上放青柠汁和辣酱而不是黄油。

但是，他最大的挑战却远远不像好莱坞那样闪耀：墨西哥工会对电影产业有长达 70 年的神秘的规定，比如其中一条是任何卖软饮的电影院都不能够卖食物。当工会抵制他的开放日时，达维拉去争取了劳动局的支持，后者最终和 Cinemex 站在了同一阵线。工会由一些更加现代的工人力量取而代之。达维拉努力工作来满足员工和客人，10

年后天降甘霖：Cinemex 以 3 亿美元出售。

现任奋进（墨西哥）董事会成员的达维拉常常建议创业者不要试图跟那些快速、爆发式增长的公司相比较。“那种情况都是哈雷彗星，”他说，“几十年才有那么一回。”他的建议是“搞明白人们需要什么，找到一个方法做得比其他所有人都好”。

这个故事告诉我们：不要从 0 一下子变成 60。梦想要大，但是要日积跬步。

一口一口吃掉大象

一天当我把白板靠在墙上的时候我突然意识到，这些从上百个不同的对话和几十个不同的场景里产生的创意都有一个共同的主题。这个主题和我在创业初期的众多建议也是一致的。

我们总认为创业是一个宏大的、可怕的、孤注一掷并横扫一切的创新行动。事实上，它并非如此。创业让你不断锻炼你的情绪来适应情况，在出现问题时又能缓解情绪。创业让你采取勇敢的行动来打破成规，但是又让你以一系列明智的步骤来打破成规，这样你也就不会崩溃。创业让你敢于直面风险又理智规避风险。

它需要通过谨慎的步骤来实现大胆的梦想。

关键就在于你必须要反其道而行之，也许有时要和你自己的本能作对。当你的道路看起来顺畅并且很稳定时，给它增加一点变量。推自己一把去想一些新点子，推动一个危险的想法，让每天变得不平凡。正如我所说，要逆势而动。

但当你的道路艰辛且充满不确定性时，我强烈建议你不要撂挑子就跑。冷静下来，缩小你的选择范围；找到对的人来支持你（并且剔除那些不合适的人）；有目的地改变；实现你的承诺。

继续前行。

记者本·舍伍德多年间采访了许多突发情况，包括飞机坠机和狮子伤人。在他的畅销书《幸存者俱乐部》中，他说很多幸存者有一种共通的心智："在危机中，他们保持警惕、采取行动并且接收信息。他们思考，他们计划，然后采取行动。他们绝不会恐慌，被吓呆或者被击垮。"

"在空军生存学校，"舍伍德解释说，"人们会学习一句著名的格言来战胜不知所措的时刻——你吃一头大象的时候要一次吃一口。生存是一头巨大的坏脾气的动物。如果你试图一顿饭就吃掉一头 15 000 磅的动物，最终你不是放弃了就是会因此而生病。生存的关键在于慢慢地处理。吃一小口，咀嚼，咽下去，然后再吃一口。"

同样的原则也适用于创业者们。里德·霍夫曼在奋进公司的峰会上也向我们的创始人们表达了同样的观点。他说很多大佬们把创业比作跑马拉松或者坐过山车，但他不同意这些类比。相反，里德把创业的困难和那些开拓美国西部的先锋者面临的困难相提并论。"为了开疆拓土，"他说，"他们不是一天就画好了地界。他们把整个行程拆分成了很多次的小阶段。一步步，一天天，他们才越来越接近梦想。"

发展壮大并不总意味着要快速。在扩大规模的阶段为了从大量的考验中存活下来，往往需要在某个时段放缓速度。正如亨利·福特所言："如果你把一件事拆成很多件小事来做，任何事都没什么难的。"

他的经验又给我们上了一课：下次当你的梦想在地上摔得粉碎时，深呼吸，捡起它，回去工作，并且把这一刻和你看待你的T型车那一刻一样记下来。

第六章

领导力 3.0

在联合创立了奋进公司的4年后，我的助手炒了我的鱿鱼。当时我正在去马萨诸塞州剑桥市的路上，我要为哈佛商业学院的一年级新生致辞。那是我第一次将奋进公司作为一个商业案例讲给大家听。（也是那天别人介绍我说我是个“跟踪狂”。）后来我有点飘飘欲仙。那天就像是我自己创业旅程中的一个里程碑，我非常兴奋。后来我的助手贝尔打来电话。

“琳达，你还记得你要授权这个月的工资发放吗？”她问。

“不，但是我保证肯定有人已经帮我做了。”我说，“现在我可以告诉你今天我经历了什么吗？”

“别人！”她说，“你是首席执行官。没有别人可以授权工资发放。”贝尔停顿了一下。“就这样吧，”她继续说，“你被解雇了。你不能再负责工资发放了。你可能没有意识到，但是你的雇员们还需要钱付房租呢。”

“雇员？”我思忖着，“我并没有雇员啊。”在我的观念里，当时那8个在奋进公司纽约办公室工作的人是我的队友。我不是他们的老板，我是他们的合伙人。没有等级制度，没有官僚主义，没有流程。

我们是一个创业公司，我们齐心协力。

我的组织里最年轻的一个雇员——贝尔教会了我一堂成人世界的课程。我不仅仅是一个创始人、一个队员、一个创业者，我还是一个领导者。而且我最好赶紧学习如何带领团队，否则我将不会拥有一支可以信赖的队伍。

那次突如其来的警醒之后的很多年，我目睹了很多创业者都在扩张的路上在同样的错误上犹豫不决。当创立了他们的公司并且使公司步入正轨后，创始人有时会忘记他们还必须经营这个公司。不论他们以前怎样穿着睡衣工作、在车库里捣鼓或者大半夜地发邮件，现在他们拥有了不错的办公室、正规的雇员、像样的会议室，但他们仍然以创业时的疯狂模式运营现在的公司，因为他们并不知道还有什么其他的方法。

即使摸索行事不是一个好方法，但是全凭那些伟大的创业者的经验行事也并非行之有效。大多数有关领导力的书都充满了来自将军、奥运会冠军和大公司巨头的研究，但这些人的经验大多数都不适用于运营一个快速灵活紧张的小公司。杰克·韦尔奇和一个平凡创业者之间的共同点可能就跟一架飞机和一个冲浪板之间的共同点差不多。

我想为创业者的领导方式找到“金发姑娘规则”——既不像成熟完善的机构使用的非常“强硬”的规则，也不像那种只适用于大家都穿着 T 恤上班的创业公司那样“随便”。领导力 3.0 是我给这些新技能的一个称呼。这些技能包括：在增长中保持灵活，指引社交媒体的方向，适当冒险地对你的团队敞开心扉。

我见到的每个人都在找寻这些技能。跳得高的羚羊型创业者显然需要这些。当我们询问奋进公司的创业者他们在发展事业时最需要什么的时候，领导力的提升时时被提起。任务驱动型的海豚型创业者和关注生活方式的蝴蝶型创业者同样都对领导力困惑不已。在学校门口接孩子时，我跟一位在她的客厅经营着一个设计商店的母亲聊天，当时她正要雇用她的第一位员工。“假如他们不按我说的做怎么办？”她问。

但让我惊讶的是，甚至内部创新的臭鼬型创业者和大公司的高管，那些我以为早就明白领导力是怎么一回事儿的群体，也在寻求指导。近几年我被邀请去了许多《财富》杂志 100 强公司做关于领导力 3.0 的讲座。起初，我很好奇这些拿着五年规划的商场老手能从这些多变的每 5 分钟就要改变计划的创业公司身上学到什么。结果我发现这些产业领导者如今将他们的基础设施和深思熟虑看作是一种负担而非财富。

对于公司领导来说，最大的风险就是不够灵活。

随着越来越多的创业公司开始从大公司那里分一杯羹，这些高管发现他们自己的情况可以借用电影《当哈利遇见莎莉》里一句有名的台词来描述：“给我来份跟她一样的。”

所以成功的创业型领导者到底做对了什么呢？在我看来，他们有 4 点共同的特质。它们是：

1. 敏捷（Agile）
2. 社交力（Accessible）
3. 警觉（Aware）
4. 本真（Authentic）

课堂上也许3R定律就够了，但对于管理层来讲是4A定律。请听我一一讲解。

敏捷

几年前的一个晚上，我的丈夫走进卧室宣布说他想让我们成为一个敏捷的家庭。我从未听过“敏捷”这个词还能这么用，他开始滔滔不绝地向我解释起来。

1983年，一家金融公司的首席技术专家杰夫·萨瑟兰为软件开发的功能障碍感到震惊。公司采取的是瀑布模式，在这种模式里高管从更高层那里接到指令然后一级级往下传到备感折磨的工程师那里。83%的项目都失败了。萨瑟兰成了一个臭鼬型创业者。他设计了一个新的系统，创意不再是自上而下传播，而是从底层进行渗透。在他的这个“敏捷模型”里，员工们被分成了一个个小团队，每天聚在一起反馈进度，自由地试验，很快成功或者迅速失败。

如今敏捷性在100个国家里都是一个日常实践，并且这种技巧同样也走进了管理层的办公室，从谷歌到脸书到TED。很多奋进公司的创业者都依靠着它。文西斯·卡萨尔斯告诉我利用敏捷性是他做过的最好的关于领导力的决定。这提醒他，他并不总是对的，好的创意来自他公司的每个角落。（与此同时，如果问文西斯他这辈子做得最好的决定，他会告诉你是和贝尔结婚，就是那个强势地开除了我的助手！）

因此，我的家庭也采用了一些敏捷性的技巧，包括用一种全新的方法减少晨间混乱和召开每周家庭会议来回顾事务进展，还有要吃更多的蔬菜和少一点儿大吵大嚷。（是的，这点家长也要遵守。）TED 团队对这个创意太着迷了，他们甚至要求我的丈夫布鲁斯去做一次 TED 演讲，主题是“敏捷编程——为了你的家庭”。

更重要的是，我开始意识到为什么敏捷与创业者是息息相关的了。尽管条条大路通罗马，但是有 3 点特别适用于领导者：持续不断地试验，小型自我管理的团队以及拥抱失败。

首先，敏捷领导者不会发布死板的五年计划。他们鼓励自己的团队不断去调整和试验。1993 年当张瑞敏作为首席执行官执掌海尔时，古板的冰箱公司差点儿破产，并且面对国际品牌通用电气公司和惠而浦公司毫无竞争力可言。张瑞敏将公司拆分成了 4 000 个团队，并鼓励他们更加自主，专注为顾客服务。苦苦挣扎的客服团队牢牢记下了张瑞敏的话。他们发誓要在电话铃响 3 声之内接听电话，并在 3 个小时内派出技术人员。

不久之后，一名技术人员接到一个来自四川乡村关于洗衣机堵塞问题的电话。他很快发现洗衣机的主人一直在用洗衣机清洗他新收获的土豆上面的泥巴。技术人员没有责怪这个农民，而是反馈给海尔的工程师，并附上了一份调查报告，报告显示很多中国用户都因为清洗农产品堵塞过自己的洗衣机。工程师们迅速反应，发明了一种可以清洗土豆还可以削土豆皮的机器。他们还制造了一种模具可以为内蒙古牧羊人将牦牛牛奶搅拌成黄油。这些实验引领海尔获得了洗衣机行业的圣杯——他们发明了一种不用放清洁剂就可以洗衣服的洗衣机。2013 年，海尔连续 4 年成为世界第一的家电品牌。

其次，敏捷的领导者会将他们的成员分成小型自我管理的团队。大量数据表明一个工作小组越紧密，工作成果越好。传奇广告大师乔治·路易斯，曾是施乐公司、Tommy Hilfiger（美国知名服饰品牌）和 MTV 背后的平面图像大师，他也是《广告狂人》里唐·德雷柏的原型。他认为团队规模是成功的关键。“如果你有 10 个聪明绝顶的成员，你将一无所获。”路易斯说，“你办公室里可能有诺贝尔奖获得者，那你办公室里就有大麻烦。”团队应该多大合适呢？“房间里超过 3 个人就不会有什么好事儿了，”他说，“完全不会有。”

杰夫·贝索斯同意这个观点。他在亚马逊发明了一个“两个比萨”原则：如果一个团队的人数达到两个比萨吃不饱的时候，那这个团队就太大了。在公司的一次集体活动中，当有人表示大家这样交流更顺畅时，贝索斯站起来说：“不，这样的沟通简直糟透了！”他倾向于一个去中心化的、甚至杂乱的公司，因为那样的话独立的观点要远远活跃于团队的观点。现在亚马逊 90% 的工作都是基于敏捷方法论而运行的。

最后，敏捷型领导者并不惧怕失败。甘愿承担风险对一个在创业初期的创业者至关重要。托马斯·爱迪生就他迭代灯泡实验说过一段很出名的话：“我不是失败了一万次，我一次都没有失败，我成功地证明了那一万种方法都不可行。当我排除了那些没用的方法后，我将会找到那种有用的方法。”

但对于刚起步的领导人来说，不失败重要，但放手一搏更重要。大型公司里很多最富有创意的想法从未为人所知，因为那些想出创意的臭鼬型的创业者太害怕在推销这个想法的时候失败了，担心让自己的老板丢脸或者被拒绝。在 2013 年的一份对 500 家美国公司的调查中发现，将近 40% 的受访主管表达了对错误或失败承担责任的焦虑，害怕失败成了他们主动做事的首要绊脚石。他们觉得最好保持现状，做好分内之事即可。

现在越来越多的公司都在回归初心，想找到方法来创造一个失败豁免区。有一家公司，它就带有失败的天然属性。1953 年，诺姆·拉森，圣地亚哥年轻的火箭化学公司的负责人，正尝试解决一个航空工业长久以来的问题——生锈。一家领先的国防公司——通用动力公司，正在研制美国第一枚洲际弹道导弹，但是武器的外壳总是被腐蚀。拉森考虑水驱溶液可以让钢铁表面保持干燥。

他的第一个配方没有成功。第二个也失败了。他的第三个、第四个和第五个方案没有一个成功。在第三十九次尝试时，拉森还是差那么一点儿。但是他第四十次尝试时，突然发现一杯装有油和碳氢化合物的物质可以防水。

通用动力公司从他这儿采购了第一批产品，产品的效果好极了，员工们开始偷偷把产品装到饭盒里带回家，用来修理生锈的汽车零件和吱吱作响的门。拉森不禁想：为什么不直接向大众售卖呢？他把他的神秘配方放入喷雾罐中，很快这种蓝黄相间的罐子就席卷了整个美国。拉森称这种产品为 WD–40，这个名称的含义记在了他实验室的本子上：水驱溶液，第四十款配方。

现在 WD–40 公司仍然坐落于加利福尼亚州。首席执行官盖里·里奇把失败放在了公司日常工作的中心位置。公司鼓励 300 名员工分享每种情境下积极和消极的结果。“我们对失败并没有惩戒。”他说。公司没有“打地鼠”文化，在那种文化里当有人尝试了新事物但没有成功时，他/她就会被其他人打击。“在WD–40公司，我们没有失败，”里奇说，“我们有学习时间，我们让员工有机会谈论那些出错的事情。”

客户常年抱怨他们总是会丢失和WD–40罐配套的红色吸管，一个专门为解决这个问题而建立的团队一直无法解决这个问题。后来他们接洽了一家外包设计公司，想出了一个直接安装在盖子上的“智慧吸管”。新的装置让每个罐子增加了1.25美元的成本，但是顾客们都欣喜若狂。有个人写道：“简直太及时了。”里奇在1997年接管公司时营收为1.3亿，10年后变为3亿，员工保有率是国家平均水平的3倍。

另一个强烈支持这个观点的人是斯科特·库克，财捷公司的联合创始人和执行委员会主席。他在2011年《经济学人》会议上说，在商界的35年让他完全转变了对于领导力的想法。“我父亲在第二次世界大战的美国部队里学到了领导力。”他说，“在他那个年代，领导就是制订计划，做决定并告诉人们做什么的人。就像艾森·豪威尔计划诺曼底登陆一样。在我们的时代，领导者更应像托马斯·爱迪生，领导力的新技能都来源于实验。”

库克举了一个财捷公司开发的报税产品TurboTax的5个臭鼬型创业者组成的团队的例子。这个团队最初的创业想法是：如果人们可以在手机上填好自己的纳税申报表，他们就不用花钱雇税务顾问来做这件事了。团队的第一次实验失败了，但是第二次实验却让他们感到惊讶。当顾客们上传了他们的纳税申报表之后，准确率提升了。这5

个人开发设计的 SnapTax 在 2011 年 1 月上线，两周内它就以 35 万的下载量成了安卓和苹果应用商店里排名第一的金融应用程序。

“当老板们做决策的时候，”库克说，“这些决策取决于政治、说服和演示文档。”当领导们将利力下放给自我驱动型团队时，总是会产生脱颖而出的创意。

而且，拥抱失败永远为时不晚。印度的商业大亨拉丹·塔塔在他职业生涯的晚期发生了彻底的改变。这位 75 岁的高管掌管着拥有超过 100 家公司的一个大集团，经营范围从软件到钢铁到茶叶，每年创造 1 000 亿美元的价值。在他做董事长的最后一年，塔塔组织了一场不同寻常的比赛：颁奖给最佳的失败创意。“失败是一座金矿，”他说，“这是培养创新、保持公司活力的唯一方式，并且能鼓励员工尝试新鲜事物。”

相信这位全球商界大佬之一的话吧，不要恐惧失败。

要成为敏捷的人。放下长远计划来适应不断的变化；抛弃官僚主义来重组吃两个比萨就够的团队；打造一种文化来奖赏创新和偶尔的失败，而不是无脑的重复劳动。

要时不时地打破常规地为某人的失败点赞。

社交力

马克·贝尼奥夫是 Salesforce（美国知名软件公司）的创始人和首席执行官。他正在主持一个有退役将军科林·鲍威尔及通用汽车的主管杰弗里·伊梅尔特参加的讨论会。当时正在举行 Salesforce 技术会议——2012 年 Dreamforce 大会，会议主题是领导力。

鲍威尔最先发言。“我出生在模拟信号时代，”他说，“我一直迫切地试图跟上这个数字化世界的脚步。”贝尼奥夫指出他做得不错。这位前国务卿在脸书上拥有将近 300 万粉丝。鲍威尔说如今的科技产品多如雨后春笋，领导者们会有和大众缺乏沟通的风险。“年轻人更懂得数字化的沟通手段，所以你必须得跟上他们的节奏。”他说。领导者再也不能置身事外地等着问题上门了，他们必须主动出击并且和各种不同层级的人打交道。

伊梅尔特同意这种说法。“在我的世界里，我总是在跟公司规模和官僚主义做斗争。”他说。伊梅尔特为此曾做出最重要的努力就是让通用公司回归它创业精神的根基。伊梅尔特引用“伟大的哲学家”迈克·泰森的话来说明像通用公司这样的大公司必须更加灵活：“每个人都有自己的计划，直到他们的嘴上挨了一拳的那刻。”这一刻大多落在了像他一样的高管身上，他们需要跟员工有更多的交流，科技帮助了他们。

“社交媒体给了我直接和客户、员工沟通的渠道。”伊梅尔特说。通过数字化平台，他现在可以直接从自己的销售团队那获取原始数据。他以此来向管理层及企业链施压，说：“大家伙儿，这是怎么一回事？”同时，他说社交媒体让他成为一个更加开放的领导。“你必须愿意去分享更多的东西，你最好知道该怎么办”。对伊梅尔特来说，这意味着向通用公司员工发表内部博客。“两年来我一直在写。这是我的声音，我的信息，我的方式。”他又干巴巴地补充道，“我不会让我的顾问看到博客。”

伊梅尔特不是一个人。2012 年，万博宣伟公司调查了 10 个国家的高管后发现首席执行官们的“社交力”在前 2 年上涨了 1 倍。2/3 的首席执行官在公司网站上发布帖子，一半的帖子发布在公司的内网上。一些公司高管如万豪国际集团和美捷步的领导会发布博客，另一些人如鲁珀特 · 默多克、玛丽莎 · 梅耶尔和理查德 · 布兰森喜欢发推特，谷歌的创始人仍然习惯于和员工们进行面对面问答。WD–40 的盖里 · 里奇每天给员工发送鸡汤格言并许诺会在 24 小时内处理每一个投诉。

一旦你选择互动，你的团队就会买账。在万博宣伟公司的调查里，一半员工认为当他们的首席执行官使用社交媒体以后，他们感到备受鼓舞。

我是从经验教训中学到这一切的。在带领奋进公司的团队初期，我一直有糟糕代表的名声。我被认为是性格多变、多管闲事并且不愿放权的那种人。更糟的是，我对如何领导一个成长中的团队毫无头绪。如果我真的想壮大公司，我必须同样遵从我给创业者们的建议：招募有经验的高级经理。

于是我招了一个首席运营官。不到一年，她抱怨说每个人有事儿都绕开她而直接来找我，于是她辞职了。一年后我找了第二个首席运营官，没多久就看出整个团队和他合不来。“和我们的文化相比，他太有大公司的官僚气质了。”他们说。我不得不让他离开。此时我已经让形势更加恶化。在大家的议论中我的形象也是一跌再跌，甚至当我已经招了好几个从戴尔、彭博社和硅谷来的厉害的高级副总裁后，抱怨声仍未停止。

此时我们已经面临危机。也许以前我们整个办公室吃一个比萨也够了，而现在我们已经到了需要一卡车比萨可能才能喂饱我们的地步了。奋进公司那时的全职员工已经接近300人。我需要一个合伙人。于是我打电话给费尔南多·法布尔，他是一个经济学家，同时也是奋进（墨西哥）6年来的总经理。我们公司里的创业者都非常尊敬并喜爱他，世界各地的成员对我有意见时，大家会先去找他。（这让他非常忙碌！）

“嗨，费，最近好吗？”我说。

“不错，你呢？”

“棒极了。如果让你做奋进公司的首席执行官你怎么想？”

电话那头一片寂静。

我继续说。

“你知道我们的组织正在扩大，我的重心会在公司外部，所以我们需要一个强有力的人来做日常管理。我觉得你——”

他打断了我的话。

“琳达，我明白，”他说，“但是我不会接受这个失败的首席运营官的头衔的。如果你愿意让我成为奋进公司的主席，那我才会接受你的提议。”

我愿意，于是他同意了。费尔南多搬去了纽约，我们的新时代就此开始。但在某个时刻我突然又搞砸了。不是费尔南多这边，而是和其他所有人。我当时认为既然有了新主席和其他高管，我们就开始像一个成熟的组织了，于是我做了一件我以为成熟的组织会做的事：我组织了高级管理层会议。

这些会议捅了大娄子。首先，费尔南多被迫在这些会议之前组织无数场计划会和会议之后大量的总结会。“我的日程被关于会议的会议挤满了。”他说。其次，这些会议在侵蚀我们的文化。以前，奋进公司是一个“公社”型的组织，现在“内阁”在一个玻璃墙的会议室里开会，于是每个人都可以看到他们并没有被邀请。毫无疑问我需要新的领导方法。

这个解决方案就是社交媒体。在我们团队的一些年轻成员的建议下，奋进公司采用了一个面向职场人的社交网络平台，供员工提出问题、评论和发表疑虑。费尔南多不遗余力地让每个人都爱上这个平台。为了鼓励团队成员发表每周总结，他想出了不同的激励手段来敦促团队成员发布每周总结。（其中包括一瓶富有他的故乡特色的龙舌兰酒。）费尔南多开始自己点评足球比赛。我向他发起了一场关于谁能在这个平台上获得更多“点赞”的挑战。

计划奏效了。我们整个团队着迷于使用这个社交网络平台，有时甚至更喜欢用它而不是邮箱。创意层出不穷，大家纷纷建立了新的联系。奋进公司又回到了那个作为创业公司时富有协作精神的公司。至于那些“内阁会议”，早就消失得无影无踪了。

要是列举领导人是怎么不得不走出罩在他们身上的气泡的终极例子，可能就得来说说这个生活在最大的气泡里的人——美国总统了。当贝拉克·奥巴马当选时，他担心自己会像所有前任总统一样，隐没在白宫办公室的帘子后面。他坚持保留自己的黑莓手机，让朋友和助手们可以直接联系到他。（出于安全原因他并不被允许拥有一部苹果手机。）

在2008年的竞选期间，他的一个助手，一个25岁名叫乔舒亚·迪布瓦的五旬节牧师，在一个艰难的时期给奥巴马主动发了一封电子邮件。这封邮件从《诗篇》第二十三篇中节选了一段。这是一个臭鼬型创业者的行动：向你的老板布道。“我不知道他会做何反应，”宗教事务主管迪布瓦说，“但几分钟后他就回复我了，说福音对他有所裨益，他希望我能每天继续给他发。”这些邮件涉及经文、历史、音乐和时事等，奥巴马享受其中并告诉迪布瓦等他搬到白宫后也继续给他发。“每个清晨我都会收到一些让我思索的内容。”奥巴马说。

像企业领导一样，总统不仅和自己的团队交流，同时也要和多人沟通。奥巴马也尝试了多种沟通渠道。他举办了第一届推特市民大会和一次在房地产网站上讨论房地产情况的在线讨论会。他甚至在Reddit上“问我任何事”栏目里敞开心扉。2012年，当共和党人在佛罗里达州召开代表大会时，奥巴马在弗吉尼亚州的夏洛茨维尔，迈入了一个竞技场后面的一间普通屋子。屋子里面有一张桌子、一个立式台灯和一个苹果电脑。

奥巴马写道：“大家好，我是贝拉克·奥巴马，美国总统。问我任何事。”前9分钟就有200个问题。这些问题从严肃的“你是否考虑为太空项目增加经费”到好笑的“你的牙刷是什么颜色的”。奥巴马的首席数字官本该过滤这些问题，一个演讲撰稿人本该在那儿拟写总统的回答，但是这个计划没通过。奥巴马拒绝放下手里的键盘。“我就在这儿继续打字吧。”他说。

于是他继续回答关于如何平衡工作和家庭的问题：“我最大的优势是我就住在工作地点的楼上，所以我不需要通勤！”回答关于白宫啤酒的问题："我可以从亲身经历告诉你，超美味。"回答任期内最艰难的决定——增加美国在阿富汗的军备力量的相关问题。（有个细节是，奥巴马忘记了大写阿富汗的首字母"A"，这反而增加了大家对他的信任感。）在这 45 分钟的活动中有将近 300 万人访问了网页；接下来的 24 小时中，还有 200 万人浏览了网页。

不论你在什么机构，现今所有的领导者都必须让自己可被接触到，那些紧密的合作伙伴、底层的员工、大量的委托人等等。领导者必须行动起来，换句话说，像一个创业者那样行动。猜猜看怎么着？大多数走出罩在身上的气泡的领导者很享受气泡外的新鲜空气。正像奥巴马在他第一次"问我任何事"活动结束时敲出的感受："顺便一提，如果你想知道我对这次 Reddit 的体验如何，答案是还不错！"

警觉

几年前我向大概 500 名我们的支持者、导师和创业者做了一次演讲。我把演讲草稿拿给我的丈夫布鲁斯看。他的回复是："太多超人的那面了，缺乏克拉克·肯特（超人在生活当中的名字）的一面。"他继续解释说（充满爱意地，但还是……）。他认为我花了太多的时间吹嘘我们的成功和成就，但没有花足够的时间讨论我们的挑战和需求。"当你让自己听起来不可战胜时，你听起来就很不真实，"他说，"而且，你这样不能让听众真正了解你。"他的观点让我沉思。我们现在处在一个领导者都需要卸下光环走下神坛的时代，他们和员工、客户以及消费者相处时应该采取什么样的姿态呢？

新一代的学者和智库专家提供了答案，就是领导者需要对他们自身的缺陷更加坦诚并坚定不移地担起责任。他们需要有这个意识。

研究组织行为学的两位明星专家，北卡罗来纳大学的艾丽森·弗莱加来和沃顿商学院的亚当·格兰特，均发现大量数据表明，展现自己至高无上、十项全能是非常危险的。在格兰特的畅销书《沃顿商学院最受欢迎的成功课》中，他列举了他称之为“弱势沟通者”的人，这些人“更倾向于发问而不是提供答案，谈话时谨慎而不莽撞，承认他们的弱点而不是展现他们的力量，寻求建议而不是把自己的想法强加于人”。在强势沟通者用他们超人般的气场吓走他人时，弱势沟通者用他们的不完美和自我审慎把人们吸引过来。

换句话说，有效的领导者，是那些不那么强大、更平易近人的人。

我听到的一个词完美地诠释了这点：有瑕疵的极好（flawsome）。一个结合了“有瑕疵的”（flawed）和“极好”（awesome）的词汇。“有瑕疵的极好”是形容某物很棒但是不完美。在商业领域中这个词意味着一种意识，即愿意承认自身的缺陷。这包括你的产品、你的员工以及你的公司。

2009 年 4 月，达美乐比萨店的两名员工制作了一个视频，视频中他们把芝士条插在鼻子里并且在他们的臀部后面摇晃着一些肉，这些原料都是要加入食物中并送到客户手里的。视频受到了病毒式的传播，在 YouTube 视频网站上获得了 100 万的点击量。尽管过分的员工被开除并被逮捕了，公司仍然深陷公关梦魇。达美乐公司在 48 小时后才对此进行回复，这个时间在社交媒体上称得上是“永远”了，接着达美乐公司发布了一个来自公司老总帕特里克·道尔匆忙的道歉视频。

好的一面是，道尔并没有让故事止步于此。这场危机揭露了达美乐公司的整体形象问题，远远不只是反叛的比萨师傅的问题。公司花了数月收集顾客反馈，其中一份调查表显示顾客认为达美乐公司的比萨的口味是最糟的，和 Chuck E. Cheese（美国室内游乐场和比萨店连锁品牌）不相上下。道尔做出了一个不同寻常的决定来接受批评。在危机发生的 9 个月后，达美乐公司发布了一个诚实到残酷的视频，叫作《比萨大变身》，来宣布公司取消了旧的比萨配方。视频中达美乐的员工谈论人们是如何吐槽他们的产品的。道尔首先现身，畏畏缩缩地听一个顾客说："这能有多难？在达美乐的比萨里我感受不到用心。"道尔回复说："你要不然就让消极的评论打败你，要不然就让它们激励你的改变。"一名员工补充说道："我感到万箭穿心。我已经从事这行 25 年了。"另一名员工开始哭泣。

当采用新配方的比萨出现在店里的时候，达美乐公司在自己的官网上增加了推特更新（# 新比萨），同时展示顾客的正面和负面反馈。它同时推出了一个在线比萨跟踪器，向消费者征询意见。所有的反馈都实时传送到员工处和时代广场的一个大屏幕上。这些事口口相传，达美乐比萨销售量飙升。更重要的是，这种努力极大鼓舞了公司员工的士气。一位高管说，当达美乐公司因为积极反馈而重返新闻报道中时，员工们都对"每天来上班非常自豪"。CNBC 称道尔为"2011 年最佳首席执行官"。

两位奋进公司的创业者在接受批评和重塑员工好感上甚至更胜

一筹。马里奥·沙迪和埃德华多·奥利维奥是巴西人并且是发小，他们给意面餐厅配备了会杂耍的厨师。他们对提供有趣好玩的服务的关注将公司从破产的边缘拉了回来，几年之内他们的意面餐厅 Spoleto 就开了 300 家餐厅。接着，2012 年的一天，一个备受喜爱的巴西喜剧团 Porta dos Fundos（葡萄牙语“资金之门”之意）发布了一个 YouTube 视频让这家连锁餐厅语速飞快的厨师胆战心惊。

“早上好。”顾客说。

“早上好。”厨师说。

“我想来一份意面加——”

“意面！”厨师向厨房大喊，“什么酱？”

“我想要番茄酱。”

“什么配菜？”

“我来点儿玉米粒吧。”

“玉米。还要啥？”

“火——”

“火腿。还有呢？”

“呃……”

“大点儿声儿！”

“稍等一下。”

“你到底还想要什么？！”

视频结尾时厨师向顾客扔棕榈芯，顾客辩解道：“我只是想吃午饭而已。”接着厨师爆发了：“没人让你来地狱吃午饭！”

视频赢得了 900 万的点击量。尽管它的标题只是叫“快餐”，但每个人都知道它在影射 Spoleto。这些喜剧演员已经做好了准备接听来自餐厅公司律师的电话。然而，当他们拿起电话，却是公司的创始人打来的。“我们想请你喝啤酒。”埃德华多说。

在拒绝了 Spoleto 的公关和法律团队的建议后，马里奥和埃德华多仍旧坚持邀约。酒过三巡、插科打诨之后，马里奥和埃德华多吐露真言：首先，他们想赞助喜剧团队的 YouTube 频道；其次，他们想让喜剧演员们把视频的标题改为“Spoleto”；最后，他们想出钱让喜剧团队制作一部续集。

为什么公司的创始人会想拿自己开涮呢?

“我们只是依据公司的文化行事，”埃德华多跟我说，“不要太拿自己当回事儿，总要找到事物积极的一面。”

在之后的视频里，坏脾气的厨师被炒了鱿鱼，并在一个客服中心工作。他重返 Spoleto，穿着一条写着“培训中”的围裙。当他再次挖苦另一个顾客的时候，他终于被永久解雇了。屏幕上写道：“这永远都不该发生，但有时我们力所不及。如果你在 Spoleto 遇到糟糕的服务，告诉我们并帮助我们改进。”然后一个电子邮箱地址出现在屏幕上。

这个恶搞的后续视频得到了 400 万人的关注，但更有价值的是，它大大鼓舞了员工们。“厨师们爱死它了！”埃德华多说。这样的曝光也吸引了新的人才。“当我们招聘时，40% 的应聘者把这两个视频列为他们申请我们公司的首要原因。”埃德华多告诉我。

现在为那些有瑕疵的极好的公司工作简直最棒不过了。

上面的故事给领导者的教训是，在一个社交媒体可以放大你的缺点并留下永久痕迹的时代，你如何回应批评变得更为关键。我认识的一位创业者的回应成了他整个品牌的标志。

丹尼·迈耶是 Union Square Café、Gramercy Tavern、Shake Shack（三者为美国知名餐厅）背后著名的纽约餐饮大亨。他和他的餐厅史无前例地赢得了 25 次詹姆士·比尔德奖。出生在圣路易斯的丹尼在青少年时就访问了欧洲，后来在罗马做导游。正是在这些旅途中，他迷上了慷慨的服务业文化。“和食物相配的拥抱会让食物尝起来味道更好。”他说。这种认识让他有了他的核心商业策略——开明的服务业。正如他在自己的书中写的那样：“招待就存在于你相信有人和你站在一边的那一刻。”

丹尼作为一名领导者的考验是当他将自己的远见投射在服务中时（他在他的第一个餐厅磨炼了功力，在那里他无时无刻不在工作），想知道该如何将这种远见传达给全国所有正在发展的多家分店。即使他做大公司后，他仍然想让公司传递一种小的感觉，他想让顾客们觉得自己被关心着。

我认识丹尼有几年了，他对这个挑战的答案是：接受一个事实——不可能每个人对每顿饭都满意，所以训练好自己的团队正确应对此事。他从招聘阶段就为此准备，例如问怪异的问题：你的幽默感是如何帮助你在服务行业发展的？你上一份工作中最大的问题是什么？你喜欢好乐门沙拉酱还是奇妙沙拉酱？他对此的解释是，从事服务业必须有一定的幽默感，这些问题可以帮助他了解应聘者是否有幽默感。

另外，他会培训所有的员工招待和服务的区别。他认为服务是一种机械地为顾客提供多种选择的空洞对话方式。他以 Ritz-Carlton（国际知名酒店）为例，说那里的工作人员对所有的事情都会机械地回答“我的荣幸”。“重复地听到‘我的荣幸’有时会觉得很诡异，”丹尼说，“这就像听到空乘在乘客下机时对乘客不停地说两百遍‘再见’一样。”“服务就是一种送达产品的机械行为，”丹尼解释说，“招待注重这种送达让客户有什么样的感受。”

最终，丹尼将自己的想法写成了一个手册。他撰写了一本手把手教员工应该如何对待错误的手册。这是他的一些建议：

> 洒了一碗汤在顾客身上？主动提出付干洗的钱并且在其他人吃饭的时候送顾客一道菜品让他享用。
>
> 犯了一个错误？永远都不要找借口。说“我非常抱歉令你遭遇了这个”，而不是“我们今晚人手不够”。
>
> 用餐过程中出了问题？让厨房提供一份免费的甜品或者饮料作为慷慨的补偿。

他说员工们必须针对每条建议写出“伟大的最后一章”。当已退休的参议员鲍勃·克里欢快地在麦迪逊花园 11 号用午餐时，他告诉丹尼，Gramercy Tavern 的一名侍者在前一天晚上是如何发现了他的沙拉里有只甲壳虫并且完美地处理了危机的。丹尼尴尬极了。他下定决心不让这个差点儿被吃掉的甲壳虫成为故事的结尾。于是他为鲍勃提供了一份免费的沙拉并配有一张纸，上面写着“林戈”（甲壳虫乐队的成员之一）。上菜的侍者说：“丹尼想让你知道 Gramercy Tavern 不是他唯一一家愿意用‘甲壳虫’来装点你的沙拉的餐厅。”

领导力在如今不仅仅意味着让你自己看起来很棒，它同样取决于当你看起来很糟的时候你的反应。超人也不是24小时都是超人。要想成为一个有效的领导者，要有意识地了解其他人是如何看待你的，也要时刻承认你的缺点，拥抱你内心的克拉克·肯特。

本真

关于创业者的领导力的最后一课也许是最具有挑战性的，同时也是最重要的：暴露你自己，允许你自己弱势一点儿。

要坚持本真。

在2005年年末，印第安纳波利斯小马队在13场比赛中所向披靡。如果小马队保持住他们的势头，总教练托尼·唐吉将成为第一位带领球队拿到超级碗冠军的非裔美国人。唐吉一直以来都是一位与众不同的领导者，一位深刻的精神领袖。他坚持自己的信仰。

唐吉将他的价值观融入了富有同情心的领导方式中，这在他的行业中是非常罕见的。当他在坦帕执教时，他的开球员开始错失一些关键性的进球。没像大多数教练会做的那样，唐吉没有把他踢出球队，而是询问球员是否出了什么问题。球员告诉他自己的母亲近期因为癌症去世了。唐吉安慰他说："你还是我们球队的一员。"第二周，开球员发挥得无懈可击。他评价唐吉说："他卸下了我的心理压力。其他教练可能会直接让我走人。"

当2005年赛季到达高潮时，唐吉在感恩节给球队放了假，这是少有的奖赏。

唐吉 5 个儿子中的长子杰米在坦帕上大学，他坐飞机来看望自己的父亲。在短暂的几日停留后，杰米匆匆赶飞机回去了，父子俩连道别的拥抱都没来得及。“我知道我会在圣诞节的时候再见到杰米，到时候我再要我的拥抱吧。”唐吉在他的回忆录《静默的力量》里写道。

第二个月小马队第一次输掉了比赛。3 天后唐吉的电话在凌晨 1 点 45 分响起。“但愿不是我的某个队员受伤了。”唐吉思忖道。但是这不是队员来的电话。杰米在坦帕的公寓里上吊了。“当护士跟我说话的时候，我开始发狂地为杰米祈祷，”唐吉写道，“但当我理解了她说的话后，我清楚知道我们早已错失了最佳抢救时间。杰米已经走了。”

除了作为父亲所面对的痛苦以外，唐吉也面临着领导力的挑战。小马队的全部队员飞来坦帕参加葬礼。唐吉在悼词里谈到了球队。“继续做你自己，”他说，“除此之外，你还要勇于做你自己，因为我们的孩子们在如今这个世界，接收了太多有关做人的错误的信息。”

小马队的老板告诉唐吉他可以休息到赛季结束。唐吉和家人商量过后决定返回球场。因为小马队已经得到了季后赛的资格，最后一场比赛的输赢无关紧要，但是对于球队来说却至关重要。当小马队赢得比赛后，家乡的观众爆发出欢呼声。“虽然我们完全不需要赢得比赛，”唐吉说，“但队员们想为我和我的家人赢得这场比赛。”

小马队输掉了那年季后赛的首轮比赛。在第二个赛季的时候唐吉成了第一个带领球队赢得超级碗冠军的非裔美籍教练。

那是领导者还可以向自己的队伍隐瞒自己的个人悲剧的时代。那个时代一去不复返了。新的力量正敦促领导者变得更加敏捷、亲民并且警醒——社交媒体，这个更加年轻的力量，对让年轻人感到自己在工作上受到重视有更大的作用，同样它也要求如今的领导者对自己的生活更敞开心胸。脆弱，曾经的强大领导者的对立面，几乎已经成了一种必需。

现今主张示弱的主要声音来自布琳·布朗，她是休斯敦大学的一名教授，同时也是《活出感性》的作者。尽管“脆弱”这个话题常被认为是奥普拉、菲尔博士等人的专长，布朗的理念仍受到了商业圈的欢迎。一次在*Inc.*杂志的领导力论坛上，布朗说创业者精神就是让自己敞开心扉的勇气。“成为一个创业者就是每天发现自己的弱点。”她说。弱点是一种不确定、风险和情感流露的混合物。但是她说，人们常常从他人身上寻找弱点，却习惯隐藏自己的脆弱。对创业者来说，难点在于要接受弱点并不等于软弱，反而是“创新和创造力的脉搏”。

在领导力 3.0 所有的品质中，变得脆弱、简单、本真对我来说是最难习得的一课。但这也是我学得最深刻的一课。

2008 年，我的丈夫被查出患有一种罕见的骨癌。医生从他的左股骨上发现了一个长 10 英寸的肉瘤。当时我们的女儿只有 3 岁。6 个月来布鲁斯承受了超过 12 轮残酷的化疗，在这期间他因为多种原因住院。后来他接受了 17 个小时的手术，医生切除了他的股骨，用钛合金代替，将他的腓骨从小腿转移到大腿，切掉了一半的股四头肌。在他之前只有两个人从这种手术中幸存下来。后来他又开始了为期 4 个月的化疗。一年多来布鲁斯频繁往返于医院和家之间，他拄着拐棍，掉了头发，变得消瘦，但他在为生命而战斗。

布鲁斯患癌时，正是奋进公司决定开始快速扩张，将我们服务的国家和地区数量翻番，并激进地扩大我们的规模的时候。最开始我完全不知该如何是好。我下决心要参与每一次的化疗和医生会谈，我需要稳定女儿们的情绪。但我在工作上的需求也与日俱增。一名领导者的本能，特别是女人的本能，告诉我去做我一直被训练的那样：打起精神，将任务分成小块，勇敢面对，决不能让任何人看到你流汗或者是哭泣。

但是现实是我别无选择。没什么表情可以隐藏内心的挣扎，于是我反其道而行之。首先我告诉了我的董事会。我打电话给董事会主席小埃德加·布朗夫曼，那个为我们的扩张计划尽心尽力的人，解释了我的情况。“董事会会顶住的。”他说。埃德加持续不断地展现了他的高情商和大度，帮助我度过了许多难关，所以某种程度上来说我并不惊讶于他的反应。我不在的那段时间，奋进团队的每个人都调整并承担起了略微变化的责任，公司发展得非常好也并不让我惊讶。公司的扩张一直在持续。

但接下来发生的事情让我感到惊讶。到了 2009 年年中，布鲁斯被宣布癌症痊愈，我也重返全职工作。但这段经历改变了我。我放下心防，拆掉了那堵我建立起来为了分开奋进公司的工作和个人生活的那堵墙。我一直向团队汇报布鲁斯的病情，我分享了双胞胎是如何反应的，甚至我偶尔还会崩溃。这没吓到我的职员，也没把我和他们隔离，我的脆弱将我们的心拉得更近。

作为一个领导者，脆弱完全改变了我。展现真我，表达出我需要其他人，通过每场会议、电子邮件，对了，还有偶尔的眼泪告诉别人我并不是战无不胜，我让人们，特别是我的职员，以前所未有的方式和我产生共鸣。当我暗示我需要帮助时，我以各种我从未设想过的方式得到了各种各样的帮助。

我们的公司文化也转变了。一些年轻的团队成员找到我并承认在我遭遇家庭危机之前，他们虽然佩服我的热情和创新的勇气，但他们一直无法和我产生共鸣。现在他们觉得更了解我人性的一面了，他们表示这让他们更愿意跟随我到世界各地去了。

我一直以为我需要成为一个无所不能的领导者，我必须模仿那些我们成长过程中佩服的大理石雕刻的领导者的岩石般的脸。但是那些没有表情的脸恰恰已经过时了。因为创业者的核心目标就是成为破坏性创新的力量，富有创业者精神的领导者需要富有创造性地摧毁陈旧的领导方式。这其中的风险是你可能会让自己更加透明，好处是你会和自己的团队有更深的感情。

把大理石和铜块留给恺撒、林肯和巴顿将军吧。如今的领导者必须展现更为丰富的情感。你可以从领导力 3.0 的 4 个要素开始做起：敏捷、社交力、警觉、坚持本真。

就这样，变得无与伦比。

第七章

导师圈

他被叫成书呆子、吉佩、教练。他是硅谷最有影响力的人物之一，但在很小的圈子之外几乎没什么人听过他的大名。他喜欢拥抱，他喜欢开玩笑，他喜欢咒骂，并且他不声不响地在美国商界积攒了“最高效的幕后顾问”的名声。

比尔·坎贝尔是一位创业者的最好朋友的终极示范。埃里克·施密特这样评价他：“他对谷歌的贡献，真的是怎么说都不过分。”支付服务提供商 PayNearMe 的首席执行官丹尼·沙德说：“除了我的父亲，他是我生命中最重要的男性楷模。”史蒂夫·乔布斯曾经每周和坎贝尔一起散步，并让他加入苹果公司的董事会。史蒂夫曾说：“他身上有一种深刻的人情味。”

比尔·坎贝尔出生在宾夕法尼亚州的钢铁城镇，在自己的第一份正式工作中一败涂地。作为哥伦比亚大学橄榄球队的教练，他的成绩是 12 胜 41 负 1 平。他自己说他的致命缺陷是他无法严厉地对待队员，让他们把橄榄球放在首位。他后来投身广告业，成了苹果公司销售部的副总裁。在那里他帮助公司运作了经典的广告并在第十八届超级碗大赛的电视转播中播放。不久之后他运营了一家不成功的创业公司，后来担任财捷公司和苹果公司旗下软件公司 Claris 的首席执行官。

但是坎贝尔巨大的影响力来自他担任非正式顾问的时候。《财富》杂志将他比作奥普拉、尤达大师和大学橄榄球教练乔·帕特诺的结合体，坎贝尔成了硅谷最杰出的创业者们在陷入困境时的求助对象。

他的第一个客户是杰夫·贝索斯。亚马逊的董事会邀请了坎贝尔以确保贝索斯这位前华尔街人士有“可运作的储备”来经营公司。在谷歌，坎贝尔受雇来帮助施密特作为新任首席执行官和其他联合创始人进行顺畅的过渡。施密特的第一反应是：“我不需要任何帮助。”但很快坎贝尔就开始帮助他协调大大小小的事务，从如何聘请高级主管到如何主持董事会会议。正如施密特所说：“我会问‘我们在会议上讨论什么呢’？于是他会提出 3 个最有趣的主题和会议基调。”当谷歌收购 YouTube 时，坎贝尔被派去为首席执行官查德·赫利提供同样的帮助。

坎贝尔是如何看待他所提供的服务的呢？“我待一段时间后，会在各个方面提出一些建议，”他说，“比如他们应该以多快的速度发展，以多快的速度招聘，如何加薪，如何利用资金，什么时候该招入财政专员。”那么他对自己的服务如何收费呢？“我的收费标准众所周知，”他告诉《纽约时报》，“零。没人需要跟我讨价还价。”不过在谷歌他的确有一个人人艳羡的停车位。

在商界，没有谁会比白手起家的创业者更能树立更生动的个人主义形象了。创业者孤身奋战、神话永存。即使创业者是两个人或者一个小团体，他们也夸张地被视为是特立独行者。他们反抗陈规、攻击假想敌。哲学家安·兰德捕捉到这种典型形象并写在了她的小说《源泉》和《阿特拉斯耸耸肩》中，如今创业圈赞颂她宣扬了个人成就的道德准则。经济学家弗里德里希·哈耶克对创业孤狼带来了社会变革这一观点深信不疑。

这种自力更生的形象是如此难以抗拒的浪漫，如此根深蒂固，同时也是有误导性的。且不管商界其他人，至少创业者是需要帮助的，很多很多的帮助。我们做的一项关于奋进公司的创业者的调查显示对他们的成功最有价值的贡献，除他们的团队之外，来自那些提供好建议的人，而不是提供资金支持的人。有一个创业者说："会有很多人提供资金，而且价值相同，但是并不是总有那么多的好建议 。"

这章我会告诉你获取建议最好的方法。从一开始，导师制在奋进公司的模式里就是很重要的一部分。在我们组织成立的 15 年里，我们的志愿者导师们为我们的创业者提供了超过 100 万小时的咨询服务。托马斯·弗里德曼在《世界是平的》一书中称我们为"导师投资人"。我了解到几乎人们了解的所有关于导师的事情都是错的。比如，忘了那种你不得不花费数年找到并要讨好那个"对的人"，然后建立终身关系的概念吧。导师是你的灵魂伴侣吗？

不再是了。如今，在你创业前期需要一类导师而在创业后期则需要另外一类导师。你需要教你领导力的导师，教你建立品牌的导师以及帮你处理阻碍你发展的难缠的同事的导师。你甚至需要比你还年轻的导师来帮助你看清前路。

在这个快速发展的时代，师徒关系已不再是那种像婚姻一样持续半个世纪的关系了。如果你想扩张，你需要一个导师团队。正如这个领域的专家凯西·克拉姆所言："以前我的建议是'去给自己找一个导师’。现在我的建议是建立一个 5~6 人的小型关系网，这些人要对你的职业发展有极高的兴趣。”把一夫一妻制留给你的婚姻吧，在你的职业生涯里，你需要多导师制。

所以这个配置应该是什么样的呢？于我而言，正确的模式是 360 度导师制：一圈顾问可以轮番给你严厉的爱护、专业的建议、全新的洞察和明确的方向。这些导师之于传统职场的创新性就像创业之于传统经济一样。意料之中的是，创业者正在引领这场革命。下面是如果你要加入这场革命的话需要做的。

找到自己的导师

第一个我想戳破的关于导师的神话是他们是你的守护神，首要工作是保护你不受伤害并让你感觉良好。才怪。他们是真相的传递者，至少他们应该是。但是这就引出了一个无法回避的问题：你是否能够接受真相呢？

英语的“导师”（mentor）来源于荷马的《奥德赛》。在这个经典宏大的诗篇当中，当奥德修斯去参加特洛伊战争时，他把自己的小儿子忒勒玛科斯寄养在他的朋友门特（Mentor）那里。这位代理父亲的形象本应该是明智而且鼓舞人心的。但事实是，门特并没有做到（他抢劫了这个男孩），所以忒勒玛科斯长大后变得非常胆小，不敢对抗那些追求他母亲的不速之客们。女神雅典娜伪装成门特介入了此事。“忘记儿时的快乐时光吧，”她告诉忒勒玛科斯，“你已不再是个孩子。”雅典娜敦促忒勒玛科斯做个男子汉，直面那些人，并出国去找寻自己的父亲。这就是他需要的严厉的爱。忒勒玛科斯听从了建议，杀死了追求者们。他最终与父亲团聚，并成了不屈不挠精神的象征。

这种严厉的爱的传统在发生了特洛伊战争的土地上仍然延续着。

土耳其的烤肉卷饼就像美国的热狗一样流行。切片的肉片制成的街头小吃可以随时买好带走。土耳其烤肉卷饼根植于土耳其作为一个旅游和贸易中心的背景。但随着整个国家越来越繁荣，新一代的土耳其家庭已经不满足于在街边买东西吃了。创业者莱文特·伊尔马兹和费里顿·图塞尔发现了商机。他们想成立一个休闲连锁餐厅专营伊斯坎德尔烤肉卷，一种浸润西红柿酱和酸奶的食物，但是是在一个干净的、可以坐下来休息的环境里提供食物。他们给公司起名叫“烤肉卷先生”并开始关注餐饮业，发誓要让他们的餐厅达到国际水准。

莱文特和费里顿野心勃勃。在他们第一家餐厅开张后，他们立刻在其他 20 多个国家注册了商标。他们相信他们很快就会在全土耳其开超过 200 家店面，中东和欧洲的每个餐饮区都会有一家烤肉卷先生。他们的确赢得了一个开门红：1 年内他们的旗舰店就开了分店，接下来的 5 年全土耳其有 40 家餐厅开业。

不过，当这两位行动迅速的创始人加入奋进公司后，我们的导师们迅速提供了冷静的建议：放慢脚步。首先，两位创业者面临着房地产产业的挑战——商场的建设在逐渐放缓。其次，工资已经在缓慢上涨了，这给他们带来了不小的压力。最后，扩张到新的市场将会是非常艰难的，因为顾客的口味可能会有区别，员工的工作能力也不同。一位沙特阿拉伯的导师说扩张需要更多的培训工作因为当地雇员不懂如何制作烤肉饼。一位黎巴嫩公司的老板萨米·克霍里直言不讳：

“你们应当在土耳其全面铺开后再想着走向国际。”

对于有着全球思维的创业者来说，这样的建议很难接受。但一年后，莱文特告诉我说那是他得到的最好的建议：“萨米是对的。当时在土耳其我们甚至连 70 家店铺都没有，而我们的目标是有 250 家店。在我们扩张到海外之前，必须完成在国内的发展，然后再尝试国际化。”

就我的经验而言，对于从导师那里能得到什么，创业者们都想错了。他们认为他们要找的是一位睿智的年长的政治家，他会迫不及待地打开心门并且小心翼翼地递上鼓励。其实，他们需要的是一个直言不讳地说出真相的人。大多数创业者需要的是一个冷水澡，而不是温暖的泡泡浴。

我看到的最好的师徒关系正是如此。他们因为痛苦的诚实而获得了勃勃生机。互联网先锋凯文·莱恩是奋进公司的常驻导师。凯文是一个连续创业者，曾经创立了闪购网站 Gilt Groupe、商业新闻网站 Business Insider 以及云平台 10gen。他天生适合鼓励创业者。但他却发现他最有效的时候是当他给出最严厉的建议的时候。2009 年，凯文见到了阿明·阿明，一个试图改善中东教育的约旦年轻人。阿明成立了一个公司来培训教师。当时正在耶鲁大学董事会任职的凯文非常欣赏这个想法。“我热爱教育胜过了一切。”他说。

但一年后公司停滞不前，阿明和投资人经常发生分歧。凯文给了他严厉的建议。“我热爱你从事的这个行业，”他告诉阿明，“但是这个公司已经不值得你浪费时间了。”凯文后来告诉我：“对于很多人来说，严厉的爱是很难接受的。这就是为什么这叫严厉的爱！但是阿明太优秀了，我认为他应该也可以从无到有创立一个新的公司。”

一年后阿明成立了一个新的教育改革公司——ASK 公司。两年不到公司雇用了超过 95 名员工并创造了 400 万美元的利润。更重要的是，这个项目卓有成效。阿明告诉我：“我当时陷入了我和投资人矛盾冲突的死胡同。凯文让我意识到我们被困住只是因为我们自己让自己困在那里。”

找到对的导师并且得到正确的建议已经足够困难，但更大的挑战是当得到建议后遵从它。我的经历教给我一个简单的准则：要特别仔细听那些你刚开始最反对的建议。

这个准则对那些顺风顺水的人再适用不过。创业者越成功，他们就越难听进去建议。2009 年，推特是一家飞速发展的创业公司，有着无限的前景，但它的组织架构一团糟。联合创始人埃文 · 威廉姆斯是当时的首席执行官，但公司并没有首席财务官、首席技术官或者首席运营官。董事会一直向威廉姆斯施压找人填补这些空缺，但是他无法下定决心。威廉姆斯是多家创业公司的创始人，他也是“博主”一词的创造者。威廉姆斯喜欢朋友们围绕在身边的感觉，但这些人是他信任且不会质疑他的人。因为只邀请顺从自己心意的好好先生在自己的圈子里，威廉姆斯周围没有人愿意向他吐露任何真相。

于是董事会进行了干预。他们决定邀请，你猜到了，书呆子比尔 · 坎贝尔来公司。就像尼克 · 比尔顿在《孵化 Twitter》一书中写到的，威廉姆斯在他们的第一次会议中问道：“作为首席执行官我能对公司做的最糟糕的事情是什么？”坎贝尔的回答是：“雇用你的朋友。”这位导师就把友谊和生意混为一谈的危害展开了 10 分钟的咆哮。（别让熟人左右你的创业公司！）推特的创始人从未受到过如此待遇。把办公室变成了社交场合，把晚上去玩说成是头脑风暴，坎贝尔称这些是灾难之源。威廉姆斯写下了笔记。

紧接着这位首席执行官还是做导师警告他不要做的事情。威廉姆斯安排他的姐姐负责公司的采购，雇用他的妻子来重新设计公司的办公室。威廉姆斯还邀请了一卡车从谷歌来的朋友，包括迪克·科斯特罗，他最近刚把自己的创业公司卖给搜索引擎大亨。威廉姆斯在一个聚会上碰到了科斯特罗，于是当场问他是否愿意来当首席运营官。科斯特罗后来发推特说："明天是担任推特首席运营官的第一天。首要任务是：打击首席执行官，巩固自己的权力。"

科斯特罗曾是一名专业即兴喜剧人，他是开玩笑的，虽然他的推文却不幸一语中的。威廉姆斯和坎贝尔当时每周开一次会，虽然埃文总是很愿意聆听坎贝尔的建议，但他似乎从来不屑于去执行它。这让推特的董事会成员们非常不高兴。他们认为威廉姆斯的优柔寡断正在让组织架构雪上加霜。同时，科斯特罗正在行使首席执行官的职责，包括与微软和谷歌谈的 2 500 万美元的合同。面对一个不愿听从他的董事会抑或者优秀的行业导师的建议的首席执行官，董事会介入了。威廉姆斯被要求离职，他的继任者是他的老朋友迪克。

仅仅因为你拥有远见和勇气创立了一个项目，并不意味着你能够在艰难中做出正确决定并帮助它扩张，这两点需要的技能是完全不同的，并且创业者几乎不可能知道在哪一时刻要转型。你需要人给出诚实的建议，并且你需要去执行它。

另一个说明告知真相会比甜言蜜语更高效的经典案例就是西

蒙·考威尔，这个尖酸刻薄的音乐总监在21世纪初突然恶名远扬，就是因为在《美国偶像》中发表了令人难堪的批评。其中他最臭名昭著的一些评语有：

“你听起来像一只猫从帝国大厦上跳下来了一样。”

“有点像一只吉娃娃试图成为一只老虎。”

“不论你的声乐老师是谁，开除她！”

考威尔过激的言论不可避免地制造了强烈的反应。当摇滚乐队魔力红的主唱亚当·莱文被邀请去另一档节目《美国之声》中指导年轻的歌手时，他告诉制作人：“我们不会嘲笑这些人。我们不能坐在那儿刻薄地批评他们。”然而当《美国之声》收视率大获成功时（好吧，我承认，我也会看），节目上却没有一个让人眼前一亮的明星。但与此同时，考威尔却帮助开发了至少6名发行了多张铂金唱片的明星，包括凯丽·克拉克森、卡丽·昂德伍德、苏珊·波义耳以及单向组合。“这和赢得愚蠢的奖杯无关，”考威尔说，“你得知道怎么指导一个普通人成为一个明星。”

如果你想找人让你感觉良好（或者看起来帅），那你需要一位亚当·莱文。但如果你想要展翅高飞，那就要找到自己的西蒙·考威尔。

松开导师的手

第二个关于导师的错误神话是：当你开始创业的时候找到他们，然后整个职业生涯都和他们不离不弃。首先，你需要不同的导师来面对不同的挑战。更重要的是，你在职业生涯最初找到的导师可能会给你糟糕的建议、失去对你的兴趣、成为你的对手或者变得一无是处。你必须想办法继续前行，找到你需要的帮助。

这就到了你必须剪断纽带的时候了。

在约旦长大的男孩阿拉·萨拉勒热爱读书。他太爱读书了，他简直等不及读最新的阿拉伯语版的《哈利·波特》系列图书了。但是阿语版一般在英文版上市 8 个月之后才能出，所以阿拉自己进行了翻译并把译文发在网上。他花费的翻译时间是3个月。尽管他的勇气可嘉，但他很快得知他的行为是违法的，出版商很快关停了他的翻译页面。

但是这并没有阻止阿拉。当他在做毕业设计时，他制订了一个计划来创立中东第一个在线书商。鉴于几方面的原因，这个创意其实有勇无谋：第一，当时互联网在阿拉伯世界仍是一件奢侈品；第二，顾客们因为担心欺诈而不愿意在网上输入他们的信用卡号；第三，亚马逊比他早做了 25 年，并且以击败竞争对手出名。阿拉不以为意。他注册了域名为 Jamalon.com 的网址并写好了一份商业企划，接着他寻找了一些潜在的导师。

他最初的目标是完美的早期导师法第·甘杜尔。他是全球物流公司 Aramex 的创始人，这家公司是第一家在纳斯达克上市的阿拉伯公司。法第同样也是奋进公司的董事会成员，他非常爱创业者。他也是一个会说出真相的人。“阿拉算是个麻烦精，但这也是件好事，”法第说，“第一次见他我就知道他和别人不一样。但是他的商业模式并不成熟。我告诉他等他读完大学再继续做，并且要改进这个计划。”法第说。

两年后，阿拉的学位证到手，他启动了 Jamalon.com 网站，投资了 2 000 美元。当有订单时，阿拉会从出版商手里买书并邮寄给顾客。为了推广他的品牌，他把家里的货车涂成了紫色的并开着它绕城。两个月后阿拉从法第及另一个投资人那里各得到了 1.5 万美元的种子投资。大部分人还是拒绝了他。“亚马逊会生吞活剥了你。”人们说。

两年后阿拉加入了奋进公司，而当他的增长稳步攀升时，我们有同样的担心。于是我们采取了一些激进的方法。我们把电话打给了迭戈·帕森蒂尼，亚马逊的国际业务总监。如果亚马逊要生吞活剥Jamalon, 迭戈就是那个人，迭戈也是奋进公司 2011 年年度导师。“我羡慕这些创业者们,”迭戈跟我讲，“我在职业生涯早期就成了公司主管。我深受那些敢于冒险的人的鼓舞。”

最初两人是盟友。迭戈建议阿拉改变他的商业模式。放弃了按需订购的模式，Jamalon 保证有 1.5 万种畅销书的充足库存，然后快速发货。迭戈还帮忙促成了 Jamalon 和亚马逊之间的合作，来满足Jamalon 在中东地区外的订单需求。对阿拉来说，与迭戈的合作是有益的，并且富有策略性。“我喜欢和竞争对手保持一种良好的关系。”迭戈说。但后来 Jamalon 开始壮大，迭戈意识到阿拉的模式和亚马逊的相似处太多，他无法再提供不偏不倚的建议了。“我不能一脚踏两船。”迭戈说。

阿拉想保住这条命脉，但是我告诉他是时候剪断纽带了。迭戈和阿拉一直保持着私人联系但是工作上已经各奔东西。

另一个你可能不再需要导师的原因是：你可能进入了一个新行业。当你剪断了连接旧生命的纽带，你需要一个助产师引你开始新的生命。这个对走传统路径创业的蝴蝶型创业者来说尤为实际。这个需求太普遍，新的解决方案出现了。

格里·欧文是得克萨斯州加兰市的一个大教堂的助理牧师，他现在50多岁。一个周日下午，他在祷告箱里发现了一张卡片："为我祈祷。我需要卖掉我的咖啡店。"欧文跟自己的妻子说："我们能做这个吗？"几个月前格里和梅莉莎才刚刚结婚，就在一家咖啡店里！而且梅莉莎多年来一直梦想开一个类似的店面。但是他们毫无经验，梅莉莎是一个手术室护士，格里在从事神职之前是菲多利食品公司的主管。他们需要一个导师，于是他们通过互联网找到了一个。

21世纪初邓肯·古多尔刚从耶鲁大学毕业，同时是一个厌恶自己人生的管理顾问。他每周工作超过100小时并且经常出差。"对我妻子来说我就是一个虚拟的陌生人。"他说。于是他辞了职并在纽黑文买下了一个咖啡店，将它的名字改为Koffee on Audubon，同时供应咖啡和食物。他因"开咖啡店的耶鲁毕业生"而为人所知。

后来古多尔成了Pivot Planet的一名导师，Pivot Planet是为有创业激情的梦想家和有丰富实践经验的创业者建立联系的网站。"薪水可观不是我做这份工作的原因，"他说，"从深层的哲学层面来讲，我认为人们如果能有他们自己的生意会更加开心和自由。"

欧文在Pivot Planet的网站上发现了古多尔的简历。他花了2 000美元，Pivot Planet的导师们对他进行了两天的跟踪并准备了所有的指导教程，包括如何做意式咖啡和招一个甜品师等内容。古多尔给了他一些发展上的建议：

1. *雇员是你最大的快乐或沮丧的来源。*

2. 金钱来源于对最小细节的关注（得是“对的”细节）。

3. 如果你试图对每个人都面面俱到，你反倒会一事无成。选择某一类客户群体，满足他们的所有需求。

在读到以上建议的两年后，格里和梅莉莎在普莱诺市市中心开了“1418 咖啡店”。（因为古多尔对他们讲的第一件事是：别为了贪便宜而买店，开你自己心目中的店铺。）咖啡店的风格是新怀旧风，有舒服的沙发、游戏和现场音乐。受古多尔的启发，欧文向雇员分发手册敦促他们进行“调整”，对自己的工作不停进行微调直到做对为止。

导师制就像一个旋转门，不论你是处在刚刚起步的阶段还是处在事业扩张的阶段，尽可能找到每一个新阶段你需要的导师。如果你以前的导师对你不再有帮助的话，表达你的感激之情然后及时剪断纽带。

亦师亦友

第三个我要粉碎的有关导师的神话是：他们必须要比你有经验。有时最尖锐的建议并不来自经历过你正在经历的事情的人，而是来自一个正在经历这件事情的人。

我知道这么一群土耳其科技创业者，他们因为平等的友谊、生意和导师制而紧密联系在一起。他们一起打扑克，一起蹦迪，一起度假。36 岁的纳富扎 · 艾丁和 45 岁的希纳 · 阿弗拉是这个群体里的前辈。他们相识于 21 世纪初，当时希纳正在做一个类似 Gilt 的闪购网站，而纳富扎正在运营一个线上食物配送公司，类似于现在的 Seamless。他们在土耳其的长辈们对他们在做的事情一无所知。“我们俩做的都是电子商务，当时没人明白，所以我们互相学习成长。”希纳说，“作为年轻的创业者你可以从任何地方获取信息，但最有价值的指导来自那些处境相同、应对挑战并推动转变的人。”

非正规导师的好处是这种关系往往更随意而且交流更频繁，这能让你的同伴透过你表面上呈现出来的光鲜外表看到实质。这个群体正是如此。纳富扎吸纳了另一位年轻的创业者，哈坎·巴斯，他在经营一家网上珠宝店。他轻松地融入了这个群体，两个人一起玩，还在推特上互相关注。一天哈坎发了一条关于他参加大学的讨论会接受的其中一条口头协议的推文。纳富扎留言说哈坎应该待在办公室做他该做的工作。“他的留言听起来超搞笑，”哈坎说，“但是那的确是不错的建议。”

第二年哈坎因为和一个模特谈恋爱而登上各大新闻头条。纳富扎打电话给他：“人们现在只知你是一个和模特约会的人而不是你公司的首席执行官。你的个人生活正在吞噬你的职业生活。”哈坎非常震惊但充满感激：“纳富扎解释说他并不是想告诉我应该干什么，他想让我知道事情看起来是什么样的。他关心我的形象。很多人给我提供商业建议，他更注重培养我成为一名领导者。”

有时最好的建议并不来自一个坐在扶手椅里的充满智慧的智者，而是那个在舞池里跳舞的朋友。新的调研支持这一结论。导师制学者凯西·克莱姆和弗吉尼亚大学教授琳思·伊莎贝拉拿同伴–导师组合和更传统的师徒组合做对比，发现前一组合当他们的事业在经历相同的阶段时能够互相得到更多的帮助。她们写道，同伴间能够指导和咨询，他们能够提供关键信息，处理个人问题时能够相互支持并获得职业发展。

这正是像青年总裁组织、英国电信集团主导的对等支持网背后的逻辑。“我们发现 78% 的员工倾向于向同伴学习，”一位英国电信集团的高管解释道，“但是我们没有经费和精力去做相关的研究。”于是公司开办了 Dare 2 Share 平台，一个让员工分享知识和建议的播客平台。

但是如果同伴间是竞争关系怎么办呢？那这个建议反倒更适用。凯瑟琳·迈耶是一位高级领导力指导者并著有《合作型竞争》，她认为如果两人间有一定的竞争关系，导师关系甚至会更富有成果。“亦敌亦友”关系也可以存在于你和朋友之间。

想想看两个现代科技领域最有名的对手。2001 年，当谷歌刚刚成立没几年的时候，它的联合创始人拉里·佩奇和谢尔盖·布林认识了史蒂夫·乔布斯。三人一起散步了好久，乔布斯给了他们一些建议。乔布斯甚至力荐了他的私人人生导师比尔·坎贝尔来做他们的导师。

但在 2008 年，佩奇和布林受到了乔布斯著名的激烈长文的指责，后来很快演变成一场同样著名的官司。文章主题是：谷歌用安卓掠夺了苹果手机的地盘。虽然我很希望我的女儿们能读这本书，但我想在这里引用乔布斯就此事向沃尔特·艾萨克森说的话：“我们控诉谷歌，你 ** 地偷窃了苹果手机，剥了我们一层皮！强盗行径！哪怕我咽气了，哪怕花掉苹果公司存在银行里 400 亿美元的每一分钱，也要纠正这个错误。我要摧毁安卓，因为它是一个偷来的产品。我要向安卓发动核战争。他们非常恐惧，因为他们知道他们有罪。除了搜索引擎，谷歌的产品，安卓还有谷歌文件，都是垃圾。”

好了，脏话先生，你的意思已经明确了。但是听听这个：仅仅3年后，当佩奇决定重回谷歌做首席执行官时，他去找了有过同样经历的乔布斯。佩奇说是乔布斯提出见面的。“他当时病得很重，”佩奇说，“我以为他想和我聊聊，让我备感荣幸。”但是艾萨克森的说法是，是佩奇问乔布斯他是否可以顺道拜访的，乔布斯对此并无兴趣。“我的第一反应是，这怎么可能？！”乔布斯对艾萨克森说。但是后来乔布斯想起来惠普的联合创始人比尔·休利特曾指导过他，乔布斯觉得应该把这种精神回馈给他人。“于是我打电话给拉里说好的。”乔布斯说。

佩奇拜访了乔布斯在帕洛阿尔托的家。两人的住处离着仅不到3个街区。他们一起讨论谷歌的未来。“我强调的重点是专注，”乔布斯说，“谷歌现在一塌糊涂。你最关注的是哪5个产品？砍掉其他的。因为它们会拖垮你，它们正把你变成微软，它们让你只能制造出能用但并不伟大的产品。”

不久后佩奇聚集员工告诉他们谷歌要专注做少数优先产品，比如Google+和安卓，并“优化”它们，就像乔布斯会做的那样。第二年佩奇宣布谷歌会停掉一些产品，他准备关注客户体验，这个策略曾让苹果公司成为世界上最大的公司。但是这次，佩奇并不会被指责“剽窃”了苹果的剧本，因为这次谷歌的策略直接就是从史蒂夫·乔布斯那里获得的。

导师不设限

为什么约翰·唐纳霍会需要帮忙呢？那个身材高大、拥有优雅的灰发、英俊潇洒的 54 岁男人有着令人惊叹的活力。他曾就读于达特茅斯学院经济系，在斯坦福大学获得企业管理学硕士，并在贝恩公司工作近 20 年，包括 6 年的首席执行官经验。当我和他共进晚餐时，他时任 eBay 的首席执行官。他的领导让这个电子商务巨头重获新生。约翰给我的印象是他是硅谷少有的几个不需要比尔·坎贝尔的建议的人（尽管他俩是朋友）。显然现在如日中天的他同样也不需要任何建议。

但是我错了。

那晚约翰告诉我的一个故事完美证明了导师制在创业时代是如何被彻底颠覆的。2012 年，eBay 的市值是 400 亿美元，约翰致电颇有影响力的风险投资人马克·安德森，要求他推荐硅谷最好的年轻创业者。约翰觉得 eBay 的网站太笨重，需要在网站设计上得到一些建议。安德森给他推荐了 30 岁的布莱恩·切斯基，他是爱彼迎的创始人和首席执行官。爱彼迎是一个超热门的网络平台，让人们可以租赁各种房型的房子，从一间卧室到整栋房子不一而足。

约翰开车到爱彼迎的办公地点，问这位比他年轻许多的“同事”要如何满足顾客求变的需求、如何更新他的设计、如何更新他的产品。“我疯狂地记笔记。”约翰说。两个小时后约翰起身准备离去。“哦不！”切斯基说，“你不能就这么走掉。现在该我向你讨教了。”这位罗得岛设计学院的毕业生开始对这位管理大师提问，比如如何重整团队、如何集中运营、如何领导团队等等。从那以后两人定期会面。约翰说："我知道他关于领导力的真理，他知道我如何运营一个更灵活的创业公司。"

如今，拥有能鞭策你的资深顾问和愿意给你直接反馈的同伴并不够。你同样还需要比你年轻的导师。理由不难想象。首先，年轻人对他们这一代的品位、习惯和文化了如指掌。如果你超过了40岁，你能预见电臀舞这种东西吗？你会猜到一个10秒钟之内能把图片从接收者手机中删掉的应用程序会值10亿美元吗？其次，年轻一代懂得科技，他们是数字原住民，而非数字侵入者。最后，年轻人其实乐意帮忙。和与德高望重的年长女政客见面不同，和这些社交媒体神童见面就像清风拂面，给他们发一个阅后即焚的信息就好。

有人把这种关系叫作反向导师制，但我喜欢叫它颠倒导师制。杰克·韦尔奇是证明此观点的最好例证。20世纪90年代末，他命令500名高管去向下属学习有关互联网的一切。从此这个做法受到越来越多的肯定，并被通用汽车、联合利华以及沃顿商学院沿用。在一个少见的关于这个观点的研究中，山格米特拉·乔慧里和拉加西·高适发现颠倒导师制在当今的创业经济中尤其有效，因为它迫使公司放弃阶级观念，吸收可能来自各方的最优想法。

乔慧里和高适发现这样做最大的优点是，它们能让婴儿潮时期出生的中年人参与进来，又能让年轻一代完全投入。美林证券开展了一个项目，指导高层如何领导不同的员工；洛克希德马丁公司利用这类做法来提高年轻员工的士气。美国历史最悠久的公司之一，181岁的宝洁公司，利用颠倒导师制来解决一个棘手的问题：高层中女性员工的缺失。1992 年宝洁公司的副总裁和经理中只有 5% 是女性。“有时在会议中当你环顾房间里的 30 个人时，发现全都是男性，”首席执行官约翰·派珀说，“这太扯了，尤其是当讨论的主题是女性卫生用品的时候。”

于是宝洁推出了一个“女性保留任务小组”的项目，并任命汰渍的主管黛博拉·亨丽塔为这项任务的臭鼬型管理者。她上任后的第一件事就是把小组名称改为“女性升迁任务小组”。（呃，给没有怀过孕的人一个小提示，“保留”一词对女性来说有完全不同的含义……）接下来亨丽塔进行了市场调查，查明为何 2/3 的离职员工是女性。她发现，并不像公司以为的这些人是为了生孩子而离开。50 个人里有 48 个人都在离开公司后去了工作时长更久、压力更大的公司。她们并不介意工作，她们只是介意为宝洁公司工作。

亨丽塔的解决方案是什么呢？是一个叫作“向上做导师”的项目，即资深主管会成为年轻女性员工的学徒。这个方案受到来自双方的质疑。当 29 岁的品牌经理莉萨·盖威博和 43 岁的副总裁罗布·斯蒂尔配对一组时，她想：“我能教罗布什么新东西呢？”斯蒂尔甚至更过分，他想：“我真的需要这个项目吗？”但是时间证明他们的师徒关系焕发了生机。盖威博提出，女性员工感觉公司忽略了女性的升迁机会并且瞧不起那些做妈妈的员工，这些员工甚至觉得在上班中途带生病的孩子去看病，公司都会非常不赞成。

项目执行的前 5 年，副总裁和主管的女性人数上升了 6 倍；到了 2012 年，宝洁公司全球 43% 的主管都是女性。至于亨丽塔，她曾被《财富》杂志连续 6 年评选为全球权势女性之一，2013 年她被任命为宝洁全球美妆集团总裁。这个臭鼬型员工终于给一个像恐龙那样年老的公司涂上了口红，让公司焕发了新的生机。

谢丽尔·桑德伯格在她的畅销书《向前一步》中赞扬了《财富》杂志的帕蒂·塞勒斯想出的描述现代事业发展之路的新比喻："事业是攀爬架，不是梯子。"同样的话也可用于导师制：与其只是仰望高层，指望他们拉你一把，不如同时向上下左右任何地方找到能助你一臂之力的人。

导师制的涟漪效应

一旦你为自己找好导师团后，就差最后一步来完善它了：成为自己的导师。

2001 年我受邀去墨西哥最高级的俱乐部和一群富有的墨西哥商人会面。正当我走过走廊时，我询问是否我是现场唯一一名女性商人。"不，"接待我的人说，"还有另外一位。"

邀请我来的是已退休的墨西哥财政部部长派德罗·阿斯佩，他有意促进墨西哥的创业形势。他提出把我介绍给一些"重要的商人"。当我走进房间，我意识到他太轻描淡写了，这里的商人创造的价值占墨西哥 GDP 的 10%，包括一度是"全球首富"的卡洛斯·斯利姆·埃卢。

斯利姆先开口："琳达，我不明白。我们看到现在在巴西、阿根廷和智利都有年轻的创业者崭露头角，为什么墨西哥没有呢？"

"恕我直言，"我说，"你们是大鱼。在墨西哥，你们会吃掉小鱼。"

他们茫然地盯着我，陷入沉默。我突然不安地笑了几声。我瞟了一眼派德罗，他示意我继续。“如果你想让创业在这里生根发芽，”我说，“为什么你不建一个水族箱，在那里那些大鱼，也就是你们，学着去喂小鱼呢？”

一年后我们创立了奋进（墨西哥）公司，派德罗成了我们的董事长，当时屋内的另外 4 个人加入了董事会。接下来的 10 年间我们在墨西哥 9 个省设立了办公室并帮助了超过 80 个快速发展的公司。2012 年，墨西哥主要商业杂志发布了一篇文章讲述国家蓬勃发展的创业生态系统。标题是《大鱼喂小鱼》，消息来源是当时屋里的其中一位男士。

多年来奋进公司做了大量的研究，说明了导师制的涟漪效应。当创业者指导其他创业者时候，创业精神便传播开来。比如文西斯·卡萨尔斯，那个我在奋进公司成立早期认识的巴塔哥尼亚牧羊人摇身一变成为互联网创业者，在 2000 年 3 月以 7.5 亿美元的价格将他的电子商务平台卖给了桑坦德银行。这个消息让当地年轻的创业者都大为振奋。“如果文西斯能做到，那我也能做到。”他们说。更重要的是，文西斯转而致力于帮助他人。他成为天使投资人，加入奋进公司董事会，并且时至今日他每天仍然留出 1 小时来指导新一辈创业者。

如果文西斯能做到，你也能做到。

那些研究幸福和离婚等现象如何传播的学者们发现了社会感染理论。这个理论是说当一个人接受了一个改变人生的哲学理论后，他 / 她会迫不及待地传递给别人。冒险、改变、追梦的精神都可以包含其中。创业者精神是会传染的，主要的方法就是通过指导。

当我开始帮助创业者时，我并没把导师制列为他们最需要的东西之一。显而易见资金才是最重要的。但是 20 年过去了我意识到我错了。从众多不同的创业者那里我听到了同样的我现在也认同的话：导师资本对创业者而言比金融资本更有价值。

为什么？部分原因总结自我试图让奋进公司更上一层楼的亲身经验。我们有一个不断发展的组织和绝妙的构想，我拥有热情和愿望，但是我总是处处碰壁。我总会陷入困境，感到孤独、恐惧和不安。

在每个节点，我逃脱的方法就是向某人寻求帮助：在非营利性组织工作的同事、在快速发展的公司里的前辈、第一代职业妈妈。我还特别会向我的董事会求助。当埃德加成为董事长后，他不知不觉就成了我的导师，保护我也指引我向前。他做这些完全不求回报。导师制对我而言会变得如此重要，是因为当我孤立无援的时候有人向我伸出援手，所以我也总是试图帮助那些遭遇相同境遇的人。

这就回到了我在本书一开始提到的：创业时代成功的最大障碍不是生理、金融、教育或者国家因素，是心理因素。开启成功之匙就是相信自己并找到相信自己的人。可能最后一点太困难，这也是需要导师制的时候。

创业者生命中的所有事情都是有条件的。一旦工作不够有趣或者好玩，员工就会离开；如果利润或者影响不够大，投资人就会离开；如果产品或服务不够有效，客户就会离开；甚至连你家庭的支持都是有条件的。创业者总是吊在这样的悬崖上，冒着被抛弃和摔倒的风险。

这就是为什么你需要一个很强大的导师团，导师们可以帮助你保持平衡。

但是你如何找到他们呢？这可能是最让人惊讶的一课了：可能你早就已经认识他们或者某个认识他们的人了。就我而言，获得帮助真正的难题在于没人知道你在寻找帮助。这是在公司扩张时期非常常见的问题。有时你能做的最重要的事情是首先承认你有弱点并承认你需要帮助。

这就像道家说的“学生准备好了，大师就会出现”。想找到对的导师？伸手求助吧，告诉周围的人你需要什么。

打开大门，导师就会走进来。

第三部分

再出发

第八章

目标导向型职场

有一天傍晚，当时我女儿们还在上三年级，泰碧和我走路去学校，去看伊登班级表演《暴风雨》。一开始，泰碧兴奋地和我讲她最近正在看的一本书，那是一本关于女孩自尊心的书，我之前有点儿随意地放在了她们的卧室里。泰碧尤为关注书里所介绍的历史上不同时期人们对时尚和外在的追求。

泰碧说："妈妈，您觉得女人所做的一切都是为了看上去很时尚吗？有些人为了让紧身胸衣更紧，把身上肋骨都去掉了！"

"啊？不会吧？"我回答道。

"您知道吗？20世纪20年代的时候，女人开始用绷带绷紧她们的胸部，这样可以使她们的身形看上去更像男人。"

我回答道："实际上，我最近才知道这些。不过我正在读一本书，讲的是创业者不是只想着赚钱，他们还想让这个世界变得更好。在这本书中，我知道了一个女人，正是她解开了那些绷带。"

接着，我就和泰碧说了这个故事。

1886年，艾达·卡冈诺维奇出生于白俄罗斯。她的父亲是一位研究犹太教法典的学者，母亲则开了一家小杂货店帮着养家糊口。青少年时期，艾达搬到了波兰，在那里学习数学和俄语，同时在裁缝店里当学徒。在那里，艾达成了一名社会主义者，投身于宣传资本主义不能给女人提供正义的观点。等她回到老家，她认识了她的革命伴侣威廉·罗森塔尔。

1905 年，艾达和威廉为免于迫害，飞到美国新泽西州霍博肯市。艾达不想去工厂打工，于是她买了一台胜家缝纫机，开始自己的制衣生意。她的朋友们问她："为什么要冒这种风险？"她回答道："因为我不想再给别人干活了。"

但是，艾达做的那些凸显身材的裙子和当时流行的内衣很不协调。20 世纪 20 年代时，维多利亚时期流行的女士紧身胸衣已不再受欢迎，取而代之的是一块布料，压平胸部，压向胸腔。这种抹胸据说很重要，因为穿上它，女人们跳查尔斯顿舞时，就不用担心她们的胸部会跳出来。为了追求这种时尚，就需要女人们看上去像男孩子。

艾达的体型不像男孩。她很丰满，于是她给像她一样"真正的女人"设计裙子。艾达说："各家公司常常做这样的广告——'使你看上去像你的兄弟'。当然，这不可能。女人天生就有乳房，为何要和大自然作对呢？"

艾达和威廉开始设计有合适罩杯的连衣裙供人们选购。一开始，这些罩杯就缝制在连衣裙里，但后来这些罩杯很受欢迎，于是艾达和威廉开始单独卖这种罩杯，1 美元 1 对。而且为了有别于"男孩气"，他们卖罩杯时，选用了"媚登峰"（Maidenform）这个名称。

就是在 57 号街上他们的店面里，这对偶然走进制衣行业的创业者开启了一场革命。他们充分利用了当时又一典型时代产物：广告。

在他们标志性的“我梦想”宣传活动中，女人上身仅着一条媚登峰文胸在办公室上班或者扔棒球，画面下面有这么一行字：我梦想我能穿着我的媚登峰文胸去上班（或我梦想我能穿着我的媚登峰文胸开启世界联赛）。有一则宣传海报上，一位女士穿着红色的短裙和白色的文胸，周围环绕着投票箱和烟花，旁边的广告文案是：我梦想我穿着我的媚登峰文胸赢得选举。

白宫办公室里就放着一个媚登峰文胸，这可真是个远大的梦想！

到 20 世纪 30 年代时，他们每年能卖出 50 万件媚登峰文胸；到 20 世纪 70 年代，这种文胸一年能卖 1 亿件。艾达生产的这种集舒适和实用于一体的文胸解放了上千万女性。

但泰碧，我想和你说，这则故事吸引我的地方在于它揭示了随着时代的变迁，不仅时尚在变化，而且创业者精神也在变化。以前，创业者只需要说他们能提供创意产品，有盈利能力，能按时发放薪水，就足以表明他们在造福社会。从这些标准来看，艾达·罗森塔尔已经是一位扫除一切障碍的成功者了。

然而时代变了，只是生产产品、赚取利润、发放薪水还不够。如今，社会各界关心你如何对待你公司的雇员；消费者在意你在公司内外推行的是不是同一套价值观；应聘者想知道在他们还没投简历时你就关心他们。因此，你信奉的文化就是你的品牌。

在这点上，艾达不达标。这位现代管理技巧的实践者也是一位不停抽烟的首席执行官。她加速流水线生产，欺侮自己工会的工人，觉得手下的裁缝工应该能工作得更久，因为她们的胸部很好地被支撑起来让她们没那么疲劳。似乎人们唯一不想去工作的地方就是媚登峰文胸工厂！

本书前两部分，我谈到创业者要发展和做大做强意味着什么。但是，做一个创业者还需要第三个要素。谈论第三个要素时，我们关注一系列更宏观的问题：我想要实现什么目标？我正在做的事背后有什么意义？我想要过哪一种生活？

接下来的两章，我将探讨这些问题。目前为止，书中讨论的每一点都可能被当作构成创业者精神的具体要素，现在我要进行提炼和升华。有时候，我觉得这部分可以说是创业者精神的“艺术”，我把它称作“回归”。

我想说的第一个主题就是如何成立一家公司，让它不仅做到效益最大化，而且被赋予价值观。如今，创业者处于新时代，在这个时代里，各机构把人才放在各自商业模式的中心。对此，他们毫无选择。在创业者精神的氛围中成长的现代工人期待灵活性，坚持互相合作，要求生活富有意义。

我观察到很多企业领袖常年来困扰于这些问题（我也曾困扰于这些问题）。这是我学到的：如果你想建立一个有凝聚力的组织，那么只考虑自己的领袖风格远远不够；如果你不能花更多的时间，那么你必须要花至少等量时间来考虑如何满足人才的需求和培养他们的才华。

习得领导力诚然很难，但那可能是建立有凝聚力的组织这个等式中较简单的部分，至少你能控制自己的行为。而建立一种能激发创业本能的职场环境，才是非常棘手的难题。

下面这些观点可能会对你有帮助。

精神资产

在任何大城市中，你都会在那些城市里最宏伟的建筑物上，看到那些最知名公司的名字。从迪拜到达拉斯，许多公司都用它们灯光闪烁的总部大楼，向公众展示其经济实力。楼宇越大，那么该公司品牌的影响力越强。

但在布宜诺斯艾利斯，有一个名字是不会出现在摩天大楼上的。

Globant 是一家由 4 位创业者在 2003 年一起在酒吧里成立的科技公司，总部设在阿根廷。这 4 位充满活力的创业者雄心勃勃，他们说："我们的目标是成为世界领先的创新软件产品制造商。"因为有迪士尼、美国运通和可口可乐这些大客户，Globant 迅速将自己的业务范围扩展到 8 个国家，同时其年收益高达 1.5 亿美元，公司员工总数也扩大至 3 000 人。

随着公司不断发展，4 位创始人处在一个其他创业者也会遇到的过程中，他们需要扩大公司规模，凝聚手下员工，带公司进入新的发展阶段。为此，最简单的办法就是：把所有人集结到光鲜亮丽又摩登的总部大楼里来。新闻媒体会撰稿报道，竞争者们开始小心提防，全世界都会知道有一个新的大玩家来了。简而言之，人人都喜闻乐见。

除了他们的员工们。

Globant 将企业文化当作自身形象的核心。它鼓励员工参与团建活动，如 Stellar 活动。Stellar 活动是一种同行认可机制，即员工们给那些推行核心价值观的同事颁发金奖章。Stellar 活动允许员工互相竞争，各自争取新项目。当耐克公司请 Globant 参与一个广告宣传活动竞标时，Globant 并没有求助于公司的营销团队，而是召开了一次集思广益的众包会议，这样公司所有人都有机会一试。有 100 名员工提出了点子，后来 Globant 拿下了耐克的广告，那个贡献出获胜点子的员工得到一个 iPod 作为奖励。

Globant 以员工为核心的理念，尤其体现在该公司选择办公地点这一点上。创始人们本能地想让所有员工在市中心的办公大楼工作。但当他们看了看地图上员工们的家庭位置，他们很快发现几乎没人住在市中心。要让员工浪费长时间通勤，这会剥夺他们私人时间，同时也破坏了公司的一条核心价值观：员工安排自己的时间。因此，创始人们采取了相反的策略：他们建了 3 处小型的办公楼，选择这 3 处地址时，原则都是将员工的通勤时间压缩到最短。

如果你们关心今天的劳动者，那么 Globant 不显眼的多个办公楼的故事，完美地说明了我觉得你们需要去考虑的第一个主要问题：你必须明白什么可以激励他们。若你觉得主要是薪酬，那你需要三思。在人人创业的时代，劳动者队伍中最大的一个变化就是薪酬在工作中的优先级。人们固然关心薪酬，但影响力、自由和生活品质这些新的因素逐渐超越了薪酬。

这种新考虑显然给没什么财力的企业带来了好处，它们可以同财大气粗的公司一起争夺人才。但这也有风险，如果员工得不到他们想要的，他们便会跳槽。

比尔 · 戈尔，美国杜邦公司前工程师，后来又自己创立了美国戈尔公司。1965 年，一个周一的上午，比尔像往常一样在他位于特拉华州的工厂闲逛。但正是那天上午，他注意到情况有些不一样：他不能叫出所有人的名字。这一发现没有让他感到开心（虽然这说明公司生意蓬勃发展），反而令他很沮丧。他匆忙写了一条备忘录：戈尔公司每家工厂的员工数目都不得多于 200。同时，每家工厂必须互相交流——不能孤立公关部门，也不能孤立工程师。每位员工要知道其他员工的名字，且能和队伍里每个人合作。

随后戈尔提出了一个被他称作“扁平格子组织”的理念，他又写下了更多备忘录。他写道：“我们大部分人都乐于不用走繁复的正式流程，用一种直接、简单的方式干活。”就此，戈尔提出一种非正式、没有等级的工作方式，这大大释放了个体员工的创造力。在他的公司里，没有职位头衔，没有具体工作内容，也没有“员工”或“老板”。所有员工都是“合伙人”，有“赞助商”指导他们，把他们组织成自我管理的团体。戈尔的这种方式被人们称作“无管理”，正是这种方式让戈尔公司成为过去 50 年里最有创造力的公司之一，并在很多不同领域里取得成功，如医药业、清洁能源行业（空气污染过滤器）、牙科行业（佳洁士牙线）和器乐行业（伊利克斯吉他弦）。

这种无管理方式并不适用于所有人。戈尔曾经说过，对于那些不能适应“无管理”的人，“这种情况并不能让人开心”。现在“看似不存在的首席执行官”特丽·凯莉承认很多员工仍需要他人指导。她说：“有些人想看到公司发展蓝图。”但是绝大多数戈尔公司的合伙人都喜爱这种自由。他们成为自己职业生涯的设计者，成为一群创业者中一分子。正如其中一人所说，“只要你加入进来，做出好的决定，那么这家公司就会信任你”。今天，戈尔公司的人员离职率是 8%，低于同行业平均值的一半。同时，它也是少有的几家每年入选《福布斯》杂志最佳雇主榜单的公司之一，该榜单自 1984 年起每年发布。2004 年，美国最具影响力的商业杂志之一《快公司》称戈尔公司是“同等条件下，美国最有创造力的公司”。

在现在的经济环境下，所有公司都在产品质量、价格和服务方面进行竞争，那么找到一些能释放创造力的方法显得愈发重要。合益集团的研究表明相较于那些员工对工作投入度不高的公司，那些员工对工作高度投入的公司在员工留任率上要高出至少 50%，在客户满意度上要高出至少 89%，在利润增长上要高出至少 4 倍。雇员满意度较高的零售商店，其每平方英尺的利润多产生 21 美元。然而，大多数公司在激励员工这点上做得并不好。全球知名咨询公司盖洛普公司对全球多家公司做的一项调查表明，只有 13% 的员工真正全身心投入工作。

因此你可以做些什么来激励团队成员呢？事实证明你认为最显而易见的答案，即更多的薪酬，并不是全部。奋进公司调查了 2013 年发展最快的 60 家公司的创业者和员工，我们发现这些公司都采用大量和戈尔的扁平格子组织类似的策略来管理员工。这些策略包括非等级制的企业结构，开放频繁的交流，给员工渠道提出想法、实践想法以及创造性的奖励制度。来自黎巴嫩的一家数字营销公司老板，内莫·巴丁说：“劳累一天后，报酬激励当然好，但是你还得满足人们的心理需求，要让他们感觉他们是伟大事业的一部分。”

这正是我想说的精神资产。

越来越多的研究表明员工需要的不仅是一直晃在眼前的那根胡萝卜。杜克大学经济学家丹·艾瑞里在这个领域是名先行者，他已经做了很多研究来检验财务奖励的有效性。他承认，这种研究很棘手，因为学者没有资源在华尔街做这些实验。他在印度做了第一个实验。他让 87 位参与者做一些简单任务，然后给他们相应奖励，做 1 天实验的领 50 美分，做 1 个月实验的领 5 美元，做 5 个月实验的领 50 美元。

传统经济学会认为参与者会根据奖励大小，相应调整改善自己的表现。然而艾瑞里发现的情况完全相反。领最低奖励那组的表现和领中等奖励那组的表现差不多。更让人吃惊的是，领最高奖励那组的表现最糟糕。当艾瑞里在麻省理工学院做这个研究时，他给学生们分别提供了 60 美元和 600 美元的奖励，结论和在印度的实验结果一样。艾瑞里在世界各地做类似的实验，9 次中有 8 次，他都发现获得财务奖励越高的参与者，其实验表现越糟糕。为此，他得出结论：人们天生就很快乐地去做事情，但付钱让他们干活的时候，他们并不开心。

当然，艾瑞里并不是说不应该付钱让人工作，我也不会这样说。他所说的是，要是你觉得你的员工只需要薪酬，那这种观点就过时了。创业者比大多数人都更了解这种观点，因为一开始他们往往都有现金周转困难的情况。无法靠薪酬刺激员工，因此他们不得不想出很多有创意的方法来激励员工，其中一个就是重新考虑职称。

奋进公司的两位创业者雷内 · 兰克努和路易斯 · 加尔萨意识到墨西哥存在一个问题：婴儿数量庞大，而日托所却不够。为解决这个难题，雷内和路易斯创立了他们的公司 Advenio，一开始公司在墨西哥市给各家公司提供上班地点托儿服务。随着 Advenio 的业务扩展到其他城市，两位创业者开始担心他们无法做好质量把关，因此他们采取了创业公司通常不会采用的方法，他们聘请了一位专职人员来管理公司文化。她的职务名称是首席妈妈。首席妈妈又接着聘请了一位“理想经理人”来帮助员工实现他们的目标。这些职称不仅很有趣，能给人实权，而且还传达出一种信号，即每位员工的成功都对公司的成功至关重要。

因为海豚型创业者一直在非营利性组织里工作，所以他们一直都明白非财务激励的必要性。南希·卢布林创立了“益事”组织，这家非营利性组织旨在鼓励年轻人在社会变革中采取行动。每年该组织都要招聘两百多万志愿者。南希是这家组织的首席执行官，尽管她把自己的职称称作首席老人。她的一个观点是给人们让他们感到自豪的职称头衔。南希在她的书《小人物》中写道：“人们都想要更高的头衔，那为什么不给他们更高的头衔呢？这样做的优点是，你可以通过设置一个新头衔让员工觉得自己很有价值。”

很多营利性组织也深谙此道。Pinterest（美国瀑布流图片平台）的设计师又叫像素推销师，糖果连锁店的老板把自己时髦地称作首席软糖熊，一家广告代理商称自己的行政助手为第一印象管理师。

给员工留下好印象，要让他们在选择自己的头衔时有发言权。

还有一种做法，就是像 Globant 一样，给员工更多自主权。数年来，很多公司都给员工大量时间去做他们想做的项目。在 3M 公司，员工可以花 15% 的时间来做自己想做的项目；在谷歌公司，则是 20%。领英公司提出一个方案，只要提出的项目获准，那么员工就可以花 3 个月的时间来做这个项目。那可是 1 年的 1/4 啊。

但我们先暂时忘掉这些百分比。美国最大的网络抵押放贷公司快速贷款公司（Quicken Loans）有一个项目叫子弹时间（Bullet Time），即允许员工每周一下午 1 点后可以做独立项目。脸书公司举办了一个编程马拉松，名叫原型论坛（Prototype Forum），该论坛鼓励员工开发实验性产品。其中一个获胜的产品是“脸书 Wi–Fi”，即只要人们登录脸书账号并给出自己的坐标，那么脸书 Wi–Fi 就可以让人们在世界各地的咖啡厅登录免费 Wi–Fi。

运营小公司的蝴蝶型创业者也找了一些有创意的方法来让员工有更多表达自我的机会。位于芝加哥的艺术家镶框服务公司给装框者分配不同颜色的螺丝。该公司的创立者杰伊·戈尔茨这样解释这种有识别性螺丝的影响：“这种做法会制造一种所有权的自豪感。”另外，一旦有了所有权这种东西，这些框架的质量将显著改善。戈尔茨说：“当框架上的线掉落下来，人们把这个框架送回来，我们就知道是谁装的框架。”

以前，创业者们可以靠自己的天生魅力和聪明主意来消除恶劣工作环境带来的愤愤不平；如今，这样的时代已经过去了。现代员工对雇主有更高期望。正如丹尼尔·平克在其著作《驱动力》一书中所指出的，挖掘人们内在动机的最好方法就是给他们自由、权力和目标。在我看来，这些都是精神资产的构成部分。它们对本书提及的这两代劳动者，即老一代劳动者和年轻一代劳动者，都尤为重要。这两代人都不认为金钱是最重要的补偿形式。相反，平克在其书中写道：“他们选择了很多非货币要素，从一个‘优秀团队’到‘有能力通过劳动回馈社会’。”而且如果他们没找到这类回馈，他们就会离职。换句话说，让你的工作场所更具创业氛围，否则你就会发现你的员工都会离职自己去创业。

人人都要认同企业文化

每隔一年，奋进公司会开一次峰会，公司创立者和备受瞩目的商业领袖一起讨论战略、趋势以及如何让他们的公司繁荣发展。2013年，其中一位发言人是简恩·林，她是传递快乐公司（Delivering Happiness）的首席执行官和首席快乐师。这家公司是她和美捷步公司的首席执行官谢家华一起创立的。简恩的使命就是激励其他人向网络零售商学习，让快乐成为核心商业策略。在美捷步公司，员工们被称作“捷步者”，他们有“捷步节”。每年，该公司都会出版《美捷步文化手册》，里面囊括了员工的各种建议。

简恩给我们的创业者传达的信息就是，既然你的文化就是你的品牌，你的员工就是你的主要资产，那么你最好确定你招来的员工都是符合你需求的员工。演讲过程中，简恩说了一些话，一下子吸引了我，因为这些话抓住了我和很多创业者都认识到的一个道理：成功的创业者“慢慢雇用员工，火速解聘员工”。

建立有凝聚力的组织需要培养人才，这就需要你提前花费时间，以后就不用再花费时间和金钱。美捷步招聘时有两场面试。首先，招聘团队向应聘者询问有关经验和技能的问题。接着人力资源部门问问题来看他们是否符合企业文化。美捷步对企业文化相当看重，它会支付4 000美元作为给一周内被辞退的员工的补偿金，这样就不用浪费资源去培训那些和团体并不和谐的人了。想想看，如果你无法融入企业文化的话，美捷步会在 5 天后付给你钱让你走人！

让我对美捷步倍感认可的是它的员工们现在不仅仅是企业文化的接收者，他们还是企业文化大使。如果不认同你的企业价值观，员工是无法向外传递企业价值观的。这也是为什么你必须小心地筛选应聘者的原因。

没人会比黛布拉·简·希维尔更懂得这一点了。黛布拉高中毕业后找了一个做棒球球童的工作，同时她也是一个滑水表演者。18 岁时，她认识了经济学家兰迪·菲尔兹，两人第二年就结婚了。成了家庭主妇的黛布拉为她丈夫的办公室同事制作饼干。每个人都喜欢他俩，后来她决定开一家烘焙店。“我知道我的劣势，”她说，“我太年轻，也没有大学学位，没什么生活手段。我是典型的金发女孩，那种人们觉得是花瓶的女人。”她的丈夫说她的想法简直“疯了”，她的父亲也犹豫不决。“真正让我下定决心的，”她说，“是当我母亲说我一定会失败的时候。”

第一家菲尔兹夫人巧克力小店在 1977 年 8 月正式开张。直到下午 3 点她都没有卖出一块饼干，于是黛布拉装了满满一盘饼干，上街免费发放。一天结束的时候，她已经吸引了足够的人返回店铺买了 75 美元的饼干。截至 1980 年她拥有 15 家店铺，到了 1986 年，有 350 家。（在那时她还购买了全球 10% 的夏威夷果。）但是她遇到了一个问题：如何招聘到那些能承袭她积极活泼的个性并为人们重现“菲尔兹夫人体验”的人。比如黛布拉记得她的所有客户的生日，她希望她的员工们也能做到这些。于是她制订了一个颇有创意的招聘策略。

首先，她拿出一盘饼干，要求应聘者品尝这些饼干，这样她可以评判他们对产品的热情。接着，她要求应聘者拿着饼干盘上街分发样品，来测试他们是否有外向的性格。最后，她要求他们在店里唱“生日快乐歌”，因为一旦应聘成功，他们就需要这么做。“我并没有期望他们唱得能有多好，”她说，“我只是在看他们是否愿意这么做来让顾客感到快乐。当你试图做生意并且让顾客开心，你必须极尽所能。”黛布拉称这个过程为3S：抽样（sampling）、售卖（selling）和唱歌（singing）。

和慢速招聘同等重要的是快速解聘。在《从优秀到卓越》一书中，管理学专家吉姆·柯林斯讲到请对的人上车和请不合适的人下车的双重重要性。柯林斯说道：“优秀的公共汽车司机（优秀的领导者）开车时重要的不是从‘哪儿’出发，而是‘和谁’出发。他们一开始就请了合适的人上车，请不合适的人下车，每个人都坐在自己的座位上。”

凯文·莱恩是一名连续创业者，他带领DoubleClick（网络广告服务公司）从20多人的创业公司发展成拥有1 500人的国际公司，他称整个过程就是在不断发展的时候做减法。他告诉我“建立优秀的团队很重要的一步就是找到哪些人不再适合在队伍中并解聘他们”。他的建议是：“不要让糟糕的情况发酵。”

我如此关注让不合适的员工离职的方法是因为在很长一段时间里，我都不能在最初就找到合适的人。换句话说，我曾经很不擅长招聘，那么我必须得变得擅长解聘。但是虽然我基本同意吉姆·柯林斯和凯文·莱恩的话，即解聘是很必要的，和创业者们打交道的经验让我相信解聘这件事有好方法也有坏方法。

首先，因为同创业者在新兴市场工作，我发现大多数人生活、工作在同一个很小的世界里。你的员工也同样是你以前的同学，你的邻居，你妈妈最好朋友的孩子，另外一个街区的崇拜你的小孩。你不能残忍地解雇某人还觉得可以和他正常做生意、吃午饭或者去杂货店而不遭到什么报应。

其次，在社交网络的时代，即使是前雇员也始终是你品牌的发言人。这个你刚解雇的人在脸书上发布他的经历，在推特上发布他的观点，在网络上留下投诉。下一个应聘者在搜索你的公司名称时这些内容可能随时都会出现。甚至有像 Glassdoor.com 这样的网站，提供公开的公告栏报道公司工作时长、工作条件、谁碰到了最烂的老板等八卦。忘了旋转门吧，如今对创业者来说最大的威胁就是那些八卦墙，再也没有任何秘密可言。

所有这些都让解聘的艺术充满压力。没什么能比你如何对待你不再需要的人更能定义你的企业文化了。电影里最经典的一幕对很多人来说再真实不过：雇主停用员工的电子邮箱，拿走他们的钥匙，要走他们的客户联系方式，让他们在众目睽睽之下拿着一个装满了发蔫的植物和沾了水渍的家庭照片的纸箱离开公司。这种残酷的行为可能在某些情况下是必要的，如银行或者证券公司，那里的确存在蓄意破坏的问题。然而对几乎每个我见到创业者而言，这种解聘员工的方式不仅不可取而且简直是自我毁灭。

还有更好的方法让你可以优雅地解聘员工。你做了一个快速解聘员工的决定并不意味着你必须赶他们走。你可以让他们继续在办公室里找工作，你可以为他们提供推荐信，你可以让他们自己来告诉周围的人他们要离职的消息。我不是天真，这种情况的确还是会让人尴尬和不舒服。我对着镜子练习过很多解雇员工时要说的一番话。我看到过很多人听到消息时流下的泪水。任何被你强行要求离开的人是不会对你高唱赞歌的。

但是如果你行事深思熟虑，人们也不会在离开的时候诅咒你。在很多情况下，他们会为给他们调整的时间而感谢你。在现在高度互联互通的世界，这是尤为重要的。我们和创业者共同的经验证明了当你在建立公司时，降低诋毁者带来的伤害远比最大化讴歌者带来的好处更为关键。

这种新型的解聘方式太重要了，所以我的女儿们都学会了。在我的女儿们 6 岁时，有一天她们和一些朋友一起在唱一首傻傻的歌曲。这首歌的调子是《祝你生日快乐》。

> 我的妈妈痛恨工作
>
> 她开除了一个笨蛋
>
> 她雇用了一只猴子
>
> 它吃掉了我的功课

唱完歌，泰碧跟她的朋友说："不过，实际上，我妈妈不会开除别人。她只会告诉他们，他们在其他地方会更快乐。"

向年轻人学习

某个夏日的清晨，在纽约下城 SoHo 区著名的普克大厦的 5 楼，一大群时尚眼镜品牌沃比·帕克新入职的员工集合在他们公司每周的全员大会上。“这是我们规模最大的一次招聘。”联合创始人尼尔·布鲁门索说。他 33 岁但大概是房间里最年长的人了。“来吧，”布鲁门索对着新人说，“告诉我们你的有趣故事！”

“有趣的故事”是沃比·帕克公司的一个传统，也是公司用来了解年轻员工的一种手段。现在的年轻员工与以往不同，他们不喜欢等待，他们不喜欢付账单，不喜欢做单调乏味的工作。你要想翻个白眼要求他们按你的方式来做事那是不可能的。你必须融合一些他们的方法，最重要的是：他们的工作必须有意义——对他们自身以及对整个世界。

沃比·帕克公司传达了一个的很重要的信息：让办公室更有大学气息。公司 8 个核心价值观之一就是“把有趣和古怪融入所有我们做的事情里”。“有趣的故事”就是对此的一次尝试。还没有人的经历的兴奋程度能超过之前的一个员工，她曾经抱过迈克尔·杰克逊的还是小婴儿的儿子毯毯。这个活动更重要的目的是为了让大家联络感情：产品策略部的凯特是桶式竞技比赛的冠军，客服部的娜塔丽曾是碧昂丝在超级碗半场表演的伴舞，朱莉在 16 岁的时候因为玩人群冲浪而丧失了嗅觉。

沃比·帕克公司在网上售卖物美价廉的眼镜，同时也在很多零售店售卖。以现代商业的标准看，这些年轻的员工是被低估了。其实，他们主动、活泼并且专注。“我知道严格来说这就是一个客服工作，”米凯拉·马克里奇（她的趣事是她曾在家乡夏威夷做平衡车游览的导游）说，“但这份工作并不会让人感觉到客服中心的刻板印象，即人们都很老，都很痛苦，没有任何前途。在这里的每个人都很年轻，很聪明。公司对待我们也不是只把我们看作客服代表，我们被看作是团队的一员。”

布鲁门索发现如果要成功，他和他的合伙人需要为这些年轻的员工提供除了有保障的工作和很好的福利以外的东西——一种归属感。每个新人都会收到一张泰国餐厅的优惠券（公司在成立时的聚餐地点），一本杰克·凯鲁亚克的《达摩流浪者》（沃比·帕克这个名字就取自凯鲁亚克书中两个角色的名字）和一副免费的眼镜，不论他们需要与否。每周所有的员工需要告诉他们的主管他们的幸福指数是多少，按从 0 分到 10 分打分。布鲁门索曾做过调研，问员工他们为什么被公司吸引以及为什么留在公司。“这两个问题的答案很多，工资却并不在其中，”他说，“答案是企业文化、学习机会以及创造影响力。”

沃比·帕克的员工大多是年轻一代，这是指所有在 1982~2000 年出生的人。他们是被研究最多的现代员工，因为他们这个群体正在飞速增长，年轻一代员工已经占美国劳动力的 36%，2020 年会上升到 46%。还有一个原因是他们对年长的员工来说是非常难懂的。调查人员发现年轻一代员工展现出了 3 种最能区别于其他人的特质。

首先，因为他们正处在一个时刻兴奋、变化中的世界，所以他们对工作的期待也是这样。他们什么都要求速度，他们的诉求可以在一天内发生变化。好消息是，他们从来不懂什么是朝九晚五，所以他们不会受传统的时间观念所限，他们更能接受在非工作时间来完成工作。

其次，比起公司的品牌，年轻一代员工更在乎自己的个人品牌。年轻一代员工从父母那里学到了一课：他们想要什么就可以得到什么。如果他们在你的公司得不到个人满足感的话，他们会去别处寻找。一项调查显示，年轻一代员工会在几周内就决定是否要继续或者放弃一份新工作。相反，婴儿潮时期出生的员工则预期花费最多 4 年的时间。

因此，年轻一代员工相信他们很重要。2012 年 Net Impact（一家致力于培养学生领导力的非营利性组织）的调查发现 72% 的大学生说公司让他们做有影响力的事情对他们的幸福感而言非常重要。他们的父母可能满足于在大公司的办公室熬时间，然后在家长会的烘焙售卖活动或者年底的慈善活动上回馈社会。但是年轻一代员工不认为工作和对社会的回馈之间有什么界限，他们也不想为那些认为两者有区别的人打工。

美国联邦航空管理局是一家有 60 年历史的负责监督航空活动的机构，它不情愿地学到了这一课。多年来机构的招聘负责人一直在用一个类似联邦政府的宣传标语的招聘启事。就像机构的人力资源总监文特里斯 · 吉布森说的："我们传递的信息一直是你应该来为美国联邦航空管理局工作，成为一名空中交通管制员或者航空安全检查员，那么你就会得到不错的福利。说实话，对我们上一代人来说，这个信息就足够了。"

但是对于年轻人来说这样可不行。年轻的员工在寻找意义而不是福利，而且他们觉得这个机构就是一个陈旧的官僚机构。随着一批空中交通管制员临近退休的年龄，机构面临招聘危机。2008 年，情况已经万分危急，机构开始招聘高三学生来填补空缺。

接着吉布森和他的团队意识到：美国联邦航空管理局并不是什么古板的官僚机构，它是整个社会运转的基石。美国每天有将近 200 万名乘客登上国内航线的飞机。航空事业帮助家庭得以团聚，扩大人们的视野，带动商业蓬勃发展。美国联邦航空管理局就是美国航空的支柱。

于是吉布森发布了新的招聘信息："现在我们尽全力跟大家说，如果你来为联邦航空管理局工作，你可以成为改变管理局的力量，而这会改变整个航空事业。"她说："我们告诉年轻人他们如何能引领航空产业并做出一番成绩。"机构的网站招聘信息这样说："在美国联邦航空管理局工作能够提供一个独特的机会来感受你的影响力，这不仅会影响航天产业，也会影响整个世界。"新的招聘信息非常管用。"以往我们要花更久的时间招聘到最优秀和聪颖的人，"她说，"现在我们改变了我们价值观，应聘者都主动上门了。"

另外，年轻一代员工需要时刻与他人保持联系。在家里长大的人整个家庭就是一个团队，寄宿学校长大的人有同学们一起协作，他们也必须作为团队的一分子贡献自己的力量。年轻一代员工在面对流程图和指示时泰然处之。有部门面临一个飞快逼近的截止日期？年轻一代员工会非常愿意帮忙一起完成工作。他们同时也想在每件事情上都有参与感，希望每一个决策都有自己的声音。

有一种方法来达到这个目标。在沃比·帕克公司，整个团队会在每周三齐聚一堂听取每个部门的工作进展。在奋进公司，费尔南多和我更进一步，采取了一种我们的创业者使用的方法：岗位轮换制度。

我们的员工总是很想知道其他人都在做什么，于是我们建立了一个轮岗职场通道。新人先从我们的搜选团队开始；12~18 个月后，他们转而去服务我们的创业者；1 年后他们可能会去开发其他国家的市场或者别的部门。因为很难留住新人，汤森路透公司遭遇过一段艰难的时期。新人很想搞明白整个公司的运作流程，所以对只在一个专门的部门的现状很不满。现在新人们会在 3 个不同的职位轮岗，每个岗位工作 9 个月。汤森路透的员工的留职率飙升至 95%。

另一个赢得年轻一代员工喜爱的方法是黑客马拉松。它在 20 世纪 90 年代起源于软件行业，黑客马拉松（这个词是黑客 hack 和马拉松 marathon 的合成词）是指一个连轴转的、依靠咖啡因提神的狂欢。活动一般持续 1~2 天，员工们争分夺秒地来完成一个项目。脸书是早期采用这个方法的公司，自 1996 年以来已经举办了 30 多场。点赞按钮、聊天框和视频功能都来源于黑客马拉松。这样的活动是集思广益的终极方式，是电影《社交网络》和《动物屋》的结合体。

现如今这种活动已经成为主流，经常以一种比赛的形式出现，由多个团队争夺一个奖项。

2013 年，英国航空公司召集了 100 位硅谷奇才（包括奋进公司的创业者文尼 · 林厄姆），交给他们一项任务，让他们设计一个解决方案来增加女性在科学、科技、工程和数学学科中的比例。亮点在哪儿呢？他们必须在 3 万英尺的高空上做这件事。活动在英国航空公司从旧金山飞往伦敦的 9120 航班上进行。飞机着陆后，参赛者在创新峰会上展示他们的创意。

同年，波士顿儿童医院的一群臭鼬型员工找到麻省理工学院，想办一场黑客马拉松来帮助改进儿科护理水平。一整个周末，医生、护士、临床医生、饮食学家、工程师和程序员共聚一堂。最后提交的方案有：收集了为有食物过敏史的乘客准备的各种食谱的手机端平台RightByte，提醒孩子们什么时候吃药的跳舞机器人eNgage，还有通过让孩子们挤压来表达自己的疼痛程度的“智能球”Comfy Ball。

这些黑客马拉松比赛的重要意义在于它们打破了传统的时间日程。它们创造了一种团队协作和集思广益解决问题的精神。换句话说，他们是以年轻一代员工的方式处理事情。

年轻一代员工的时间观和价值观正在向超出这个群体的其他人群传播。比如梦工厂，那里的员工的平均年龄为36岁。工作室每年大概发布3部电影，它的股票随着电影票房的表现波动。于是创始人史蒂文·斯皮尔伯格、杰弗瑞·卡森伯格和大卫·格芬在培养公司文化方面进行了很多思考。梦工厂园区拥有加州南部的元素：微风吹拂的走道、野餐桌、乒乓球桌。员工们几人一组聚在一起。公司提供从瑜伽到即兴表演的各种课程。

但更重要的是，梦工厂还将自己的文化用在满足年轻一代员工的期待上。年轻一代员工在梦工厂占总劳动力的20%左右。公司努力避免将员工分隔在小格间里。任何人都可以为创造性的努力贡献自己的力量。公司甚至训练每个员工学会如何向高管进行有效的推介。这意味着会计可以对任何动画电影的情节设计发表评论，助理也可以给要去竞争奥斯卡奖项的电影推荐音乐。为了向大家证明公司是认真的，他们会在每部电影里列出每一个为电影贡献了力量的人。这些政策帮助梦工厂拥有忠诚的劳动团队，公司人员流动率不到5%。人力资源总监说："每个员工都被鼓励做他们自己的首席执行官。"

年轻一代员工和其他员工比起来就像是创业者跟传统职员的对比一样：他们的能量、打破常规的激情、无限的创造力正在感染他们身边的每一个人。这些想法可能最先作用于年轻人，但是更多的人正得益于这些想法。如果你无法打败他们，所以你不如加入他们。

置身其中吧。

寻找工作和家庭的平衡

最后一点是我好不容易才学到的激励员工的方法。同样是说起来容易做起来难：告诉他们要有自己的生活，最好你自己也有自己的生活，为他们树立一个榜样。我是指你要有不围着工作团团转的私人生活。

在奋进公司勤勤恳恳工作了 3 年后，我造访了我们在巴西圣保罗的团队，我们在那里的主管甚至比我还要更加拼命。她运营的团队是我们组织里最有效率的。她的团队精明强干、生产力爆表。我在奋进（巴西）受到接待的第一天，我把所有人聚在一起，告诉他们我对他们有多佩服。之后几个团队成员把我拽到了一边。"我们需要跟你谈谈，"他们说，"你能告诉我们的老板时不时去吃个午饭休息一下吗？我们没有一个人离开过我们的工位。我们不敢跟她说。"

当我返回到奋进公司纽约的总部后，我做的第一件事就是决定休 3 年里的第一个假期。我意识到我的团队因为看到我永远都是在工作，从来没有休过假，他们以为我期待他们做同样的事情。我注意到变化立刻发生了，员工休假回来后感到神清气爽、充满能量。我之前并没有意识到我作为一个领导者的信号效应。

现在我让大家知道我每天都会接送孩子上学，并且几乎每晚都在晚饭前赶到家；如果有芭蕾演出或者家长会，我会出席；我也会定期带全家人度假。我可能会提早起床，也许会在睡觉前发邮件，但是我会注重工作和家庭的平衡。我的团队也会这么做。

划清界限对于现在时刻在运转的世界来说异常重要。美国人一般每年有 14 天的假期但是他们只会休 10 天，每年将近能剩下 6 亿天没休的假期。相反，法国人每年有 30 天休假，他们会全部休完，并且 90% 的人仍然会抱怨他们感到“被剥夺了假期”。

下面这个例子是我人生中第一次看到我身边真实的例子表明美国人正越来越重视休息。

Zulily 是一个面向家长和孩子的在线折扣网站。达雷尔·卡文斯现在 40 岁，是两个孩子的父亲，他在 2009 年建立这个网站。这个网站创建 5 年员工人数就超过了 800 人。卡文斯很快发现有两件事会让团队成员感到焦虑：他们的薪水支票和他们的椅子（特别是这些椅子摆放的位置）。“两件事都别搞砸了。”他说。但是他花了更长的时间发现还有第三件事让他的团队焦虑：他在一刻不停地做计划。周六工作？是的。放弃休假？是的。大半夜发邮件？是的。这几样他一样不落。

直到他的妻子阻止了他。正如他在 *Inc.* 杂志里的写的那样，卡文斯终于意识到他正在亲手摧毁自己和团队。现在他每周五都会提早下班并在夏天时跟家里人一起去妻子的故乡爱尔兰度假。他说：“我现在会让自己在周末的时候不要太依赖手机。”“这让我妻子很开心，而且这对团队来说也很好。”卡文斯继续说，“我们的首席商务官曾经承认在半夜或者周末收到我发的邮件会非常焦虑，因为她觉得回复邮件使她有压力。”他努力将家庭优先而且没有妨碍到公司的发展。Zulily在 2013 年以市值 50 亿美元成功上市。

近几年关于优化工作和个人生活的关系的讨论有增无减。不论评判标准如何，现在的员工重视能带给他们快乐和意义的东西。其中最重要的是朋友和家庭。特别是年轻的员工可能可以随时响应工作的召唤，但是他们也希望能在想停下来的时候停下来。2/3 的年轻一代说他们希望有可以有换班的自由或者偶尔在家办公。要求自由工作时间的声音甚至在人们上了年纪有了孩子后变得更大。在 36~42 岁区间的员工中，72% 的人说上班时间的灵活性对于他们的生活质量很关键。

不联网是一种新的身份象征。

男人也在加入不联网的行列。2013 年的一份来自行业领先的家教网站 BabyCenter 的调查发现，79% 的父亲都会给他们的孩子讲睡前故事，61% 的人会将家庭置于工作之前，75% 的人会尽量赶回家吃晚餐。这个数字还在增长。认为做一名好爸爸对他们来说非常重要的人当中 30 岁以下的人数比 40 岁以上的多 20%。

当爸爸们纷纷表达他们对家庭的爱时，妈妈们却经常被迫隐藏她们对家庭的兴趣以防在工作中被忽略。在奋进公司的一个调查中，女人们离开大公司的工作而自己创业的前三个原因是：第一，需要更灵活的工作时间；第二，正在遭遇职场上的隐形上升瓶颈；第三，工作环境让她们不开心。其中她们特别不喜欢的一点是：她们的公司让全职妈妈们觉得自己像二等公民。

两个在高乐氏的臭鼬型创业者苏珊娜和玛丽·乔·库克告诉我她们的公司提供灵活的工作时间是她们吸引女性高层应聘者的一个亮点。“我们发现我们颇有竞争优势是因为我们允许女性，特别是有孩子的女性在拥有事业的同时也能拥有更多和自己的孩子共度的时光。”苏珊娜说。

这个关于竞争优势的一席话让我意外，鉴于高乐士位于旧金山湾区的工作地点，这意味着它是在跟最炙手可热的互联网公司竞争。但是苏珊娜解释说：“女性被招聘去互联网公司，是因为这些公司更富有创造力、更吸引人、发展更快并富有创新精神，但这些公司坚持让你一周上 6 天班。我们因为关注生活质量才得以留住人才。”

2012 年，我在一家久负盛名的华尔街公司做演讲。在我演讲之前，他们要求我去主持一个有 30 位女性高管参加的圆桌讨论。我告诉她们，作为一个创业者和首席执行官，我完全将家庭计划和工作计划融合在一起，我的女儿们经常出现在我在奋进公司的办公室里，我也经常在我的演讲或者公司内部的年度信件里提到泰碧和伊登。她们都表示非常惊讶，这对在华尔街工作的她们来说简直闻所未闻。她们告诉我的最让我震惊的一件事是：她们不敢把孩子的照片放在她们的办公室，因为那会让她们看起来对公司的忠诚度不够。

将员工置于首位意味着首先认识到员工是人，这可能是所有事情里最重要的。圆桌讨论的最后，其中有个人问我是否有什么想传达的信息。“有的，”我说，“把你的家庭照片拿出来！”

不久之前大公司还是会根据自身的需求设计工作环境并要求员工

来适应。现在，受到新一代关注员工的创业公司的鼓励，大公司开始关注员工的需求并设计工作环境来配合他们。富有智慧的公司会意识到领导力对公司的良好运转来说并不是唯一的钥匙，其他的东西也同样重要。

你也是时候行动起来了。

第九章

给未来创业者的信

亲爱的伊登和泰碧，

你们知道，我最近为这本书花费了很多时间。我写这本书是为了所有梦想尝试新鲜事物的人。这本书也是给那些职场新人、想着跳槽的中层、怀揣梦想的创业者、准备从内部改变公司的有志者，甚至是从未工作过的人。我写这本书是为了所有试图冒险又同时希望把风险降到零的人。

但是，从内心深处来说，我写这本书是为了你们俩。我想让你们知道妈妈最近几年在做什么，我从中学到了什么。我想让你们做好进入这个社会的准备。因此，在这本书最后的部分，我想用这一章来为你们答疑解惑。

首先，你们得了解些背景知识。当我在布鲁克林的家里写下这些文字的时候，你们正在楼下做橡皮手环。最近几个月你们一直忙着从朋友那里拿到订单，把还没有卖出的手环放在卷纸芯里让它们看起来更像样。你们还设计了一套折扣促销方法：每个手环 1 美元，买 2 个可以便宜 25 美分。我曾经建议你们提高定价，但是你们否决了这个提议。伊登说：“我们想要超多顾客。如果我们定价太高大家就不上门了。”

刚一开始，你们的“公司”叫 KAO，意思是儿童饰品组织（Kids Accessories Organization）。但是你们又不想让大家认为你们对争取利润不感兴趣。于是，你们拉了 3 位小伙伴加入，改名叫甜菜（BEETS）儿童手工。（BEETS 是 5 位小创始人名字的首字母。）你们准备建一个网站，并且开发了第二种商品：过塑书签。你们甚至希望 9 岁的生日礼物是一个信用卡刷卡器，这样一来你们就可以收信用卡付款了！（我十分支持你们的创业热情，尽管当你们准备在家附近的游乐场边上摆摊的时候，我对你们说没有大人的允许你们不能这样做。）

简而言之，你们已经成了创业者。

你们选择创业的时机再好不过。你们生活的这个世界和爷爷奶奶，甚至爸爸妈妈生活的那个世界已经有了天壤之别。当你们的奶奶像你们这么大的时候，她还生活在罗得岛州。那时，她希望能从大学顺利毕业然后找一个能干 50 年的工作。甚至当你爸妈刚开始工作的时候，大家还都在讨论事业阶梯、上升通道和加入激烈的竞争。

站在当下回看，这些职业生涯通道已经不再笔直，那些梯子已经摇摇欲坠，而小老鼠们对别人的游戏也不那么感兴趣了。就像托马斯·弗里德曼说的那样：“我们这一代很轻松，当时我们需要‘找到’一份工作。而我们的孩子们却要‘发明’一份工作。”除了跟着别人的步伐前进，越来越多的人有机会寻找自己的出路，然后随时修改计划。与其认为自己的人生是顺着某条职业路径走下去，不如把人生看作是要掌握一系列技能的尝试，可能你们的生活会变得更好。

我们还不知道这些技能叫什么名字，但是我们知道它们来自哪里。它们来自一群用不同视角看世界的局外人并且这些人希望改变传统的做事方式。借用马尔科姆·格拉德威尔的说法，他们是一群“大卫”，挑战食古不化的“巨人”。他们是一群不受公约、先例或者习惯限制，而信奉颠覆力、适应性和创新的新新人类。

他们来自创业者群体。

我最想说的是，这些技能会奠定一个基础，这个基础将来你们无论从事什么职业都用得上。无论你们将来是要成立公司，为别人打工抑或进入公共服务领域或者投入一项事业。（很有可能你们会涉及这其中的好几条。）你们的妈妈将一如既往地支持你们自己的选择。（当然，是在合理范围内。）重要的是，你们要懂得，接受现实社会可能会让你们过上一种还过得去的生活。而如果你们想过一种更有满足感的生活，你们就不能看世界是什么样，而是要想世界会成什么样。之后，你们可能会采取一些行动把梦想变成现实。

在过去的 20 多年里，我一直在做这个工作：帮助那些有梦想的人实现他们的价值。我收集了几个可以增加你们成功机会的点子。在下面的几页里，我会告诉让你们梦想成真的 3 点建议。而作为你们的母亲，我同时要提醒你们一件很多创业者都忽略的事：抽点时间和你们的家人一起分享你的成就。

立刻行动

很多人会给你们讲建立新事物的第一步是得有一个点子。我不同意这个观点。在我看来，第一步远在这之前。要下决心通过一副像彩虹一样多彩的眼镜看这个世界。你们知道彩虹其实是阳光经过雨滴折射产生的现象。在阳光被折射之前它是无色的，但经过折射它变成了五颜六色的光谱。你们从小就知道红橙黄绿蓝靛紫——首字母缩略词 ROYGBIV（七种颜色的词汇首字母大写），就像 BEETS 一样。

一个创业者就像雨滴对光的重要性：把一个看似单一的东西改变成完全不同的事物，让全世界惊叹它的美丽并且每个人都会说“哇”！

最近，我最喜欢的故事是你们告诉我的，而且和彩虹有关。

吴昌俊白天专门负责撞车，他是日产汽车的试车员。他的任务是开车冲撞各种坚硬的物体表面，比如墙壁，水泥砖，甚至其他汽车，等等。到了晚上，这位机械工程系毕业的马来西亚移民一直试图努力拉近和两个青春期女儿的距离。他为此伤透脑筋。有天晚上，两个女儿用小橡皮筋制作手环。吴昌俊心想，可以发挥自己的设计专才来吸引女儿们。但是，他的手指太粗壮了。于是他从底特律家里的地下室拿出一块木板，并在上面钉上图钉，然后用清洁牙齿用的小钩子来缠绕橡皮筋。结果，他做出了一条像自行车链条一样的七彩长辫，只不过更细更有弹性。为了把这些长链做成手环，他剪了信用卡做成扣环。

吴昌俊的女儿们非常喜欢这个创意。很快地，连邻居的女儿都对它爱不释手。女儿怂恿他卖这玩意儿，但他妻子却说不行。夫妻俩当时已经存了 1.1 万美元来作为女儿们的教育基金。她不想动用这笔钱。于是，他用这个临时拼凑的装置帮他太太做了一个戒指。（聪明！）

这个举动赢得了妻子的欢心，她这才同意让步。后来，吴昌俊花了1 000美元注册自己的发明，用5 000美元在中国制造，又花了5 000美元买彩色橡皮筋。他把这个发明取名为彩虹手链编织器。

可是在2011年夏天订货需求陆续到来之际，这位撞车专家真的想撞墙。订购的橡皮筋满是灰尘，他只好自己清洗。先把它们丢进浴缸，然后再用洗衣机淘洗。机器上的钩子形状也做错了，他只好自己拿起榔头，花了好几个小时的时间一个挨一个地调整。“情况时好时坏。”他对《创业家》杂志表示。“但是坏情况居多。”吴昌俊说。后来，他的项目雪上加霜，零售商们对这个长相怪异的物件完全没有兴趣。线上试卖也遭遇惨败。后来，他终于了解了原因：没有人知道如何使用这个东西。于是，吴昌俊和两个女儿在YouTube视频网站上上传了很多短片，教大家制作手环。

电话终于响了，佐治亚州阿法瑞塔市的一家名叫快速学习（Learning Express）的玩具公司的经销商要求订购24个机器，两天后，对方又来电要加订48个。一星期后，对方订购了1万美元的订单。“我和我妻子看着电脑上的订单呆了整整3分钟。”他说。距离他为太太做那个戒指已经整整一年，女儿们的大学基金已经全部赚回来了。

这位快速学习公司的经销商向其他130家经销商也宣传了这个产品。迈克尔手工艺店（Michaels）随后也加入了这波风潮。2012年夏天，彩虹手链编织器在少女夏令营里一炮而红。零售商们纷纷表示：“上一次让父母们这么疯狂追逐的玩具还是一个叫Beanie Babies的布娃娃。”吴昌俊辞掉了汽车公司的工作，和他的妻子一起全职为彩虹编织器项目打拼。

后来，他们租下一个 7 500 平方英尺的仓库。2013 年，他们一共卖掉了 350 万个这种零售价 16.99 美元的产品。女儿们，你们当然也做出了贡献：你们各自拥有自己的编织器，还有十几个是你们买来给别人或者别人买来当礼物送给你们的。我和你爸爸也很喜欢这玩意儿，因为它有创意又能帮助社交，还能让你们远离电子产品。更棒的事情是吴昌俊的创业愿景激发了你们的生意头脑。

也许吴昌俊本人都不敢相信自己发明的彩虹手链编织器能在一代人中风靡。“我现在每天睁开眼还是忍不住自问自答，这是真的吗？”吴昌俊自问自答，“这是真的，梦想成真了。”

有时候，从不同角度看事情能促使一个人建立一个公司。因此，创业如同吴昌俊的故事一样，有时候也可以颠覆长久以来一成不变的事情。

当今社会的每一个人，哪怕是身居高位，也需要去冒险。你们最爱的歌手之一，碧昂丝，就是个典范。流行歌手们通常用一套标准程序宣传专辑。他们让电台一遍又一遍播放自己的歌曲，拍摄杂志封面，上电视节目并和大型零售商合作。这种地毯式轰炸的宣传也有缺点：泄密、盗版情况时常发生。而碧昂斯完全没有按照这些寻常方式做宣传，因此，她也没有遇到上面提到的那些问题。在距离圣诞节还有 10 天的夜里，她在社交媒体 Instagram 上向 800 万粉丝写了简单的两个字：惊喜！然后，她把有 14 首单曲、17 条视频的整个专辑，放在苹果的线上商店 iTunes 上销售。这一举动引起了全世界关注，12 小时内就引发了 120 万条推特讨论。一直想要摧毁传统媒体的女明星

Lady Gaga 也在讨论队列中。歌手凯蒂·佩里在推特上说："除了碧昂斯，我今天什么都不想聊。"拥有这张专辑成为地位的象征。有位记者写道："我喜欢碧昂斯，但是她不是我最爱的艺术家。我也许能把这 15 美金花在别处，但因为这专辑突然出现并公开售卖，我便冲动地买下来了。"这种不宣传反而成为一场非常成功的宣传。有一位粉丝写道："碧昂斯不需要宣传，是宣传需要碧昂斯。"

但这招儿并不是对所有人都适用，不过这不是重点，重点是碧昂斯甘心冒风险，让长期疲软的唱片业（包括她自己的唱片）再次疯狂。她创造了一个少见的流行文化时刻，她的这一创举源自用一种新方式做事情。"我不想用以前的方式来发表我的音乐了，"她说，"我已经感到厌倦。"

这张专辑大获成功，在全球 90 个国家登上排行榜第一名的宝座。它在头 3 个小时就卖出了 8 万张，数量之大足够导致 iTunes 瘫痪。在发行一天后，销量达到 43 万张，超出她两年前专辑一周的销量。一周后，销量破百万。一位流行音乐主持人说："专辑一发布就成了经典，成了游戏规则的改变者。"他说得不错。创业者不会只反映这个世界，他们要用自己的方式重塑世界。

这正是我想让你们知道的。变成创业者的第一步就是不要只看到墙上的字，而是要理解字里行间的意义。创业者正是在已传达的信息（或已做的）和未被传达的信息（或未做的）之间找到了成功的机会。哲学家科斯提卡·布拉达坦，在他的书《为理念而死：哲学家的危险人生》中写道："我们是谁和我们能成为什么人之间总会有距离。"他还说："人类一切历史成就中，这个差距都会存在。"

我希望你们也能够看出这种差距，并有动力去努力填补。

可是我也要警告你们，你们也得承受来自外界的反对。很多人可能会不理解，甚至说你们疯了。你们知道我常说的那句话：如果别人没有说你们疯了，就表示你们的眼界还不够开阔。

如果你们不想听我啰唆，可以看看卡特丽娜·曼柯夫怎么说。从范德堡大学心理学和化学专业毕业后，曼柯夫游历欧洲，去追寻她对美食的热情。她进入巴黎蓝带厨艺学校学习，随后在以分子料理著称的名厨菲拉·阿德利亚经营的斗牛犬餐厅工作。阿德利亚鼓励她当背包客环游世界。她旅游期间遇到了两件事。第一件事是她吃到了冷冻巧克力馅的面包圈。“吃掉甜甜圈般松脆的外层之后，嘴里的冻巧克力像熔岩在嘴里爆炸。这燃起我对巧克力的好奇心。”她说。第二件事是她把在各地搜集到的各种香料装满了整个旅行箱。

回到美国后，曼柯夫搬到达拉斯，在她叔叔开的邮购目录公司工作。叔叔要她寻找一个高档的糖果棒，而她立刻发现，在巧克力的世界里缺少创意。这个市场非常庞大，价值 1 000 亿美元，其中 20% 来自美国，而且以女性顾客为主。（如果是黑巧克力，那么我也是目标消费者！）但是曼柯夫认为：“目前所有产品都只是很多糖加上人工香料、香精和食用蜡，完全没有故事。”

有天晚上她回到家，脖子上戴着来自印度那嘎部落的项链。“我正在研究当地文化，”她说，“然后不知怎么就到厨房做了咖喱、椰奶松露巧克力，并取名为‘那嘎’。当时我灵光乍现，想到用巧克力来讲述文化艺术、名门贵族的故事。”

那天晚上，曼柯夫总共做了 20 种不同口味的巧克力，灵感全都来自她的游历：用藏红花配白巧克力和结晶糖来表现高迪的建筑杰作，再配上匈牙利红辣椒和巧克力姜糖等等。但是，她找不到人分享这些奇怪的口味。“1997 年的达拉斯还是一座烤肉之城，”她说，“那些人会说我可不尝试那个咖喱口味的东西。”最后，她终于找到一位女士愿意品尝她特制的寿司芥末巧克力。“她咬了一口，她的表情从恶心到担心，再到恐惧和惊讶，最后说‘我的天哪，这东西其实挺好吃’。”

这一条好评已经不枉费她花在巧克力上的心血。1998 年，曼柯夫在芝加哥开了第一家店。如今，她在全世界 2 000 家分店卖巧克力，年销售额高达 3 500 万美元。除了最初使用的咖喱、番红花红椒和芥末之外，它的顶级产品还用了橄榄、喜马拉雅海盐和培根。她最早的产品线叫老套合集（Groove Collection），这个名字受了美国黑人音乐的启发；另外一条产品线受电影《饥饿游戏》的影响。她还发展了一种适合大众市场的产品，是一种 1 条 4 美元的巧克力棒，口味都是典型的美国风味，比如牛肉干味、烤肉味、薯片味还有花生酱味和香蕉味等。这些产品如今在塔吉特超市和沃尔格林商店销售。

在我看来，曼柯夫展现了创业者的勇气。对于她不同寻常的口味搭配以及对好原料的不懈追求，她表示：“没什么能吓得到我。如果我找到比澳洲更好的合欢树籽供应商，我乐意前往。我在不断寻求创新，我需要进化。现在的配方和 10 年后的配方可能完全不一样。”

这种果敢和自信对女人来说尤其重要，曼柯夫说：“我认为女人一定要对自己有自信，不能顺从地变成自己认为一个女人需要成为的角色。”我非常希望你们能够深刻了解这句话。

但我最希望你们学到的是要去实现梦想，并在真实世界里验证梦想。不要只是做白日梦，而是要行动。我们在家常唱的一首歌最能贴切地表达这个想法。就是那首源于电影《欢乐糖果屋》的曲子《纯真的想象》。主人公旺卡唱着“跟我走吧”，踏入了单纯又充满想象力的世界。这个世界简直超过你对美好人生的任何想象。他又接着问“想改变世界吗”？这一点都不难，你们只要环顾四周，尽情想象就可以。

就像主人公威利·旺卡说的，“你想做什么就去做吧”。

做大事业

改变世界所需的第二个技能会考验你们的创造力，还有你们的心智、耐心还有决心。这与你如何让梦想成真有关。你们的首饰生意可能变成全球手工艺品销售平台或者开一家有机芦笋农场（如果你们吃芦笋的话）或者重新思考学校家长会的角色、写音乐抑或发明抗癌症药物。不管你们的梦想是什么，“做大”都是指把事情做到极致。

要做到这一点，你们还需要懂一件事：和另一个梦想家分享你的梦想。

我花了很多年帮助敢于冒险的人把事业做得更大。据我所知，他们所犯的最大错误之一就是没有学会如何与别人有效地合作，如何一起把想法变得更棒并接受别人的观点。一定要在失败后吸取教训，再次振翅高飞，然后让每一个参与者都分享成功。

梦想家最善于费尽心思动员自己，但却往往不善于鼓舞别人。我知道这一点，因为这也是我的亲身体会。现在，我相信在这个创业者精神无处不在的时代里，新的领导力正在迅速崛起。我刚开始创业时，对于领导力这一观念的理解非常传统。领导应该强势、稳健且专横。而如今不一样，领导者不再所向披靡，他们向员工敞开心胸，有时甚至显露脆弱；领导不再刻板，他们变得很灵活；领导不再只是发号施令，他们甚至鼓励底层员工发挥创意，自下而上影响公司。

你们也亲眼见证过这类成果。你们刚一出生时，就收到了一辆小红拖车作为礼物。你们 1 岁生日那天，我们把拖车放在餐厅桌上，里面装满了鲜花、尿布、立体书和照片。等你们大一点儿，会拖着车子满屋乱跑，你们俩都很喜欢这台拖车。它是那么坚固耐用，但生产它的公司却差点儿倒闭。这家公司挺过难关的故事贴切地说明了如何在这个需要重新发明的时代成功，那就是让整个团队和你一起完成梦想。

1914 年，16 岁的安东尼奥 · 帕辛从意大利移民美国。他子承父业，在芝加哥做一名家具工匠。但是顾客们对他装工具的木质拖车更有兴趣，他们也想要一个这样的拖车给小孩当玩具。于是，帕辛像所有杰出的创业者一样转变了工作重心。在那个年代，汽车业鼎盛，于是他利用无穷无尽的碎金属做出金属推车，并根据当时的两个新发明——收音机和空中旅行把推车取名为收音机特快（Radio Flyer）。这个小推车在 1933 年芝加哥世界博览会上走红，进而成了家庭必备品。到 1997 年，帕辛的孙子罗伯特接管公司时，他们已经卖出了近 1 亿辆小推车。

然而此时公司却濒临破产。便宜的塑料推车大量涌入市场，取代了过时的金属推车。曾几何时，收音机特快就像周六午后的广播剧和泛美航空的胸针一样流行。首席执行官罗伯特说：“我们是制造商，专注于金属铸造领域是我们擅长的事情。我们不可能决定妈妈们想要什么样的新推车。”

这是对罗伯特领导才能的锻炼：他本可以改变制造方向来继续生存或者继续守旧，直到逐渐淡出市场。然而，他选择了一条颇具颠覆性的道路：首先，他召集全公司员工并向他们说明了情况，让员工们了解事态严重。但同时，他也请他们放心，说：“公司会尽全力保住大家的工作。”接着，公司里每一个人都参与了一个为期一年的评估项目。最后，大家得出结论，决定开始生产塑料手推车，并逐渐停止生产金属推车。更重要的是，在这个过程中，大家开始重新思考公司文化。

十几年后，当我见到罗伯特时，收音机特快再次流行。他不但获得了“首席列车执行官”的称谓，还成立了微笑小组，负责团队建设及全公司职工服务活动等。员工们可以互相提名“小红规则奖”（Little Red Rule Awards）借以传播公司的信条。“我们每次和人接触，都会让他们感到收音机特快公司的美好。”公司内部还开设了叫作特快大学的商业课程。罗伯特自己教授一门名叫“用失误、成长和感激重塑收音机特快”的课程。

罗伯特向大家寻求帮助，没有在困难面前退缩，反而让公司重回成长轨道。这家老牌企业营业额骤增 5 倍，达到 1 亿美元，而收音机特快公司也被《财富》杂志评为“50 家最佳小企业雇主”的第 13 名。（他还开始听取妈妈们的意见。你们生日收到的那台小拖车是罗伯特送来的，而且他想得到我的反馈。于是我建议他制造能承载超过一个小婴儿的拖车，这样你俩就不用排队轮流玩耍了。第二年他果然送来了一个有爱的双婴儿拖车。）

收音机特快公司鼓励员工和顾客参与产品设计的例子其实适用于所有创业者。无论你是经营一个小型企业还是重新设计流浪汉之家，或是在自己的地下室印制请帖。这个方法甚至对大公司也一样适用。现在，有很多大胆的创业设想都来自公司内部。大企业想成功，也同样需要吸取内部员工的智慧结晶。

2009 年，距离塔可钟公司成立 50 年纪念还有 3 年的时间，首席执行官格雷格·科瑞德却很焦虑。“我们的目标顾客是只有二十几岁的年轻人。”他告诉《快公司》杂志，“年近半百听上去很老，我不想给客人这样的感觉。”他对员工表示，他一点儿都不想庆祝和切蛋糕，他想要的是新式的塔可饼。

塔可饼是一种酥脆弯曲的玉米饼，里面可以放入碎牛肉、生菜、番茄和奶酪。它制作简单，一成不变。科瑞德说：“瞧瞧那些汉堡连锁店的面包，还有赛百味的潜艇面包。他们不断推陈出新，而我们的脆塔可饼就是玉米做的，虽然已经卖出几十亿个但完全没有新意。”

科瑞德面临的挑战和罗伯特·帕辛很像：重新发明一个人们不认为需要改造的东西。他也采用了类似的做法。他找来团队要大家一起合作，用 36 个月来改造塔可饼。这个团队在加利福尼亚州欧文市的总部绞尽脑汁试图创新。他们想了各种办法，包括进口墨西哥卷饼和玉米片作为原料。不过，最后脱颖而出的竟然是一个奇怪的想法：用多力多滋做饼。公司的行销总监表示：“我的天，从来没人这么做过，用多力多滋当脆饼！”

不过，把这个点子变为现实成了一个可怕的噩梦。第一个难题是如何让口味附着在饼皮上。组员们起初在超市买喷枪，用它把橘色的粉末喷射到黄色的脆饼上。他们很快发现这个办法行不通，因为这会在工场引发粉尘爆炸，调味料应该被烤上去。第二个难题是多力多滋是很脆的，而塔可饼却要有韧性。实验初期的饼皮不是太脆太软，就是味道不均匀。第三个难题是公众怎么看这个事？首次消费者试吃彻底失败，组员重新回到实验室埋头苦干。第二次试吃邀请了粉丝和博主，包括一个阿肯色州的粉丝，他建了一个网站要求吃到多力多滋做的塔可饼。这一次的结果给了大家一些信心。最后，在试验了 40 种配方后，公司选定其中一种量产。顾客们为之疯狂，有一个食客开车开了 900 英里从纽约到俄亥俄州的托莱多市，就是为了尝到新口味。

公司已经迫不及待要正式发售新口味塔可饼。只不过还有第四个难题：他们和生产多力多滋的菲多利食品公司并没有签署正式合约。而签约过程可能需要浪费好几个月。于是科瑞德邀请对方公司的首席执行官来到办公室。这位塔可钟公司的首席执行官说：“我们双方都意识到，如果让律师介入，进度会被拖慢甚至陷入僵局。因此，我们达成了一个口头协议。当时别人的态度是如果没有纸质协议你们不能销售这个产品，但我们的想法是看我们的吧。”

多力多滋奶酪塔可饼于 2012 年初正式推出。在与菲多利食品公司签订合约之前，公司就已经卖出了 1 亿个新口味的塔可饼。为了满足需求，公司额外雇用了 1.5 万名新员工，平均每家分店多 2~3 位员工。第二年，公司推出第二种口味：酷田园味。那一年，光是与多力多滋有关的产品线就为公司创造了高达 10 亿美元的销售额。他们还准备推出更多口味，包括加了玉米薯片的墨西哥卷饼。塔可钟公司的例子告诉我们，有时要把事业做大的关键并非奇思妙想，而是找更多的人共同解决问题。

你们在学校学了安全需要更多人。我问你们懂不懂其中的意思，泰碧说："多一点儿人站在你这一边，像做我们的 BEETS 公司一样，你就会有更大把握赢。"说得好。

想赢吗？那就不要单枪匹马，要让别人和你一起赢。

回归家庭

下面是重要的一课：回归家庭，抽出时间和你们所爱的人相处。

一提起创业者的生活，很容易让人联想到全身心投入工作的人。其实，这是一个很大的误解。创业者改造了职业生活中的许多传统。与此同时，他们也帮助打破了最难被推翻的界限，也就是工作与家庭之间的那道界限。虽然人们常说成功的事业与有意义的私人生活无法兼顾，但我还是希望你们能同时兼顾自己的工作和生活，让两者都尽善尽美。

我以前确实不是很相信这件事，反而是你们两个教会了我。现在，这也是我在创业者面前强调的事情之一。为了表达我的观点，我常常借用一个妇孺皆知的广告语的反转故事来说明我的想法。

20 世纪 90 年代初，加利福尼亚州南部一家小型汽车配件公司开始制造一种名叫 Porkers Pipes 的超大型排气管。为了宣传它的威力，包装设计师提出“要么做大，要么回家”的广告语。这位设计师后来写道：“公司从上到下都在问我同一个问题，这句话啥意思？”我回答他们：“这句话根本没任何意义。”然而，这句没意思的话却成了加利福尼亚州改装车文化的标语。随后，它又在极限运动中成为流行语。（而那位设计师很像当初想出了耐克这个名字，却总共只得到35美元的女士。他发明了大受欢迎的文化流行语，却只拿到区区50美元。）

这些年来，我一直在对创业者传达这样一个信息，而且自己身体力行，无论发生什么事，我总是更用力、更快速、更大声地提醒自己：要么做大，要么回家！我就像极限运动里的滑板选手，对那些最惊险的特技动作上瘾。有时我也会退缩。比如奋进公司打入印度市场时遇到很大阻力。我根据“要么做大，要么回家”的逻辑撤出了印度市场。可是总的来说，我只知道一个方向，那就是更高。

而后，我到得克萨斯州的奥斯汀市出差，我打电话给你们的爸爸。“我可能吃了坏了的牛油果酱，”我说，“晚上我在浴室吐了两次。”但结果不是因为牛油果酱。而是因为我怀了你们俩！几个星期后，我跟你们的爸爸去看医生，发现我怀的是双胞胎。我们高兴极了，但我们没有太多时间反应，第二天我飞了17个小时到南非。数月后，医生要求我卧床休息。“去床上躺着！”你们的爸爸对我喊道。因为他看到我挺着大肚子坐在客厅，同时在接听两个电话。我一直忙到你们38周足月生产，你们俩都超过6磅[①]。

① 1磅≈0.45千克。——编者注

这时我才发现我需要一句新口号。我不能在工作和家庭之间做出选择，我也不能放弃其中任何一个。我得设法兼顾两者。

吉姆·柯林斯和杰里·波勒斯在《基业长青》中讲道，终极成功的企业不会逼迫自己陷入他们所谓的“或者”暴政，柯林斯和波勒斯提到了这类暴政的几个例子：

你可以改变或者稳定

你可以降低成本或者提高品质

你可以投资未来或者短期致富

你可以为股东创造财富或者造福全世界

然而，有远见的公司会称自己是“而且”天才，让自己同时兼具两种极端的能力。“与其二选一，”柯林斯和波勒斯提到，“他们会设法同时拥有两者。”

我坚信，创业者也有能力做到这一点。这是他们作为社会领袖的能力之一。他们不用在事业或者家庭之间徘徊，他们可以同时兼顾事业和家庭。与其努力求得工作与生活间的平衡，他们争取将工作与生活整合。

与其选择要么做大、要么回家，他们会选择既要做大、也要回家。

当然，我不想说假话蒙蔽自己，我知道人生中充满取舍。我知道我为了在家辅导你们做功课而错过了重要的工作。我也知道我要看着你们好好刷牙，而不是整日拿着我的手机。（你们也知道这一点，因为你们最喜欢唱："妈妈！妈妈！妈妈和她的电子邮件！"）而我知道我有多幸运，我去迪拜出差一天半，你们的爸爸可以在家上班。

我并不完美，但我相信身为创业者的好处之一就是可以把人生的所有层面视为改造实验场。你们去不断尝试吧，如果犯错就要更努力地尝试。

这在当今世界显得更加重要。新科技正以前所未有的全新方式改变时间的区隔、分配、分享和重构。我看到越来越多的父母会把会议排在早上，或把工作时间放在晚上，以便在白天有更多时间陪伴子女。我看到人们采用弹性上班时间、在家工作、休无薪假期等方法一面继续发展事业，一面增加陪伴小孩的时间。我看到人们因为不想整日工作而放弃了在大公司的工作，开始尝试冒险创业。我看到全世界都在智慧地运用"而且"。

有些人会告诉你们，你们不能做大事业，因为你们是女人。我想要你们知道这是个错误的观念。从古至今，再到未来，女人都是创业者，创业者也是女儿、姐妹、妻子、阿姨、母亲和祖母。忘掉你们得平衡不同角色这种想法。平衡一词意味着五五开，这样一来一定两个事情都做不好。

在这个既要做大、又要回家的世界里，你们必须兼顾工作和家庭。

还好有许多典范供我们学习。蒂娜·菲是演员，也是喜剧脱口秀演员、作家、制作人，还是妈妈。她写了一本书，名为《管家婆》，来探讨职业女性如何在男性主导的职场里生存下去。她毫不畏惧地捍卫女人也可以做大事的观念，她写道，她在当上电视剧《我为喜剧狂》的制作人的时候，人们问她："当老板对你来说是不是很难？"或者问："你当负责人时一定很不自在吧？"蒂娜·菲不屑地回答道："你知道，如果有人用同样的语气说，'天哪，特朗普先生管理那么多员工一定很难应对吧'，我不知道特朗普怎么样，但我当老板一点问题都没有。"

她继续说，成为好老板的秘诀是招揽优秀人才，然后不要挡路。"当老板和我小时候想的一点儿都不一样，根本就不用人前显贵、挥手致意并反复高呼'我是老板，我是老板'"！

不过蒂娜·菲最引起我共鸣的是她分享了自己如何竭尽一切做到事业和家庭两不误。她的节目刚上线时自己也有疑虑。"现在我家里有个8个月大的婴儿，"她写道，"我不确定这个一周70小时的工作是否能让我如优雅的政客们所说，'最大化我家庭的利益'。"于是她做出了一些调整：她和女儿共进早餐，白天拍戏，晚上陪女儿，然后请编剧团队到家里来工作到凌晨2点。她先生则坐在厨房为节目编曲，她有时会躲在厨房发泄压力。

她写道："我当然不应该承认我一年会有三次在办公室里大哭。这有损我女性主义者的形象，这会让其他女人更难在职场被认真对待，也让其他职业女性更难维护她们的选择。"但是，她也有不少当全职妈妈的朋友，一年也会大哭三次。"这么说我想我们应该扯平了"。蒂娜·菲的结论是，她不想放弃工作，也不想放弃家庭，她要设法两者兼顾。

现在越来越多的男人也认识到这一点，他们想要在外面做一番大事业，同时也想要回归家庭。时装设计师肯尼思·科尔和电影导演玛丽亚·库莫结婚并育有3个女儿。有一天，科尔在自家办公室工作，正巧她8岁大的女儿从学校放学回来。

“你在做什么？”她问。

“我在工作。”他回答。

“是谁给你的工作？”

“这个嘛，是我自己给自己的工作，因为我得把它完成。”

“可是你不是老板吗？”她问。

“对，所以我才给我自己工作，所以我才必须完成啊。”

他女儿听完便走开了。可是第二天，在相同的时间，她又走进办公室问：“你在做什么？是谁给你工作的？”两人进行了一模一样的对话，2天后又重复了一次。

不久之后，科尔把这件事告诉了朋友。“她是个很聪明的女孩，可是这件事她却一直想不通。”他说。

他朋友回答道：“或者是你没想通。她花了一周的时间想教会你一件事，显然你还没有学会。”

科尔结论是，作为一个创业者千万不能屈服于整日工作带来的诱惑。“我学到我不可能一天24小时都赢，”他说，“我学到人生就是要和工作妥协。”最重要的是，他学到不要让工作重于家庭，这正是我想让你们记住的事情。

幸运的是，是你们教会了我这一点。你们5岁时，有一天我刚收拾完行李准备出差。计程车刚到，伊登就拉着我的腿说：“别忘了，你当创业者只是一时的，但当妈妈却是永远的。”

我没有办法表达得更好了。女儿们，如果这是你们的选择，就放手去干一番大事业吧。但千万别忘了要回归家庭。（偶尔也要回来看看我和你们的爸爸。）

勇敢梦想

近 20 年前，我在全世界寻找需要一点儿帮助来实现自己梦想的人。我遇到一位名叫莉拉的女人，她在巴西的麦当劳做小时工，但她真正的愿望是想帮助她在里约贫民窟的邻居们拥有一头美丽的秀发。

我第一次见到她，她轻声细语，害羞，对周遭世界感到害怕。我感觉她随时可能会崩溃。可是，当她跨过每个障碍，聘请每名员工，达到每个里程碑，她都变得更加强大。如今，她经营的跨国企业年营收高达 1 亿美元，提供了 2 300 个工作岗位，堪称创业者典范。

我最近又见到莉拉，她变得美丽又自信，满脑子新想法。她决定在哈林区开设她在美国的第一家美发店。在和她的见面过程中，我满脑子都是你们两个。我想到你们这一代正面临各种大好机会，这是你们的前辈从来没有见过的。

如果莉拉做得到，你们也可以做得到。

华特·迪士尼是过去 100 年来想象力最丰富的人。歌曲《当你对着星星许愿》表达了创业者的真谛，那就是以幻想为动力，然后努力让它们成真。任何人都有发现的眼睛。创业者锲而不舍，完成从想象到创造到改变生命的跳跃。就像《木偶奇遇记》里小蟋蟀告诉匹诺曹的，当今社会“你是谁并不重要”。

女儿们，去抓住机会吧。去和别人一道冒险吧。别忘了抽出时间与你们所爱的人分享自己胜利的成果。

但最重要的一点是，你们要相信，自己的想象有一天可以变成现实。因为它们真的可以成真。

但如果不尝试，梦想就永远不会成真。所以，当你们准备好开始冒险的旅程，就可以听从威利·旺卡的建议：屏住呼吸、许下心愿、数到三，跳。

我会为你们打气加油。

爱你们的，

妈妈

疯狂的团队

首先，我想感谢那 1 000 名遍布全球的奋进公司的创业者。你们的热情、激情和坚持不懈每一天都在激励、感动着我。我的目标是为创业者发起一个运动，而你们如今实现了这个梦想。我要特别感谢本书中提及的创业者（以及董事会成员、导师和其他支持者们），谢谢你们分享自己的挫折和成功。

在奋进公司创立之前，我有幸遇见了一群杰出的教授，他们发现了我在事业上的不足，于是我踏上了前往拉丁美洲的一段永久改变我人生的旅途。耶鲁大学法学院的欧文 · 菲斯、彼得 · 沙克以及已故的博 · 伯特，我在哈佛大学社会研究项目中结识的瑞克 · 亨特，他们在我的疯狂事业的每一步都给予了我坚定的支持、建议和鼓励。

彼得 · 科尔内是一位先行者，也是我的挚友。他的思想仍然影响着今天的奋进公司。比尔 · 德雷顿授予我知识并鼓励我自己创业。乔治 · 德雷顿和比奇 · 德雷顿对我向来信任有加。斯蒂芬 · 施密德海茵、彼得 · 布鲁克、比尔 · 沙曼、爱德华多 · 艾尔兹坦、贝托 · 斯库彼拉和圣保罗·莱马一开始就支持着我，哪怕那时奋进公司还不是一个成型的项目。贾森·格林和加里·穆勒是创始团队的成员同时也是我坚定的向导。金佰利·布拉斯韦尔多年以来就是我坚定的盟友，我们一起谋划过很多事情。

我经常在讲，奋进公司经历过两个时期："前埃德加时代"和"后埃德加时代"。自从 2004 年布朗夫曼成为我们的全球董事会主席后，我在他的教导、帮助下实现了自我提升。另外，我还要给他无与伦比的妻子克拉丽莎一个衷心的拥抱。

如果没有出色的董事会成员坚定的信心，我根本无法建立奋进公司或写下这本书。你们训练我、激励我，让我在你们面前哭泣，为我们的创业者提供各种帮助，为我们出谋划策。除了已经提到的那些人，还要感谢迈克尔·阿赫恩、马特·安尼克、尼克·贝恩、马特·布朗、文西斯·卡萨尔斯、迈克尔·克莱、保罗·弗里堡、法迪·甘道尔、比尔·麦克格莱珊、阿里夫·纳克威、乔安娜·李斯、尼古拉斯·柴卡思和艾略特·维斯布鲁斯。同时我要向里德·霍夫曼致敬，他在本书出版的过程中不知疲倦地指导我。

我深深感谢奋进公司的合作伙伴们：贝恩公司、巴克莱银行、戴尔公司、安永会计师事务所、通用电气公司、SAP（企业应用软件提供商）、奈特基金会、世界经济论坛、哈佛商学院以及斯坦福大学商学院。感谢皮埃尔·奥米迪亚和他的投资公司以及阿布拉杰资本公司的明星团队。没有他们的支持我的梦想无法顺利启航。

奋进公司遍布全球的上千名创业者是这个组织跳动的脉搏。他们倾尽全力传播者创业者精神。在能力超群的经理团队的领导下，这些开拓者们在董事会里担任职务、花无数时间指导创业者而且坚定地相信创业公司能成为一股正能量。尽管我无法在这里写下每一个我想感谢的人的名字，但他们的热情早已融化在这本书的字里行间。

我享受每一天的工作，被我们的团队成员的工作热情所激励。他们聪明、富有才华、有自己的想法而且全情投入。他们有一位全情投入的领导——无所不能的费尔南多·法布贝。2011 年他做了一个冒险的决定，举家从墨西哥城搬到纽约。（竟然在 2 月份就搬来了！）

一些成员因为我在写这本书之前设立的创业者精神实验室而加班工作。十分感谢拉里·布鲁克斯、布莱恩·陈、乔安娜·哈里斯、朱莉娅·卡普兰、露西·米诺特、梅根·墨菲、贝丝·罗伯逊、托德·斯通、坦威·瓦地库提。蒂奥·沙阿为每个章节都做了贡献。泰勒·格温是我战无不胜的参谋长。

我十分感激奋进洞察做的那些极富创意的研究。这个团队的领导人是瑞德·莫里斯和迈克尔·古德温。感谢贝恩公司所有同仁，尤其是克里斯·比尔李、薇姬·谭、埃里克·阿奇斯特、克里斯·祖克、保尔·贾奇、考特尼·德拉·凯拉、保尔·马科维兹。

在比安卡·马蒂内利、沃尔特·梅奥、达斯汀·坡、阿尔方斯·谭、艾伦·泰勒、丹妮拉·泰米诺的帮助下，本书得以出版。在此，还要特别感谢戴维·沃奇。

戴维·布莱克是我的一位坚定的老朋友和无人能敌的经纪人。每次跟他谈话就像运动员在更衣室里聆听教练的赛前动员一样激情澎湃。还要感谢莎拉·史密斯和她在戴维·布莱克出版公司的同仁们。

当我见到艾德里安·扎肯的那一刻，我知道我的书找到了归宿。

艾德里安在 Portfolio（知名经管类图书出版社）运作着一个极富创意的创业者项目。他在这个项目中做的每一个决定都来自他丰富的知识和聪明的点子。玛利亚·加德里亚诺对本书进行了专业的编辑润色。她推动我把故事讲得更生动。她的想法帮助了我的创作，对此我非常感激。威尔·威瑟顽强且激情满满地把大家凝聚在一起，让他们融入这个疯狂的团队。艾莉森·麦克林成了我们的精神领袖，激励我们每一个人变得更果敢。我还要向贾斯汀·哈吉特、伊丽莎白·黑兹尔顿和雷切尔·摩尔表示感谢。

谢谢 Goulston & Storrs（律师事务所），谢谢罗伊斯·卡尔顿、蒂姆·霍金斯、劳拉·诺沃克、查维克·摩尔，还有娜塔莉·斯波洛夫斯基。

除了上面提到的这些人，我还请教了一些经验丰富的老将，请他们指导我完成本书出版最艰巨的任务。我要感谢来自比尔·阿克曼、马克·贝尼奥夫、托利·伯奇、本·卡斯诺扎、约书华·库珀·雷默、托马斯·弗里德曼、赛斯·戈丁、约翰·格里芬、约翰·汉姆、麦乐迪·霍布森、艾迪·伊格纳缇尔斯、凡·琼斯、朱迪·坎特、罗恩·利伯、罗布·里德、谢丽尔·桑德伯格、克里斯·施罗德、达夫·塞德曼、派迪·塞勒斯、丹·斯尼尔和惠特尼·蒂尔逊的陪伴和支持。迈克尔·戴尔每次都不厌其烦地满足了我的各种请求，从帮助我们的创业者到在我身体欠佳时为我打气加油。本·舍伍德许多年来为本书助力。凯伦·柯喜拉·舍伍德的期许和真爱帮助我完成了这部作品。

在过去几年中，我无数次求助于我强大的同事们，无数次向他们征求意见。我要感谢珍妮·弗艾克、克里斯·安德森、桑尼·贝茨、吉娜·比阿齐尼、马修·比修、阿德里安娜·西斯内罗斯、贝丝·康斯托克、乔纳森·可莱尼、克特里娜·菲克、安迪·弗莱雷、维斯·加登斯沃兹、萨尔·吉安班克、戴布·戈登法布、泰迪·霍尔、马特·哈里斯、理查德·汉默梅希、帕梅拉·哈迪根、乔伊·伊托、迪娜琼斯-特鲁希略、大卫·基德、温迪·科普、辛迪·李维、西蒙·利文、南希·卢布林、希拉·马塞洛、杰奎琳·诺佛葛瑞兹、保罗·帕克、艾伦·派崔可夫、迭戈·帕森蒂尼、玛丽亚·皮乃里、戴安娜·鲍威尔、加比·罗兹曼、凯文·莱恩、加斯·塞隆纳、劳伦·施耐德、克劳斯·施瓦布、苏珊·西格尔、维罗妮卡·塞拉、蒂娜·西利格、弗雷德·席克丽和汤姆·斯皮奇力。

我的一生都有好友相伴。我们分享温暖、欢笑和情意。安德里亚·梅尔的电话会使每周都充满阳光。我要拥抱这些人，感谢他们为我做的一切：诺拉·阿波斯泰特、珍妮·阿克曼、凯伦·阿克曼、珍妮·林恩·贝德、乔纳森·拜伦、皮瑞耶·贝姆、凯伦·布洛克、卡罗莱纳·布劳斯、坎贝尔·布朗、玛丽莎·布朗、贝尔·卡萨瑞斯、君·科恩、戴维·弗兰克、翠茜·弗兰克、梅丽莎·格拉斯、玛瑞瓦·格拉博夫斯基、艾米·格里芬、保罗·希拉尔、戴夫·莱文、米瑞安·隆襄、伊维·罗维特、丹尼·卢柏斯基、史蒂文·梅尔、拉斐尔·迈尔、米歇尔一家、基里亚科斯·米佐塔基斯、利亚·奥本海默、佛罗伦萨·潘、迭哥·巴拿马、丽贝卡·普罗菲克、马瑞利亚·罗卡、大卫·萨尔茨曼、丹尼尔·施瓦茨、奇普·西利格、肯·舒宾·斯坦、杰夫·舒穆林、德文·斯伯吉翁、大卫·斯代摩曼、马克斯·史蒂尔、苏珊·蒂尔逊、马丁和尼娜·瓦萨夫斯基、印琪·雅曼、米歇尔·怡和已经故去的乔伊·科威。

还要感谢布鲁克林团队：努阿·埃尔萨迪尔、尼尔斯·安德森、史蒂夫·波多、艾莉森·康达福、尼娜·柯林斯、格雷格·迪伦、费里西亚·康、戴维·克莱默、史黛西·克莱默、丽兹·拉克特、安德鲁·麦克劳林、辛迪·麦克劳林、亚历克斯·波森、凯瑟琳·普罗费塔、J. J. 拉姆伯、萨曼莎·思琪和文斯·汤普金斯。

简·斐乐和艾德·斐乐接受了我这个儿媳妇，他们使我爱上萨瓦纳这座城市，邀我一起参加周末探险、去泰碧岛消暑。安德鲁·斐乐在读了这本书的草稿之后指出了所有逻辑不顺的地方并且用他超凡的智慧帮我把终稿改得更完美。嘉丽·斐乐·班德成了我的好姐妹。她、罗德·班德和劳拉·亚当斯让我们每年的佐治亚州之行更有意义。和马克斯·班德、哈莉·班德在一起的家庭时光总是那么有趣。

来自德比·罗滕伯格和阿伦·罗滕伯格无私的爱使得我的疯狂想法得以成真。在一次简短的餐桌对话后，他们便积极支持我选择的这条不同寻常的道路。他们最终竟然也实现了他们的期望：一个女婿、孙子们和大女儿的安稳生活！丽贝卡·罗滕伯格·古德曼和我一起经历了整个过程，而且她是我最亲密的闺蜜。丹·罗滕伯格是一个贤明、富有诗意并且聪慧的人，是每个女孩都想拥有的弟弟。我弟弟和妹妹的另一半艾丽莎·罗滕伯格和马蒂斯·古德曼，他们用实际行动证明着什么叫要么做大，要么回家。

内特·罗滕伯格和玛雅·罗滕伯格，还有朱达·古德曼和艾萨克·古德曼让家庭游戏和去冰激凌店吃冰激凌都快乐无比。

我的姑妈芭芭拉在我即将完成这本书几天前离世。她本可以和她的侄女——我这个“疯狂的女孩”分享这份快乐。她永远活在我们心中。

2008 年的时候，我的丈夫布鲁斯·斐乐接到了一个改变命运的电话：“你的肿瘤不是良性的。”在接下来的 18 个月里，布鲁斯接受了各种痛苦的治疗，但他仍坚持让我们的女儿去了解他的价值观和想法。后来，在他的癌症被治愈后，他马上做出了另一个重要的决定：他要帮助我找到我自己。这起初是他的愿望，后来我才接受了这个想法。我爱你。

我写这本书尤其是为了我的两个女儿：伊登和泰碧。她们使我延伸自己，她们激励我、考验我，让我每时每刻都充满自豪感。她们是杰出的年轻女性，我期待为她们将来几十年疯狂的人生冒险而喝彩。另外，孩子们，我会永远记得你们教给我的那句箴言：做一个创业者的时间是短暂的，但我永远是一个母亲。

注　释

这本书着重收录了我自 1997 年起与近千位奋进公司创业者的谈话、会餐、采访和辅导课程等内容。我还重现了与这些创业者的谈话细节，其中包括他们的过去、遇到的挑战以及战略转变。在加入奋进公司之前，这些创业者必须经历长达一年的筛选过程。当地的委员会会对每个候选人做深入的访谈，随后我们的全球团队会撰写详尽的报告。接下来，候选人会被邀请参加一个为期三天的全球讨论小组。在那里，他们将接受全球顶尖首席执行官、投资人以及商界精英的质询，以决定候选人是否有资格加入奋进公司的创业者组织。这个筛选过程很多是由我来主持的，本书中呈现的相关内容为读者提供了诸多创业者做决策时的深刻考量。

另外，我们的调研团队“奋进洞见”以及我们的合作伙伴贝恩公司也完成了数个对创业者的后续调研及采访。这些报告为我提供了极大的便利。一些研究成果已经发表在 www.endeavor.org/blog/category/research，以飨读者。

如果你想了解更多，请参阅哈佛商学院网站上关于我们发展历程、成长历程以及成就的三个案例（www.hbsp.harvard.edu/

product/cases)。斯坦福大学商学院也对我们的模式进行了研究。这个案例分析可以在其网站 gsbapps.stanford.edu/cases 上找到。

一些在本书中经常提及的知名创业者和商界领袖也是奋进公司的成员。他们参加我们的活动并在最需要的时刻为我个人提供极其有益的指导。他们在与我的谈话、电话沟通中无私地分享自己的观点。我对他们的感激之情无以言表。

最后，近几年里，我在不计其数的描写创业者精神的文章中获益良多。它们为我提供了广泛的间接材料。在我开始写作本书的时候，奋进公司像是一个实验室，为我提供了有深度的见解。我们在一年多的时间里旁征博引超过 100 本书籍以及不计其数的学术著作、论文、报告及新闻报道。现将每个章节中对本书帮助最大的文献列举如下。

前言　为什么人人都要有创业者精神

Sam Walton's "Rules for Building a Business" are detailed in *Made in America* (1992), written with John Huey. The story of Earle Dickson and Band-Aids appears in Anthony Rubino, *Why Didn't I Think of That?* (2010). For the relationship between Steve Jobs and Bob Noyce, I consulted Walter Isaacson, *Steve Jobs* (2011) and Leslie Berlin's biography of Noyce, *The Man Behind the Microchip* (2005).

创业者精神不再是创业者的专属

Alexis Ohanian's quote "'I have a startup' is the new 'I'm in a band'" comes from an interview by Christine Lagorio-Chafkin in the October 2013 *Inc.*

Gazelles. The term "gazelle" first appeared in the chapter "Gazelle," written by David Birch and James Medoff, in Lewis C. Solmon and Alec R. Levenson, eds., *Labor Markets, Employment Policy, and Job Creation* (1994). For a more recent study, see the Zoltan Acs, William Parsons, and Spencer Tracy, "High-Impact Firms: Gazelles Revisited" (2008), available at http://archive.sba.gov/advo/research/rs328tot.pdf. The account of Michael Dell's return to his company is based on conversations I've had with Michael and Dell's chief marketing officer, Karen Quintos. For the topple rate of big firms, see Deloitte's 2013 Shift Index series, available online. For the average tenure of firms in the S&P 500, see the 2012 Innosight report "Creative Destruction Whips Through Corporate America."

Skunks. For the story of the Lockheed Corporation's Skunk Works, I consulted Ben Rich with Leo Janos, *Skunk Works* (1996). For more examples of skunks, see Scott D. Anthony, "The New Corporate Garage," *Harvard Business Review* (September 2012) and Paddy Miller and Thomas Wedell-Wedellsborg, "The Case for Stealth Innovation," *Harvard Business Review* (March 2013).

Dolphins. My conversations with Wendy Kopp began in 1989 and continue to this day. Wendy's 2012 commencement address at Dartmouth, available on YouTube, is a good source for the founding story of Teach For America. Bill Drayton was once my boss at Ashoka and remains a good friend. The quote I use in this chapter comes from an interview conducted by Gregory Lamb, *Christian Science Monitor* (May 16, 2011).

Butterflies. The latest statistics on firms with few or no paid employees are available online from the U.S. Census Bureau. The statistics on self-employed workers come from "The State of Independence in America," a September 2013 survey by MBO Partners. The 2020 number for independent contractors comes from research by the International Data Corporation, cited by Daniel Pink, *To Sell Is Human* (2013). The quote "I'm not a businessman; I'm a business, man" is a verse sung by Jay-Z in the Kanye West song "Diamonds from Sierra Leone."

For the number of species of butterflies, I consulted the *Encyclopedia Smithsonian*. The term "butterfly effect" comes from the talk "Predictability: Does the Flap of a Butterfly's Wings in Brazil Set off a Tornado in Texas?" by Edward Lorenz at the American Association for the Advancement of Science, Washington, D.C., December 29, 1972.

创业者精神的秘方

In addition to the books mentioned in this section, I'd like to highlight three contemporary books about entrepreneurship that are already becoming classics: Eric Ries's *The Lean Startup* (2011), Chris Guillebeau, *The $100 Startup* (2012), and Reid Hoffman and Ben Casnocha, *The Start-Up of You* (2012). On the theme of what it means to be a woman in business, I also recommend Katherine Graham, *Personal History* (1998), Tina Fey, *Bossypants* (2013), and Sheryl Sandberg, *Lean In* (2013).

你不需要一件连帽衫来变成创业者

In conceiving this book, I was also inspired by *Mastering the Art of French Cooking*, Julia Child, Simone Beck, and Louisette Bertholle.

第一章　从第一天开始

I've spent countless days in conversation with Wences Casares over the years, most delightedly at his legendary *asados*, where he kindly offers me a vegetarian option! Wences has also received abundant media attention over the years, and the quote I use in this chapter comes from Wences Casares, "Teach Your Children to Be Doers," *Wall Street Journal* (June 14, 2013). I also consulted Sara Lacy, *Brilliant, Crazy, Cocky* (2011).

Jeff Bezos's story, which appears in multiple places in the book, is based on a number of sources, including Brad Stone, *The Everything Store* (2013); Richard Brandt, *One Click* (2011); Alan Deutschman, "Inside the Mind of Jeff Bezos," *Fast Company* (August 2004); and an interview by the Academy of Achievement of Washington, D.C. (May 4, 2001), available at www.achievement.org/autodoc/page/bez0int-1.

让脑子而不是耳朵来做决定

For the story of Clorox Green Works, I conducted original interviews with Mary Jo Cook and Suzanne Sengelmann and consulted a number of secondary sources. Particularly valuable were Leonard Schlesinger, Charles Kiefer, and Paul Brown, "New Project? Don't Analyze—Act," *Harvard Business Review* (March 2012); Danna Greenberg, Kate McKone-Sweet, and H. James Wilson, *The New Entrepreneurial Leader* (2011); and Felicity Barringer, "Clorox Courts Sierra Club, and a Product Is Endorsed," *New York Times* (March 26, 2008).

Amr Shady's story comes largely from a panel we shared at the Milken Institute Global Conference in 2012.

我应该成为一个什么样的人

A word about the word "entrepreneurship": When I arrived in Latin America in the 1990s, there was no popular expression in Spanish or Portuguese for what in English (and French) was called an entrepreneur. Extensive interviews of hundreds of Endeavor entrepreneurs done by Bain and Endeavor's research arm confirmed that few who started before 1999 identified what they were doing as entrepreneurship or themselves as entrepreneurs. Part of Endeavor's mission was to expose and popularize this term.

In the early 2000s we received a call from the editor of the leading Portuguese-Brazilian dictionary saying that inspired by our work, he was adding the words *empreendedor* ("entrepreneur") and *empreendedorismo* ("entrepreneurship") into the lexicon. During this same period the Spanish terms *emprendedor* and *emprendedurismo* also gained currency, in part because of the media attention given to Endeavor entrepreneurs. (The Spanish word *emprendedor* had previously been used for explorers like Christopher Columbus, as several Mexican bloggers let it be known.)

点燃“创新”之火

My chief sources for the Thomas Edison story were Ira Flatow, *They All Laughed* (1993), Ernest Freeberg, *The Age of Edison* (2013), Randall Stross, *The Wizard of Menlo Park* (2008), and Jill Jonnes, *Empires of Light* (2003). Here, as elsewhere, I also consulted Harold Evans's brilliant *They Made America*, coauthored with Gail Buckland and David Lefer. The quote predicting Edison's "ignominious failure" appeared in the *New York Herald* (April 27, 1879). The characterization of electric light as "death to the blonde" appears in *Gaillard's Medical Journal*, vol. 36 (1883).

Early opinions of Sam Walton's concept for Wal-Mart appear in Walton with Huey, *Made in America*. The Xbox story comes from Jeffrey O'Brien, "The Making of the Xbox," *Wired* (November 2001) and "The Xbox Story," Patrick Garrat, VG247.com (August 2011). The colleague who called Raymond Damadian's MRI project "harebrained" was Donald Hollis, a magnetic resonance expert at Johns Hopkins University Hospital. He is quoted in Evans, *They Made America*. The story of Jeffrey Braverman, of Nuts.com, comes from Ian Mount, "Forsaking Investment Banking to Turn Around a Family Business," *New York Times* (April 18, 2012).

I reencountered the quote by Niccolò Machiavelli in David Bornstein's bible for social entrepreneurs, *The Business of Changing the World*.

停止计划，行动起来

Endeavor has conducted substantial research on business plans. I also consulted Julian Lange et al., "Do Business Plans Make No Difference in the Real World?" delivered at the Babson College Entrepreneurship Research Conference (2005), which cites the *Inc.* 2002 survey. Intel's original business plan is available at www.businessinsider.com/intel-business-plan-from-1968-2012-12.

For the story of Pfizer's Jordan Cohen, I consulted Arianne Cohen, "Scuttling Scut Work," *Fast Company* (February 2008); Jena McGregor, "Outsourcing Tasks Instead of Jobs," *Bloomberg Businessweek* (March 2009); Ron Ahskenas, "How to Give Time Back to Your Team," HBR.org (July 2010); Paddy Miller and Thomas Wedell-Wedellsborg, "The Case for Stealth Innovation," *Harvard Business Review* (March 2013); and Jordan Cohen's own account of the story, www.managementexchange.com/story/getting-rid-busy-work-so-you-can-get-work.

Margaret Rudkin's story comes from Anthony Mayo and Nitin Nohria, *In Their Time* (2005). Lastly, I highly recommend Bill Sahlman's entertaining "How to Write a Great Business Plan," *Harvard Business Review* (July 1997).

第二章　降低风险

For Sara Blakely's story, I consulted two pieces by the *Forbes* staff writer Clare O'Connor: "Undercover Billionaire" (March 7, 2012) and "How Spanx Became a Billion-Dollar Business Without Advertising" (March 12, 2012). Also valuable were Stacy Perman, "How Failure Molded Spanx's Founder," *Bloomberg Businessweek* (November 21, 2007), Sara Blakely's appearance in *Inc.*'s Women's Summit in January 2012 (available in videos on the magazine's Web site), and Blakely's account of her story as told to *Inc.*'s Liz Welch (February 2014).

别堵上全部身家来创业

Ray Kroc's quote about risk taking has been widely documented, including Michael Masterson, *The Reluctant Entrepreneur* (2012).

Beyond Endeavor's own research on risk taking, I relied on insights from the 2013 Inc. 500 list (www.inc.com/magazine/201309/numbers-from-inc.500-companies-first-year.html0), as well as Eric Ries, *The Lean Startup* (2011) and Reid Hoffman and Ben Casnocha, *The Start-Up of You* (2012). The story of Nick Swinmurn, founder of Zappos, comes from an interview given to the BBC (June 2010) and Dinah Eng, "Zappos' Silent Founder," *Fortune* (September 5, 2012).

The story of MTV Top Selection came from Paddy Miller and Thomas Wedell-Wedellsborg, "The Case for Stealth Innovation," *Harvard Business Review* (March 2013).

The primary source for CakeLove was Warren Brown's own telling of his story in the CakeLove Web site and through CakeLove's video podcasts. Other sources include Patrick Cliff, "Warren Brown, Cake Love and Love Café," *Inc.* (April 2005); Mike DeBonis, "The Butter Business Bureau," *Washington City Paper* (November 2005), and "From Lawyer to Baker," *Cubicle Nation* (2011).

别通过朋友验证你的产品

The story of Mel and Patricia Ziegler comes from their book *Wild Company* (2012) and Adam Wren, "How One Couple Turned $1,500 into a Billion-Dollar Global Brand," *Forbes* (June 24, 2013). The account of Maiden Preserves draws on Benjamin Wallace, "The Twee Party," *New York* (April 15, 2012). The study by researchers at Babson College and IPADE Business School is discussed in Vincent Onyemah, Martha Rivera Pesquera, and Abdul Ali, "What Entrepreneurs Get Wrong," *Harvard Business Review* (May 2013).

产品要迎合大众的口味

The story of Kickstarter is based on "In Conversation," with Perry Chen and Theaster Gates, *New York Times* (May 30, 2013); Om Malik, "Kickstarted," GigaOm.com (May 22, 2012); Max Chafkin, "True to Its Roots," *Fast Company* (April 2013); Rob Walker, "The Trivialities and Transcendence of Kickstarter," *New York Times* (August 5, 2011); Beth Teitell, "Kickstarter Boosts Funding and Angst," *Boston Globe* (April 9, 2013); and Chen's talks at TEDxTripoli and Do Lectures, on YouTube. The Anindya Ghose quote appears in Robert Strohmeyer, "The Crowdfunding Caveat," *PC World* (September 26, 2013).

For information on the Do Good Bus, I turned to StartSome Good.com. For GE's partnership with Quirky, I spoke with GE's chief marketing officer, Beth Comstock, and consulted Joshua Brustein, "Why GE Sees Big Things in Quirky's Little Inventions," *Bloomberg Businessweek* (November 2013). Other discussions of crowdsourcing inside companies included Victor Luckerson, "This New Kind of Kickstarter Could Change Everything," *Time* (January 2014), "Crowdsourcing Happiness," www.cocacola.com, and Daniel Neville, "Crowdsourcing Beer—the Samuel Adams Crowd Craft Project," IdeaBounty.com.

那些商学院不会教你的创业技巧

The material about Sam Walton's stalking the competition comes from Sam Walton with John Huey, *Made in America*. The advice about stalking competitors on LinkedIn comes from Meghan Casserly, "Stalking Competitors (and Nine More Things Entrepreneurs Screw Up on LinkedIn)," *Forbes* (January 22, 2013). The Post-it story draws on the book *3M, A Century of Innovation* (2002) and Nick Glass and Tim Hume, "The 'Hallelujah Moment' Behind the Invention of the Post-it Note," CNN.com (April 4, 2013).

Estée Lauder's story is told in her memoir, *Estée* (1985); Evans's *They Made America*; and Nancy Koehn, "Building a Powerful Prestige Brand," *HBS Working Knowledge* (October 30, 2000).

第三章　危机是你的朋友

For Walt Disney's story, my chief source was Neal Gabler, *Walt Disney* (2006). Also helpful were Timothy S. Susanin, *Walt Before Mickey* (2011) and Daniel Gross, *Forbes Greatest Business Stories of All Time* (1997).

给对手来杯香槟

Cari Lightner's story is told on the MADD Web site. For Michael J. Fox, I consulted his two memoirs, *Lucky Man* (2011) and *Always Looking Up* (2011). Petra Nemcova's story was told most fully in Leslie Bennetts, "Petra's Story," *Vanity Fair* (May 2005).

The figures on Cairo traffic come from the documentary *Cairo Drive*. The CNN correspondent who tweeted was Ben Wedeman. In addition to Endeavor's own materials on Bey2ollak, I consulted Chris Schroeder's excellent *Startup Rising* (2013).

Marian Croak's story appears in Sarah Kessler, "The Surprising Link Between 'American Idol' and Text-to-Donate Fundraising," *Fast*

Company (October 2013) and "Helping Disaster Victims with One Simple Text," an interview with Croak, TheDailyBeast.com (October 28, 2013).

For the Veuve Clicquot story, I consulted Tilar Mazzeo's wonderful biography *The Widow Clicquot* (2008). As background for how uncertainty and adversity promote entrepreneurship, I recommend Dan Senor and Saul Singer, *Startup Nation* (2009).

直面寒冬

The Warren Buffett quote about capitalizing on downturns appears in his op-ed "Buy American. I Am," *New York Times* (October 16, 2008). The Kauffman Foundation study is Dane Stangler, "The Economic Future Just Happened," (June 9, 2009). Their data on new-business formation come from the Kauffman Index of Entrepreneurial Activity, available at www.kauffman.org/what-we-do/research/kauffman-index-of-entrepreneurial-activity.

I have benefited tremendously from Jim Collins's books, *Built to Last* (1994), written with Jerry Porras; *Good to Great* (2001); and *Great by Choice* (2011), coauthored with Morten Hansen. His quotation in this chapter appears in Allan Cohen, "Forget the Recession. The Right Time to Start a Business Is Anytime You Have a Great Idea," CNN.com (February 4, 2002).

For background on the situation in Greece, I relied on the excellent report published by Endeavor Greece with Haris Makryniotis, *Entrepreneurship and Investment Opportunities in Greece Today* (October 2013). I also consulted Niki Kitsantonis, "With Start-ups, Greeks Make Recovery Their Own Business," *New York Times* (March 24, 2014).

The Johns Hopkins report is Lester Salamon, S. Wojciech Sokolowski, and Stephanie Geller, "Holding the Fort" (January 2012). Diana Aviv is the president and CEO of Independent Sector. Her quote comes from Catherine Rampell, "More College Graduates Take Public Service Jobs,"

New York Times (March 1, 2011). This article is also the source for statistics on AmeriCorps and Teach For America applications.

J. K. Rowling's story has been told by many outlets, but most revealingly by the writer herself in her 2008 commencement address at Harvard, available at HarvardMagazine.com. Other sources include Ian Parker, "Mugglemarch," *New Yorker* (October 1, 2012) and Rowling's own Web site, which includes several posts on the origins of the Harry Potter series.

承认你搞砸了

L. L. Bean's story is told by Pat Taub, *100 People Who Changed 20th Century America*, ed. Mary Cross (2013); M. R. Montgomery, "The Marketing Magic of L. L. Bean," *Boston Globe Magazine* (December 27, 1981); and "Leon L. Bean," *Entrepreneur* (October 10, 2008).

The story of Bonobos's Cyber Monday crisis comes from: Andy Dunn, "Bonobos Founder," *Inc.* (June 28, 2012); Alystair Barr, "Bonobos Caught with Pants Down on Top Shopping Day," Reuters (December 21, 2011); and Jon Schlossberg's entry on Quora headlined "Why Did Bonobos Have Such an Epic Fail on Cyber Monday 2011?" (November 29, 2011). The adulating Facebook comment was posted on the company's profile page on November 30, 2011.

To tell the story of Reed Hastings and Netflix, I relied mostly on primary sources on the company's blog, including "Netflix Introduces New Plans and Announces Price Changes" (July 12, 2011), "An Explanation and Some Reflections" (September 18, 2011), "DVDs Will Be Staying at Netflix.com" (October 10, 2011). The quotes given to James Stewart appear in two *New York Times* columns: "In 2013: Rebounds, Traders and Rights" (December 27, 2013) and "Netflix Looks Back on Its Near-Death Spiral" (April 26, 2013).

I learned about the "apology watch" from Dov Seidman in early 2014. The effort was announced in two *New York Times* pieces on February 3, 2014: Andrew Ross Sorkin, "Too Many Sorry Excuses for Apology" and Dov Seidman, "Calling for an Apology Cease-Fire." I also consulted Dov Seidman, *How* (2007).

坚持品牌的价值观

Alfred Chandler's quote appears in John Seaman, Jr., and George David Smith, "Your Company's History as a Leadership Tool," *Harvard Business Review* (December 2012). For the story of Howard Schultz's return to Starbucks, I consulted Schultz, *Pour Your Heart Into It* (1997) and *Onward* (2011), as well as Adi Ignatius, "Howard Schultz on Starbucks' Turnaround," HBR.org (June 2010). Schultz's famous Valentine's Day memo is available through the *Wall Street Journal*: www.online.wsj.com/news/articles/SB117234084129218452. And I personally heard Adi Ignatius interview both Howard Schultz and Angela Ahrendts at the ninetieth anniversary celebration of the *Harvard Business Review* in November 2012.

Other sources for Angela Ahrendts's story include Ahrendts, "Burberry's CEO on Turning an Aging British Icon into a Global Luxury Brand," *Harvard Business Review* (January–February 2013); Rupert Neate, "How an American Woman Rescued Burberry, a Classic British Label," *Guardian* (June 15, 2013); Jeff Chu, "Can Apple's Angela Ahrendts Spark a Retail Revolution?" *Fast Company* (February 2014); and Jill Krasny, "Why Apple Poached Burberry's CEO," *Inc.* (October 16, 2013).

转机会出现

The study of businesses in emerging markets was conducted by Mauro Guillén and Esteban García-Canal and is discussed in "Execution as Strategy," *Harvard Business Review* (October 2012) and *The New Multinationals* (2011).

第四章　你的创业性格

The material in this chapter is the result of a decade-long effort at Endeavor to define these profile types. I'm deeply indebted to our partners at Bain & Company, especially Chris Bierly, Vikki Tam, Eric Almquist, and Paul Markowitz, who have worked tirelessly over several years to test and refine our exclusive diagnostic process. While hundreds of Endeavor entrepreneurs have taken our self-assessment test to identify their types, the famous figures I use as examples throughout this chapter have not. Their types are based on my own evaluation of their careers and reputations.

For the story of the Myers-Briggs Type Indicator, I consulted Lillian Cunningham, "Does It Pay to Know Your Type?" *Washington Post* (December 14, 2012); the Web sites of the Myers & Briggs Foundation (www.myersbriggs.org) and CPP, the company that now administers the MBTI (www.cpp.com), as well as Mary McCaulley, "The Story of Isabel Briggs Myers," (July 1980) at www.capt.org/mbti-assessment/isabel-myers.htm. I also enjoyed Gary Chapman's bestseller *The Five Love Languages* (2008) and Anthony Tjan, *Hearts, Smarts, Guts and Luck* (2012).

钻石型

The story of Tesla Motors is adapted from Tad Friend, "Plugged In," *New Yorker* (August 2009) and Ashlee Vance, "Elon Musk, the 21st Century Industrialist," Businessweek.com (September 13, 2012). His feud with the *New York Times* was ignited by John Broder, "Stalled Out on Tesla's Electric Highway," (February 8, 2013). I also recommend Chris Anderson, "The shared genius of Elon Musk and Steve Jobs," *Fortune* (December 2013). The story of Jobs's reality distortion field is told by former Apple engineer Andy Hertzfeld at www.folklore.org/StoryView.py?story=Reality_Distortion_Field.txt. Jony Ive's quote appears in Isaacson's *Steve Jobs.*

明星型

The primary source for Wolfgang Puck's story was Emily Ross and Angus Holland, *100 Great Businesses and the Minds Behind Them* (2004). Other sources included Dinah Eng, "Wolfgang Puck's Dining Revolution," *Fortune* (November 20, 2013); Puck's story as told to Liz Welch, *Inc.* (October 2009); "Meet the Chef," *JustLuxe* (February 2012); and Randall Frost, "Wolfgang Puck: Recipe for Success," BrandChannel .com (February 3, 2003).

Lance Armstrong's story was widely covered in the media, and a number of sources are available. The drop in donations and the quote from Livestrong's external affairs officer come from Eriq Gardner, "Livestrong Struggles After Lance Armstrong's Fall," *Hollywood Reporter* (July 25, 2013).

变革型

I consulted a number of sources for Herb Kelleher's story, notably, Kevin Freiberg and Jacquelyn Freiberg, *Nuts!* (1996). Others include Jennifer Reingold, "Southwest's Herb Kelleher," *Fortune* (January 14, 2013); Joe Brancatelli, "Southwest Airlines' Seven Secrets for Success," *Wired* (July 2008); "'Never Say Never' on Bag Fees," CNBC.com (January 24, 2013); and "Is Southwest Airlines Always the Least Expensive?" a study by Topaz International.

The story of Burt's Bees comes from Louise Story, "Can Burt's Bees Turn Clorox Green," *New York Times* (January 6, 2008); Jonathan Evans, "Burt of Burt's Bees Is Living in a Turkey Coop," *Esquire* (September 13, 2013); Roxanne Quimby with Susan Donovan, "How I Did It," *Inc.* (January 1, 2004); and a Brigham Young University case study, www.emp.byui.edu/nygrenm/B283/Roxanne%20Quimby%20Case .pdf. The Change.org petition decrying Clorox's takeover of Burt's

Bees was created by Danise Lepard and is titled "Clorox, Make Burt's Bees Products Like They Were! Keep It HONEST!"

Ben & Jerry's admission that it is "beginning to look like the rest of corporate America" came in its 2004 "Social and Environmental Assessment," which is available at www.lickglobalwarming.org/company/sear/2004/sea_2004.pdf.

火箭型

For a complete listing of Bezos sources, please see the works listed under Chapter 1. The quote about Bill Gates comes from Evans, *They Made America.* The Bill and Melinda Gates Foundation's annual reports and grant- making policies are posted at www.gatesfoundation.org/How-We- Work/General- Information/Our- Approach-to-Measurement-and- Evaluation/Evaluation- Policy.

第五章　白板

The lessons in this chapter have been culled from years of selections panels and services provided to entrepreneurs. In recent years studies by Endeavor's research arm have found quantitative and qualitative evidence to support many of the conclusions drawn here.

For Henry Ford's story, I consulted Douglas Brinkley, *Wheels for the World* (2004); Michael Blowfield and Leo Johnson, *Turnaround Challenge* (2013); Thomas P. Hughes, *American Genesis* (2004); and Lindsay Brook, "Top 10 Ford Model T Tech Innovations that Matter 100 Years Later," *Popular Mechanics* (September 25, 2008).

自断后路

For the Liquid Paper story, I relied on Catherine Thimmesh, *Girls Think of Everything* (2000) and Ross and Holland's *100 Great Busi-*

nesses and the Minds Behind Them. For more on Phil Knight and Nike, see J. B. Strasser, *Swoosh* (1993); Chuck Salter, "Innovation: Phil Knight's 'Not Exactly Textbook' Moves," *Fast Company* (July 18, 2007); and Geraldine Willigan, "High-Performance Marketing: An Interview with Nike's Phil Knight," *Harvard Business Review* (July 1992). His quote about the swoosh design comes from Brian Clarke Howard, "'I Never Get Tired of Looking at It,'" *Daily Mail* (June 16, 2011).

别让熟人左右你的创业公司

In this section, I relied heavily on Endeavor's research, as well as statistics on family-owned businesses from the University of Vermont (www.uvm.edu/business/vfbi/?Page=facts.html) and the Family Firm Institute (available at www.ffi.org/?page=globaldatapoints).

Usher's interview with Oprah is available on YouTube. The chief source for Lucille Ball and Desi Arnaz is Thaddeus Wawro, *Radicals and Visionaries* (2000). In addition, I consulted Kathleen Brady, *Lucille* (2001); Karin Adir, *The Great Clowns of American Television* (2002), and Susan Schindehette, "The Real Story of Desi and Lucy," *People* (February 18, 1991).

微创新

The term "minnovate" was coined by Dan Isenberg, and it appears in his book *Worthless, Impossible, and Stupid* (2013).

For more information on Gore, I suggest Lucien Rhodes, "The Unmanager," *Inc.* (August 1, 1982); Richard Daft, *Organization Theory and Design* (2007); Robert Safian, "Terri Kelly, the 'Un-CEO' of W. L. Gore, on How to Deal with Chaos," *Fast Company* (October 29, 2012); Alan Deutschman, "The Fabric of Creativity," *Fast Company* (December 2004); and "Gore: Success with Simplicity," *HR Insights* (July–August 2012). Gore's own Web site has a wonderful history of the company at www.gore.com/en_xx/aboutus/timeline/index.html.

Kleenex's story comes from Robert Spector and William Wicks, *Shared Values* (1997) and Burton Folsom, "From Kleenex to Zippers," *Freeman* (December 1, 2005).

For Barbie's story, I consulted Mary Cross, ed., *100 People Who Changed 20th-Century America* (2013) and M. G. Lord, *Forever Barbie* (2004).

集中注意力

The California accelerator mentioned here is Blackbox. It issued two reports in 2011: Max Marmer, Bjoern Herrmann, Ertan Dogrultan, and Ron Berman, "Startup Genome Report" and "Startup Genome Report Extra on Premature Scaling." I also consulted Austin Carr, "Blackbox's Startup Genome Compass Uses Science to Crack the 'Innovation Code,'" *Fast Company* (August 29, 2011).

Sources for Jobs's story are Isaacson, *Steve Jobs* and Isaacson, "The Real Leadership Lessons of Steve Jobs," *Harvard Business Review* (April 2012). The Sony quote comes from Hiroko Tabuchi, "How the Tech Parade Passed Sony By," *New York Times* (April 14, 2012).

The LEGO story is told in Jay Greene, "How LEGO Revived Its Brand," *Bloomberg Businessweek* (July 23, 2010); Gregory Schmidt, "Lego Builds an Empire, Brick by Brick," *New York Times* (February 14, 2014); and Wharton School, "Innovation Almost Bankrupted LEGO," www.knowledge.wharton.upenn.edu.

梦想要大，但要从小处着手

American Giant's story comes from Farhad Manjoo, "This Is the Greatest Hoodie Ever Made," Slate.com (December 4, 2012) and "The Only Problem with the Greatest Hoodie Ever Made," Slate.com (March 21, 2013); Kai Ryssdal, "Could Being Named the 'Best Ever' Be Bad?" NPR's *Marketplace* (March 26, 2013); and Kate Dailey, "American Giant," BBC.co.uk (March 10, 2013).

For the details on Blackbox's Startup Genome project see the sources mentioned under "Drop the Pens." The water buffalo quote by Mark Chang came from an interview in *Digital News Asia* in May 2013. Miguel Dávila's story is based on my interactions with him, as well as Isenberg, *Worthless, Impossible, and Stupid.*

一口一口吃掉大象

For anyone interested in tales and tips about survival, I heartily recommend Ben Sherwood, *The Survivors Club* (2009).

第六章 领导力 3.0

敏捷

The history of agile comes from research conducted by my husband, Bruce Feiler, for *The Secrets of Happy Families* (2013), which has abundant examples of how we've used these techniques in our home, for better and worse. You can see Bruce's TED talk on these themes (with me in the audience) at www.ted.com/talks/bruce_feiler_agile_programming_for_your_family.html.

The story of Heier's potato-peeling washing machine comes from Navi Radjou, Jaideep Prabhu, and Simone Ahuja, *Jugaad Innovation* (2012). George Lois's insights on the power of small teams come from Justin Rocket Silverman, "Quit Your 'Group Grope' Now," *Fast Company* (August 12, 2013). For more on Bezos, see the works listed under Chapter 1. Bezos also shared his insights on agile leadership in a personal conversation with my husband in late 2013.

The 2013 survey on workers' fear of failure was conducted by the American Management Association, www.amanet.org/news/9206.aspx.

I consulted a number sources for the WD-40 story, including Nicole Skibola, "Leadership Lessons from WD-40's CEO, Garry Ridge," *Forbes* (June 27, 2011); Ken and Scott Blanchard, "To Encourage Innovation, Eradicate Blame," *Fast Company* (August 20, 2012); and Helen Walters, "Three Innovation Lessons from WD-40," ThoughtYouShouldSeeThis .com (September 22, 2011).

Scott Cook discusses the birth of SnapTax in his talk "Leadership in the Agile Age," www.network.intuit.com/2011/04/20/leadership-in -the-agile-age. Also helpful was an April 2004 *Inc.* profile by Michael Hopkins on Scott Cook as part of the series "America's 25 Most Fascinating Entrepreneurs."

For Ratan Tata's prize for best failure, I relied on Rita McGrath, "Failure Is a Gold Mine for India's Tata," HBR.org blog (April 11, 2011).

社交力

The 2012 Dreamforce panel with Jeff Immelt and Colin Powell is available at blogs.salesforce.com/company/2012/09/gen-colin-powell-and -ges-jeff-immelt-talk-about-leadership-and-the-economy.html. The Weber Shandwick report on executive sociability is in "The Social CEO: Executives Tell All" (January 15, 2013).

For the story about Barack Obama, I consulted Bobbie Johnson, "Barack Obama to Use BlackBerry as President, According to Reports," *Guardian* (January 21, 2009); Joshua DuBois, "The Prayers Inside the President's BlackBerry," CNN.com (October 22, 2013); Michael Hastings, "How Obama Won the Internet," BuzzFeed.com (January 8, 2013); Laura June, "President Obama's Reddit AMA Reaches over 5 Million Pageviews," TheVerge.com (August 31, 2012); and Obama's AMA itself, available at www.reddit.com.

警觉

The best resources on the power of powerless communication are Adam Grant, *Give and Take* (2013) and Susan Cain, *Quiet* (2012). I encountered the term "flawsome" at the 2012 Fortune Most Powerful Women conference, in a talk by Wendy Clark of Coca-Cola. Trend watching.com also has good material on the term at www.trendwatching.com/trends/flawsome/.

While the video that started the Domino's controversy has been taken down, the pizza relaunch Web site is still accessible at Pizza-Turnaround.com. The developments also received plenty of media coverage: Stephanie Clifford, "Video Prank at Domino's Taints Brand," *New York Times* (April 15, 2009); Bruce Watson, "Domino's Pizza Reborn?," DailyFinance.com (March 5, 2010); and Bruce Horovitz, "Domino's Pizza Delivers Change in Its Core Pizza Recipe," *USA Today* (December 16, 2009).

The Spoleto videos can be seen at www.youtube.com/watch?v=Un4r52t-cuk and www.youtube.com/watch?v=ebe-3s4TLfQ. My relationships with Danny Meyer and knowledge of his philosophy of hospitality began when my husband worked as a maitre d' in the Union Square Café. You can read Bruce's James Beard Award–winning article at www.gourmet.com/magazine/2000s/2002/10/therapistatthetable. The quotes in my book appear in Danny's bestselling book *Setting the Table* (2006).

本真

Tony Dungy's moving personal story comes from his memoir, *Quiet Strength* (2008). Other accounts include Matthew Kaminski, "A Coach's Faith," *Wall Street Journal* (September 12, 2009); Pat Yasinskas, "A Dungy Story You May Not Have Heard," ESPN.com (January 12, 2009); and Gene Wojciechowski, "Dungy Delivers Profound Message in Son's Eulogy," ESPN.com (December 28, 2005).

Brené Brown, the author of *Daring Greatly* (2012), is today's leading voice on vulnerability. A report on her talk at *Inc.*'s 2013 Leadership Forum is available at www.inc.com/kimberly-weisul/leadership-why-the-best-leaders-are-vulnerable.html.

Finally, my husband has written widely, and beautifully, about how cancer affected him, me, and our entire family. I recommend his inspiring 2010 memoir, *The Council of Dads,* as well as " 'You Look Great' and Other Lies," *New York Times* (June 10, 2011) and "Cancer Survivors Celebrate Their Cancerversary," *New York Times* (December 6, 2013), which marks the moment he was declared cancer-free after five years.

第七章　导师圈

Mentorship is a crucial part of the Endeavor model, and we've spent years trying to make sure we do it as effectively as possible. Tom Friedman dubbed us "mentor capitalists" in a section on me and Endeavor in *The World Is Flat 2.0* (2006). I will always be grateful for his support.

The term "360° Mentoring" was the title of an article by Elizabeth Collins, in the March 2008 issue of *Management Update,* a newsletter from Harvard Business School Publishing. This article is also the source of the Kathy Kram quote about networked mentoring. I also consulted Kathy Kram's seminal *Mentoring at Work* (1985).

For Bill Campbell's story, I consulted Jennifer Reingold, "The Secret Coach," *Fortune* (July 21, 2008); a two-part article by Ozy.com's Carlos Watson titled "Guru of the Valley" (December 18 and 19, 2013); Miguel Helft, "Bill Campbell on Coaching RockMelt and Google vs. Apple" and "Coaching Silicon Valley," *New York Times* (November 8 and 15, 2010).

找到自己的导师

Nick Bilton's *Hatching Twitter* (2013) includes a gripping account of the early years of Twitter. The quotes on *American Idol* and *The Voice* come from Lara Martin, "'X Factor' USA's Simon Cowell on Judges' Role," DigitalSpy.com (September 14, 2011); Cortney Wills, "'X Factor' Finalists Alex & Sierra Notch iTunes No. 1, Show Sales Potential," *Hollywood Reporter* (December 12, 2013); and Carla Hay, "Christina Aguilera, Adam Levine Take Aim at Simon Cowell and 'The X Factor,'" Examiner.com (October 27, 2012).

松开导师的手

Beyond my many personal conversations with Ala' Alsallal of Jamalon, Fadi Ghandour, and Diego Piacentini of Amazon, I also relied on Christopher Schroeder's excellent telling of Ala's story in *Startup Rising.*

Gerry and Melissa Owen's story comes from Carol Shih, "Fourteen Eighteen Coffeehouse in Downtown Plano Has Already Become a Neighborhood Favorite," *D Magazine* (September 30, 2013); Peter Cohen, "3 Start-Up Tips from 'Yale's Professor of Coffee Shops," *Inc.* (September 17, 2013); Mark Oppenheimer "Taste-Testing a Second Career, with a Mentor," *New York Times* (September 15, 2013); and Duncan Goodall's profile on PivotPlanet.com, www.pivotplanet.com/advisors/486.

亦师亦友

The Kram and Isabella study mentioned in this section is titled "Mentoring Alternatives," *Academy of Management Journal* (March 1985). The British Telecom anecdote comes from Jeanne Meister and Karie Willyerd, "Mentoring Millennials," *Harvard Business Review* (May 2010). Larry Page's account of his last visit to Steve Jobs comes from

Brad Stone, "Google's Page: Apple's Android Pique 'For Show,'" *Bloomberg Businessweek* (April 4, 2012). Walter Isaacson's account of the encounter comes from his biography of Jobs as well as his *Harvard Business Review* article "The Real Leadership Lessons of Steve Jobs."

导师不设限

John Donahoe shared the story of his relationship with Brian Chesky to me over a dinner in 2012. He later recounted the tale at *Fortune*'s Brainstorm Conference in July 2013, www.tech.fortune.cnn.com/2013/07/23/brian-chesky-john-donahoe. I also drew from Mike Isaac, "eBay CEO John Donahoe on the Importance of Design," AllThingsD.com (July 29, 2013).

A good overview of this subject is Leslie Kwo, "Reverse Mentoring Cracks Workplace," *Wall Street Journal* (November 28, 2011). Chaudhuri and Ghosh's article on reverse mentoring is titled "Reverse Mentoring," *Human Resource Development Review*, vol. 11, no. 1 (February 2015). For the Mentor Up program at P&G, I consulted Tara Parker-Pope, "P&G Makes Pitch to Keep Women, and So Far the Strategy Is Working," *Toledo Blade* (September 10, 1998). In addition to Sheryl Sandberg, *Lean In* (2013) this new conception of career paths can be found in Patricia Sellers, "Power Point: Get Used to the Jungle Gym," *Fortune* (August 6, 2009).

第八章　目标导向型职场

The story of Globant's headquarters comes from my many private conversations with two of the cofounders, Martin Migoya and Guibert Englebienne. Also valuable were Ken Stier, "IT Outsourcer Globant Sells Innovation, Wows Google, LinkedIn," *Bloomberg Businessweek* (April 8, 2011) and a Harvard Business School case by Mukti Khaire, Gustavo Herrero, and Cintra Scott (2011).

精神资产

Beyond Endeavor's research on workplace culture, I relied on many sources. For those on W. L. Gore, please see the works listed under Chapter 5. I also have reviewed data available at the Gallup Web site; Rob Goffee and Gareth Jones, "Creating the Best Workplace on Earth," *Harvard Business Review* (May 2013), which cites the Hay Group data; and Shawn Achor, "Positive Intelligence," *Harvard Business Review* (January–February 2012).

For Dan Ariely's research, I consulted *Predictably Irrational* (2010), and Ariely's "What's the Value of a Big Bonus?" *New York Times* (November 19, 2008). Nancy Lublin discusses job titles in her book *Zilch* (2010). Also valuable were Ashley Ross, "Job Titles Retailored to Fit," *New York Times* (August 30, 2013); and ABC News, "Sugar High," *Nightline* (September 30, 2013).

Assorted strategies to foster psychic equity are discussed in Paul Kretkowski, "The 15 Percent Solution," *Wired* (January 23, 1998); Ryan Tate, "Google Couldn't Kill 20 Percent Time Even If It Wanted To," *Wired* (August 21, 2013), "Facebook's Wi-Fi Spreads in the Wild," *Wired* (June 18, 2013), and "LinkedIn Gone Wild: '20 Percent Time' to Tinker Spreads Beyond Google," *Wired* (June 12, 2012); Amanda Lewan, "Quicken Loans Innovates with a 'Small Business' Culture," Michipreneur.com (March 5, 2013); Jessica Lessin, "Apple Gives In to Employee Perks," *Wall Street Journal* (November 12, 2012); and Bo Burlingham, *Small Giants*, (2006), which profiles Jay Goltz.

Daniel Pink, *Drive* (2011) contains great insights on the science of motivation.

人人都要认同企业文化

Many of the strategies Jenn Lim discussed with our entrepreneurs also appear in Tony Hsieh, *Delivering Happiness* (2010). The story of Debbi Fields is told in Edward Horrell, *The Kindness Revolution* (2006) and Ross and Holland, *100 Great Businesses and the Minds Behind Them*. Jim Collins's *Good to Great* is a valuable resource for information on the value of assembling a strong team. I also recommend Reid Hoffman, Ben Casnocha, and Chris Yeh, "Tours of Duty," *Harvard Business Review* (June 2013), which contains interesting insights on hiring and firing in the entrepreneurial age.

Kevin Ryan has been a good friend for many years and shared insights on hiring and firing with me on multiple occasions. He expressed these eloquently in "Gilt Groupe's CEO on Building a Team of A Players," *Harvard Business Review* (January–February 2012).

向年轻人学习

I have learned a tremendous amount about millennials from the many talented members of that generation who've worked at Endeavor and from the hundreds of young entrepreneurs we've supported around the world.

For much of the latest research, I am indebted to Lynne Lancaster and David Stillman, *The M-Factor* (2010), as well as Jeanne Meister, *The 2020 Workplace* (2010), both of which informed many of my ideas. *The M-Factor* is also the source for the stories about the FAA and Thomson Reuters. For the FAA, I also consulted Chuck Bennett, "FAA Kids Are in 'Control,'" *New York Post* (July 14, 2008).

The following sources provided information on Warby Parker's story: Jessica Pressler, "20/30 Vision," *New York* (August 11, 2013); Neil Blumenthal's interview for Adam Bryant, "Corner Office," *New York Times* (October 24, 2013); Neil Blumenthal, "Give Me More Millennials," *Inc.* (July 15, 2013); and Leigh Buchanan, "Warby Parker CEO," *Inc.* (June 2013).

For data on millennials in the workforce, I consulted the 2012 Jessica Brack report, "Maximizing Millennials in the Workplace," which is available at www.kenan-flagler.unc.edu, and a 2013

PricewaterhouseCoopers report, "PwC's NextGen," which is available at www.pwc.com. The Net Impact study is Cliff Zukin and Mark Szeltner, "Talent Report," available at https://netimpact.org/docs/publications-docs/talent-report-what-workers-want-in-2012-full-report. For data on Generation X, I consulted Marcie Pitt-Catsouphes, Christina Matz-Costa, and Elyssa Bensen, "Workplace Flexibility," a 2009 report by the Boston College Sloan Center on Aging and Work, which is found at www.bc.edu.

For information on hackathons, I consulted Drew Olanoff, "Facebook Shares the History of Its 'Hackathon,'" TheNextWeb.com (May 23, 2012); Alyson Krueger, "Hackathons Aren't Just for Hacking," *Wired* (June 6, 2012); and Pedram Keyani, "Stay Focused and Keep Hacking," Facebook.com/Engineering (May 23, 2012). For the British Airways hackathon, I consulted Zoe Fox, "The Hottest Spot for Hackathons? 30,000 Feet in the Air," Mashable.com (June 13, 2013). For information on the pediatrics hackathon hosted by the Boston Children's Hospital, I relied on the event's Web site, www.hackingpediatrics.com.

For DreamWorks's story, I turned to Jessica Grose, "The Animated Workplace," *Fast Company* (March 15, 2013); Joel Stein, "Millennials: The Me Me Me Generation," *Time* (May 20, 2013); Todd Henneman, "DreamWorks Animation Cultivates a Culture of Creativity," WorkForce.com (August 4, 2012); and Nancy Davis, "DreamWorks Fosters Creativity, Collaboration and Engagement," SHRM.org (July 5, 2012).

寻找工作和家庭的平衡

I have known and admired Sheryl Sandberg for over twenty-five years. Her breakthrough book, *Lean In* (2013), ignited breakthrough conversations in my office and offices around the world. The *Inc.* magazine piece by Darrell Cavens of Zulily, "The Way I Work," appeared on April 30, 2013. The results of the BabyCenter.com study are available at www.babycenter.com/100_press-release-dad-survey_10383601.bc.

第九章　给未来创业者的信

The Tom Friedman quote appears in "Need a Job? Invent It," *New York Times* (March 30, 2013).

立刻行动

The Rainbow Loom story draws on a number of sources, including Catherine Clifford, "Inventor of the Wildly Popular 'Rainbow Loom' Weaves the American Dream with Rubber Bands in a Detroit Basement," *Entrepreneur* (August 26, 2013); Camille Sweeney and Josh Gosfield, "How a DIY Dad Took the Toy World by Storm with Rainbow Loom," *Fast Company* (August 21, 2013); Catherine Kavanaugh, "Rainbow Loom's Creator Weaves Success from Playtime Inspiration," *Crain's Detroit Business* (December 15, 2013); and Claire Martin, "Rainbow Loom's Success, from 2,000 Pounds of Rubber Bands," *New York Times* (August 31, 2013).

Beyoncé's stealth album release received considerable media attention, including Matthew Yglesias, "How Beyoncé Got Us to Pay for Music," Slate.com (December 13, 2013); Jon Pareles, "A December Surprise, Without Whispers (or Leaks)," *New York Times* (December 13, 2013); Ben Sisario, "Beyoncé Rejects Tradition for Social Media's Power," *New York Times* (December 15, 2013); and Matthew Perpetua, "Beyoncé Sold Nearly a Million Copies of Her New Album in Three Days," Buzzfeed.com (December 16, 2013).

Costica Bradatan's quote comes from his "In Praise of Failure," *New York Times* (December 15, 2013).

Katrina Markoff's story is informed by the following sources: David Burstein, "Vosges Unwraps Chocolate's Wild Side," *Fast Company* (February 9, 2012); Emily Bryson York, "Chicago Chocolate Artisan Known for Vosges Preps Wild Ophelia for Mass Market," *Chicago Tri-*

bune (March 14, 2013); *Fortune*'s profile on Markoff in the 2011 edition of its "40 Under 40" series; and Becky Anderson, "Sweet Success," CNN.com (July 10, 2012).

做大事业

I am grateful to Robert Pasin for sharing the Radio Flyer story with me and for sending us those wagons! I also consulted Reshma Memon Yaqub, "Backstory: Radio Flyer," *Inc.* (October 30, 2012); Kristin Samuelson, "Office Space: Robert Pasin, Radio Flyer," *Chicago Tribune* (July 23, 2012), "How Robert Pasin Dug Deep to Help Radio Flyer Evolve Its Brand and Its Products," *Smart Business* (January 2013), and "Radio Flyer Toys Bring Smiles, Create Memories," *Business Ledger* (June 10, 2010).

The story of the Doritos Locos Taco comes primarily from two articles in *Fast Company*: Austin Carr, "Deep Inside Taco Bell's Doritos Locos Tacos," (May 1, 2013) and Anya Kamenetz, "Taco Bell, the Late Todd Mills, and the Actual Invention of the Doritos Locos Taco," (December 5, 2013). Courtney Subramanian, "Taco Bell Sells $1B in Doritos Locos Tacos Because 'I Worked Late, I Deserve a Treat,'" *Time* (October 16, 2013) was also valuable.

回归家庭

The phrase "the genius of the AND" is discussed in detail in Collins and Porras, *Built to Last.* My thinking about the value of going home was shaped by Clay Christensen's beautiful and moving *How Will You Measure Your Life?* (2012).

The origin story of the phrase "go big or go home" is told anonymously by the packaging designer on the Web site Answers.com, available at www.wiki.answers.com/Q/Who_coined_the_phrase_'go_big_or_go_home'.

Tina Fey's story comes from the hilarious and thoughtful *Bossypants* (2013). Kenneth Cole shares the story of his incident with his daughter in Alison Beard, "Life's Work: Kenneth Cole," *Harvard Business Review* (December 2011).